KB240303

Didier Eribon

어느 서민 여성의 삶, 노년, 죽음

Vie, vieillesse et mort d'une femme du peuple

Vie, vieillesse et mort d'une femme du peuple
by Didier Eribon

어느 서민 여성의 삶, 노년, 죽음

Vie, vieillesse et mort d'une femme du peuple

디디에 에리봉 지음 | 이상길 옮김

문학과
지성사

어느 서민 여성의 삶, 노년, 죽음

제1판 제1쇄 2025년 12월 25일
제1판 제3쇄 2026년 2월 12일

지은이 디디에 에리봉
옮긴이 이상길
펴낸이 이광호
주간 이근혜
편집 홍근철 김현주 최대연
마케팅 이가은 허황 최지애 남미리 맹정현
제작 강병석
펴낸곳 ㈜문학과지성사
등록번호 제1993-000098호
주소 04034 서울 마포구 잔다리로7길 18(서교동 377-20)
전화 02) 338-7224
팩스 02) 323-4180(편집) 02) 338-7221(영업)
대표메일 moonji@moonji.com
저작권 문의 copyright@moonji.com
홈페이지 www.moonji.com

ISBN 978-89-320-4496-5 03330

물론 G를 위하여

일러두기

1. 이 책은 Didier Eribon, *Vie, vieillesse et mort d'une femme du peuple*, Paris: Flammarion, 2023을 저본으로 삼아 번역한 것이다.

2. 옮긴이가 본문 중에 내용을 덧붙인 경우에는 '[ ]'로 묶어 표시했다.

3. 책 뒤편에 있는 주석은 원저자의 것이며, 본문 하단의 각주는 독자의 이해를 돕기 위해 옮긴이가 덧붙인 것이다.

차례

1부

1

그러니까 나는 핌Fismes에 두 번밖에 가지 못할 것이었다. 한동안은, 랭스에서 북쪽으로 30킬로미터 떨어진 주민 수 수천 명의 이 코뮌*이 앞으로 몇 달, 아마도 몇 년간 내 실존의 틀 가운데 하나가 될 거라 생각했다.

나는 언젠가 시청을 방문하겠다고 마음먹었다. 1912년에 가까스로 건립된 시청은 제1차 세계대전 동안 거의 완전히 파괴되었다가 1920년대 중반에 이전과 동일한 후기 르네상스 양식으로 재건되었다. 나는 딱히 도시적이지도, 그렇다고 아주 시골스럽지도 않은 경관 중심에 위치한 이 기묘하리만치 장엄한 건물 뒤편에 있는 시장 광장을 걸을 것이었다. 광장을 둘러싸고 각종 상점과 다층 주택이 늘어서 있었는데, 일부는 랭스 중심가에서도 볼 수 있는—같은 시대, 같은 정세 속에서 건립되었기에—'아르데코' 문양의 장식을 자랑스레 과시하고 있었다. 나는 신문, 잡지도 팔고 도서도 팔고 문구도 파는 기념품점에 들어가는 상상을 해봤다. 가게 진열창으로는 뜬금없이 잡다하게 놓인 윌리엄 포크너 전집의 신간들이 보였다. '플레이아드 총서'로 최근에 나온 그 책들은 출간 기념 특가를 알리는 갈리마르

* commune. 프랑스의 최소 행정구.

출판사의 광고판과 함께 실용서, 여행안내서, 요리책, 지도책에다 요란스러운 표지로 눈길을 끄는 문고판 대중소설들까지 잔뜩 쌓여 있는 한가운데에 있었다. 거기서 난 아마도 어머니에게 드릴 잡지나 지역신문을 하나 살 수도 있었을 테고, 어머니가 낮잠을 자는 동안 맞은편 카페에서 한두 시간 머무르며 그것들을 잠깐 들춰 보다가 내가 들고 간 책을 읽을 것이었다. 나는 어느 틈에 시골길로 돌변해버리는 거리를 따라 내려가거나 아니면 피메트Fismette 다리까지 걸어갈 작정이었다. 이 장소들의 지형과 역사에 관한 정보를 찾아보다가 그 다리가 1918년 치열한 전투 와중에 파괴된 적이 있다는 사실을 막 알게 된 참이었다. 독일 부대와 미군 대대 사이에 벌어진 전투는 육탄 공격과 총검은 물론 심지어 화염방사기까지 동원하며 격렬하게 치러졌고, 양 진영에서 어마어마한 숫자의 병사들이 희생당하는 결과를 가져왔다⋯ 1928년 펜실베이니아주는 이 살인적 광기의 희생자들에게 바치는 일종의 기념물—이 지역엔 이것 말고도 여러 기념물이 있다—로서 기둥 위에 조각상이 세워진 새 다리를 기증했다. 오늘날에는 이렇게나 조용하고 평화로운 이곳, 요즘 같은 여름날 오후에는 거의 완전한 정적이 깃들어 기껏해야 자동차, 트럭, 트랙터 엔진 소리가 가끔 고요를 깨뜨릴 따름인 이 마을 근교가 한 세기 전만 해도 그토록 극심한 소음과 분노, 폭력과 공포가 분출하는 무대였다는 사실을 어떻게 상상이나 할 수 있겠는가. 위대한 조레스는 몇 년 동안, 마지막 몇 달, 마지막 며칠, 마지막 한 시간까지 특유의 용기와 명석함을 발휘해 자신의 삶을 대가로 치러서라도 학살극을 막으려 했으나 끝내 허사로 돌아갔다. 이 기념물-다리는 1940년 독일 침공 때 다시 파괴되었다가 1950년 동일한 형태로 복원되었다. 사진 속에서 그렇게나 아름다우면서도 슬픈 느낌의 이 기념물을 보러 가야만 할 것이었다. 이 커다란 마을과 주변 코뮌들의 역사를 전체적으로 서술한 책이나 자료집은 없을까? 다음번에는 서점 겸 문구점에 알아보러 갈 것이었다.

이 모든 계획은 몽상에 머무르고 말았다. 어떤 의미에서 핌은 내게 하나의 이름에 지나지 않을 것이었다. 내 정신적 공간 속에 있는 무성한 지역. 나는 거기 두 번밖에 가지 않았다,라고 말했다. 8월에, 이틀 연속으로… 이때만 해도 그곳에 정기적으로 어머니를 만나러 오게 될 거라 생각했다. 형제들과 내가 마침내 '들어갈 자리'가 있는 요양원을 찾아 어머니를 모셔놓고 나면 그러려고 했다. 다른 해결책이 없다고 생각했다. 벌써 한참 전부터 어머니와 이야기를 나눴다. 처음에는 아직 혼자 거동이 가능한 노인 전용 요양원maison de retraite 한쪽 옆에 딸린 스튜디오[원룸]가 고려 대상이었다. 어머니도 받아들였다. 어머니가 직접 보고 마음에 드는지 판단할 수 있도록 형제 중 한 명이 요양 시설 의사의 사전

승인을 받아 어머니와 동행했다. 시설은 11세기에 세워진 멋진 로마네스크 양식의 교회가 중심에 자리한 브잔Bezannes의 큰 구시가지 부근, 한창 건설 중인 신도시 외곽 지구 끝머리에 있었다. 거기엔 TGV(초고속 열차) 파리-동부선의 지역 정차역이 될 역사가 허허벌판에 막 건립된 참이었다. 노선의 최종 목적지는 랭스가 아니었다(스트라스부르나 룩셈부르크일 것이다). 요양 시설과 주변 부지에 막 지어진 몇몇 건물은 현대식이지만 외따로 떨어져 있었고, (자크 타티의 영화에서 튀어나온 것 같은) 차갑고 비인간적인 장식으로 꾸며져 있었다. 어머니는 안 되겠다고 말했다. “난 거기서 살고 싶지 않다!” 나는 별로 놀라지 않았다.

빠뜨린 문서를 갖추고 각종 서류 뭉치의 빈칸들을 채우며 한없이 긴 절차를 마친 뒤(직접 겪어보기 전에는 요양원에 들어가기 위해 필요한 서류 작업이 어떤지 상상도 하지 못할 것이다) 어머니를 모시고 시설에 방문한 동생은 분개했다. 나는 거기서 살게 될 사람은 어머니고 따라서 어머니가 결정할 일이라고 반박했다.

2년 뒤 어머니는 생각을 바꿨다. 그녀는 거부하던 것을 수락했다. 일이 그렇게 간단하지는 않았다. 의사가 다시 동의서를 써 주어야 했다. 의사는 어머니의 건강 상태가 심각하게 악화되었다는 사실을 금세 알아차렸다. 실상은 그 반대라고 어머니가 의사를 설득하려 필사적으로 애썼지만—동생이 다소 불합리하게 부추긴

탓이었다—어머니는 단지 걷기조차 엄청나게 어려운 상황이었다. 바로 의사가 [어머니의 뜻을] 거부했다. 요양 시설의 다른 쪽, 그러니까 신체적 자율성을 상실한 사람들을 수용하는 구역에 들어가려면 다른 절차를 밟아야 할 뿐만 아니라, 자리가 나야만 했다. 자리는 없었다. 우리는 그 문제에 관해 더 이야기하지 않았다. 아니, 차라리 이렇게 말해야 할 것이다. 우리는 그것에 관해 생각했고 늘 이야기했지만, 결코 결정을 내리지는 않았다고 말이다. 하지만! 그랬어야만 했다. 달리 어떻게 할 수 있었겠는가? 어머니는 더 이상 집에서 나오지 않았고, 자기 아파트 안에서 거동하는 데에도 어려움을 겪었다. 그녀는 아침에 샤워를 하면서, 또는 밤에 화장실에 가려고 일어나면서도 몇 번이나 넘어졌다. 이 사소한 사건들은 점점 더 심각해졌나. 어머니를 보러 온 일요일, 역에서 나오는 길에 그녀에게 전화를 걸었다. 어머니는 받지 않았다. 어머니가 사는 랭스 접경의 코뮌인 탱큐Tinqueux의 그녀 집까지 가는 버스 안에서 다시 전화를 걸었다. 일단 앞뜰 출입구 철책 앞까지 도착한 나는 인터폰을 눌렀다. 앞뜰 주변으로는 새것이나 다름없는 우아한 공영주택 건물들이 늘어서 있었다. 계속 아무런 응답이 없었다. 결국 이웃들이 문을 열어주었다. 어머니 아파트가 있는 3층으로 올라가 초인종을 눌렀다. "그래, 5분만!" 문을 열어주지 않은 채 어머니가 지르는 소리가 들렸다. 나는 문에 대고 어머니와 대화를 시도했다. “문 여세요! 무슨 일이에요? 괜찮으신 거예요?” 어머니는 이상한 목소리로 “그래, 그래, 5분만”이라는 말만 되풀이했다. 결국 어머니에게 이렇게 말하고 말았다. “문 안 여시면, 응급 구조대를 부를 거예요.” “그래, 5분만.” 30분쯤 지나 응급 구조대를 불렀다. 문은 안에서 잠긴 데다 열쇠가 열쇠 구멍에 꽂힌 채로 있었다. 더구나 너무 두껍고 무거워서 구조대원들이 열지 못했다. 문틀을 뜯어내야만 했을 것이다. 대원들은 외벽을 따라 사다리를 세워 발코니의 창문 겸용 출입문 유리를 깨고 안으로 들어갔다. 먼저 안에 들어간 그들이 내게 현관문을 열어주었다. 어머니는 바닥에 쓰러져 있었다. 넘어졌다가 다시 몸을 일으키지 못한 것이다. 그녀는 내가 초인종 누르는 소리를 듣고 복도를 기어 왔지만, 무릎을 바닥에 댄 채로 몸을 일으켜 세워서 열쇠를 돌리지는 못했다. 그녀는 벌거벗은 채였다. 나는 시선을 돌렸다. 자기 어머니의 벌거벗은 모습, 늙은 어머니의 벌거벗은 모습을 보는 것만으로도 이미 매우 난처했는데, 더욱이 그녀가 벌거벗은 채 환각에라도 사로잡힌 양 멍한 눈으로 바닥에 널브러져 있는 모습을 보려니 무언가 견딜 수 없었다. 나는 서둘러 어머니의 방에서 옷을 하나 꺼내 왔고, 어머니를 덮어주게끔 한 구조대원에게 건넸다.

나는 어머니의 주치의에게 전화했다. 구조대는 어머니를 소파에 눕히고 몇 가지 행정 서류—내 기억이 정확하다면, 일종의 대응 조치 보고서—를 작성한 뒤에 아파트를 떠났다. 의사는 두 시간 후 다른 진료를 마치고 나서야 도착했다. 그는 구급차를 불러 어머니를 병원까지 이송했다. 어머니는 아주 오랫동안 바닥에 누운 채로 있었고, 이는 나중에 의사가 해준 설명에 따르면, 혈액순환과 심장, 전반적인 건강 상태 등에 해로운 결과를 가져왔을 수도 있다… 난 그다음 날 어머니를 면회하려고 랭스의 한 호텔에서 묵었다. 어머니는 2주간 입원했다. 검사 결과에 의하면, 치료가 필요한 커다란 염증 부위가 있었다. 어머니는 자기 집으로 돌아갔다. 비슷한 사건이 규칙적으로 재발했다. 밤이나 이른 아침에 넘어진 어머니는 바닥에 꼼짝 못 한 채 쓰러져 있곤 했다. 채혈이나 복약 확인을 위해 매일 오던 간호사—그녀는 열쇠 한 뭉치를 소지했다—는 몇 시간 뒤에 도착해 어머니를 발견했고, 제대로 일으켜 세우지 못해 응급 구조대를 불렀다. 급기야 구조대원들은 그것이 그들 업무가 아니며 다음번부터는 출동비를 청구할 것이라고 선언하기에 이르렀다. 나는 거기 '구조 요금'이라는 이름이 있으며, 심지어 정가표도 있다는 사실을 알게 되었다. 아, 나는 빈정대는 것도, 그들을 비판하는 것도 아니며, 차라리 그들의 희생과 유능함을 존경하는 쪽이다. 하지만 계속 이럴 수 없다는 것은 확실했다. 그래서 우리 형제들은 다른 요양원을 찾기 시작했다. 신체적 자율성을 상실한 개인인 어머니를 수용해줄 곳, 수용해줄 때까지 대기해야 하는 시간이 적당한 곳, 어머니가 가겠다고 승낙할 곳, 그리고 무시할 수 없는 측면인데, 경제적으로 [비용을] 감당할 만한 곳. 적지 않은 조건들이었다. 어머니에게는 프랑스 남서부의 로슈포르 인근에 정착하는 꿈이 있었다. 그곳에는 막냇동생이 아내, 그리고 어머니가 아주 예뻐하는 두 아이와 함께 살고 있었다. 나는 농담을 했다. "어머니는 '로슈포르의 숙녀'가 되시고 싶은가 봐요!" 어머니가 자크 드미의 영화를 보았는지는 모르겠지만, 적어도 제목은 알고 있었다. 그녀는 카트린 드뇌브와 프랑수아즈 도를레아크가 노래한(사실 그들이 자기 목소리로 부른 것도 아니니, 차라리 흉내 내고 연기한) 유명한 곡들 가운데 하나도 알고 있었다. "우리는 쌍둥이자리 아래 태어난 쌍둥이 두 자매…" 그녀는 웃었다. "바보 같은 소리 하지 마라!" 어머니의 생각을 동생이 시큰둥하게 여겼다는 걸 말해야겠다. 그는 자기 일에 너무 치여서 그녀를 돌보기는커녕 보러 올 시간도 거의 없을 것이라는 점을 어머니에게 납득시켰다… 손주들로 말하자면, 어머니는 그들의 애정에 환상을 품고 있었다. 그런데 그들에게 어머니를 보러 가는 일은 가끔씩 한 번 정도만 수락할 수 있는 고역이었다. 그렇게 거친 방식으로 말해진 건 한마디도 없었으나, 그 생각은 점차 어머니에게서 지워졌다. 벨기에 샤를루아 근처에서 반려자와 함께 사는 형이 어머니에게 자기 집에 와서 살자고 제안했다. 어머니에게는 어림없는 소리였다. 그 집에는 드나드는 사람이 많았다. 형 반려자의 아들딸들과 그 자식들, 반려견들, 그리하여 많은 소음, 너무 많은 소음으로 시끄러웠다… 어머니는 그런 분위기에서의 생활을 절대 견뎌내지 못할 것이었다. 게다가 형 집에 몇 번 방문한 어머니는 그 지역이 음울하다는 이야기를 그치지 않았다. "거긴 너무 흉측해." 개인적인 변명을 늘어놓는 와중에 그녀는 내게 이렇게 설명했다. 나는 그 말을 다음과 같이 번역했다. 가난한 동네, 노동자 주택에서 빠져나오기 위해 온갖 고생을 겪은 어머니 입장에서는 '코롱'* 한가운데 들어갈 마음이 전혀 없었다고. [벨기에 남부] 왈롱 지역의 도시들 외곽에 있는 이 노동자 주거지들은 프랑스 북부에 있는 것들과 다르지 않았다. 하나같이 음울한 외관의 작은 주택이 서로 다닥다닥 붙어 늘어선 이 주거지들은 오늘날 탈산업 시대의 불안성 노동자들을 수용하고 있었다. 과거에 광산이나 공장에서 일하는 노동자들을 맞아들였듯 말이다. 에밀 졸라는 그곳을 『제르미날』의 잊을 수 없는 무대로 삼았다. 난 어머니에게 파리 지역의 요양원을 찾아보자고 제안했다. 하지만 로슈포르로 떠나려다 좌절된 자신의 욕망을 잊어버리기라도 한 듯 그녀는 이상하리만치 거스를 수 없는 주장을 들먹이면서 고집스럽게 거부했다. "아니다, 내 집은 랭스야." 나도 우겼다. "어머니가 파리나 그

* coron. 프랑스 북부와 벨기에 남부의 광부촌.

인근에 계시면 제가 어머니를 더 자주 뵈러 갈 수 있잖아요." 나는 이미 미래의 상황을 머릿속에 그리고 있었다. 내 집에서 멀지 않은 곳에 요양원이 하나 있었다. 건물 전면부는 페인트칠을 한 지 오래된 듯한 약간 더러운 흰색이었으나, 로비는 바깥에서 보기엔 쾌적한 것 같았다. 난 이 거리 구석에 위치한 카페테라스에서 날씨 좋은 날이면 날마다 반복되는 듯한 장면을 자주 보았다. 거의 예외 없이 여성인, 아주 나이 많은 노인이 의자 끄트머리에 지팡이를 걸쳐 놓고서 테이블 앞에 앉아 있다. 맞은편에는 아마 노인의 아들 혹은 딸일, 더 젊은, 다음 세대 남성이나 여성이 앉아 있다. 우리는 곧 그들이 누구인지 알아차린다. 다만 수십 미터라도 아직 스스로 거동할 수 있는 신체 능력이 남아 있는 에파드Ehpad 입주자들이 차나 주스를 마시면서 햇볕을 쬐러 자기 자녀와 외출한 것이다. 나는 이 테라스에서, 아니면 다른 구역에서 비슷한 구도로 어머니와 함께 테이블을 두고 앉아 있는 내 모습을 상상하지 않을 도리가 없었다. 난 어머니를 찾아가 바로 옆 카페까지 걷자고 권했을 것이다. 그녀가 오후의 부드러움을 누리고 잠시나마 도시의 활기와 바깥의 삶을 접할 수 있도록 말이다.

어머니는 완고했다. "아니다, 내 집은 랭스야." 파리에 가면 그나마 얼마 남지 않은 관계들마저 끊어져 랭스에서보다 더 고립될까 봐 두려웠던 걸까? 벌써 주변의 많은 이가 세상을 떠났고, 특히 내 고모들과 겪은 불화와 반목 때문에 어머니에겐 이렇다 할 관계도 드물었다. 어머니는 분노가 터질 때면 온갖 욕지거리를 퍼부으며 고모들을 모욕하고 비난했기에, 고모들은 그녀를 보려 하지 않았다. 게다가 진실을 말하자면 어머니는 격렬한 사랑에 빠져 있었고, 자신이 그렇게 미친 듯이 집착적으로 사로잡혀 있는 남자를 더 이상 볼 수 없다는 것은 생각만 해도 견딜 수 없는 일로 다가왔다(이 이야기는 나중에 다시 할 것이다). 로슈포르의 손주들과 가까이 지낼 수 없다면, 그녀는 지난 몇 년간 행복감을 안겨준 사람과 멀리 있지 않기를 바랐다. 어쨌거나 파리에서는 사정이 복잡했다. 알아본 바로는 대기 기간이 십중팔구 훨씬 긴 데다 요금도 지나치게 비쌌다. 그녀의 자산으로는 우리 자산을 다 합쳐도 턱없이 못 미칠 정도였다. 어쩌면 내가 파리 교외에서 좀 덜 비싼 시설을 찾아낼 수도 있었겠지만, 어머니가 자기 살던 곳을 떠나고 싶어 하지 않았기에 체계적으로 알아보려고 해봤자 아무런 쓸모도 없었다. 그러니까 랭스나 그 부근이어야 할 것이었다. 설령 랭스라고 해도 장담할 수 없었다. 몇 번의 시도 후에 동생은, 가능성이 희박하며 대기자 명단이 2~3년치 있다고 말해주었다. 그리하여 [어머니의 요양원은] 핌이, 핌의 에파드가 되었다. 옛날 병원을 보수하고 용도 변경한 곳이었다. 작은 종루가 솟아 있고 흰 석재와 붉은 벽돌로 된 멋진 건물이 전경에 있으며 그 뒤편으로는 잔디로 장식된 안뜰 양쪽에 최근에 지어진 현대식 건물들이 펼쳐져 있었다.

에파드는 의존적 노인들의 거주 기관Établissement pour l'hébergement des personnes âgées dépendantes을 지칭하기 위해 통상 쓰이는 약어로, 한마디로 요양 병원maison de retraite médicalisée을 가리킨다. 어머니는 확실히 '의존적인 노인'이 되었다. 그리고 그녀의 건강은 지속적인 의료 감시가 필수 불가결한 상태가 되었다.

2

어머니에게 시설 입소일에 같이 가겠노라고 약속했다. 핌에 가려면 파리에서 랭스까지 기차를 타야만 했다. 난 자동차가 없고, 심지어 운전면허증도 없다. 종종 확인했듯 이건 파리에 사는 게이들에게 자주 있는 일이다. 예전에 한 여자 친구는 자기가 아는 파리지앵 게이들 가운데 운전할 줄 아는 사람이 아무도 없다면서 "콩 심은 데 콩 난다"라고 장난삼아 말하곤 했다. 이제는 [랭스까지] TGV로 45분 걸리니 상당히 빨라졌다. 과거 내가 파리에 정착할 무렵엔 한 시간 반 걸리는 여정으로 훨씬 길었다. 하지만 여정의 후반에는 샴페인용 포도밭으로 뒤덮인 유명한 언덕 풍경과 와인 양소 마을의 아름다움을 더 잘 즐길 수 있었다. 그러고는 랭스에서 출발하는 지역 철도 연계 서비스가 여름 동안 중단되었기 때문에, 공기업 RTA에서 운영하는 고속버스를 탔다. 랭스와 수아송을 연결하는 이 버스의 여러 정류장 중 하나가 핌이었다. 나는 렌터카를 빌린 남동생과 어머니를 그녀가 이제부터 살게 될 요양원 앞에서 만날 예정이었다.

내가 먼저 도착했다. 15분 정도 그들을 기다렸다. 동생이 모는 자동차가 정원의 정문을 통과해 안내 사무소 앞에 멈추자 어머니는 차창을 내리고 내게 인사를 건넸다. 어머니는 울고 있었다. 절망에 사로잡힌 그녀는 흐느끼다가 간신히 말을 하고는 다시 울음을 터뜨렸다. 난 가슴이 미어졌다. 우리는 무슨 짓을 하고 있는가?

동생은 어머니에게 필요하거나 중요해서 곁에 두고 간수해야 할 물건을 모조리 차에 싣고 왔다. 옷가지는 물론 텔레비전과 DVD 플레이어, 라디오와 CD 플레이어, 책 몇 권과 여러 더미의 잡지, 커다란 사진 상자 두 개, 벽걸이 액자에 든 프린트 그림 몇 점… 어머니가 집에 있는 것처럼 편안함을 느껴야 했다. 우리가 그녀에게 거듭 말했듯 거기가 그녀의 집, 앞으로 그녀의 새'집'이었기 때문이다. 처음에 어머니는 우리에게 "아냐, 거긴 내 집 같을 수 없지"로 시작해 "아무렴, 아니지, 거긴 내 집이 아니야"로 이어지는 체념 섞인 저항을 했다. 이는 다시 "그래, 나도 알아, 하지만 같지는 않지"가 되었다. 우리에게 어머니를 이해할 능력이 없다는 사실을 받아들여야만 한다는 데 어머니가 진력이 났을 때였다.

간병인들이 어머니를 휠체어에 앉혀서 방으로 데려갔다. 어머니도 그렇지만 우리도 그 방을 처음 보았다. 예전에 몇 번 그랬듯 이번에도 로슈포르에 사는 막냇동생이 미리 이곳저곳 둘러보고 왔다. 그는 아주 괜찮은 곳이라고 평했다. 접수처에서는 그에게 방이 하나 '나오려면' 아마도 몇 달은 기다려야 할 거라고 말했다. 우리는 대기 기간이 좀 길다고 생각했다. 기간이 더 짧다는 건 다른 누군가의 조속한 사망을 뜻한다는 것을 진지하게 고려하지 않고서 말이다. 하지만 대기 기간이 길면 적어도 어머니가 삶의 돌이킬 수 없는 급격한 변화를 정신적으로 준비할 수 있을 것이었다. 몇 주 뒤 동생이 전화를 받았다. 방 하나가 예상보다 훨씬 일찍 '나왔다'고 했다. 그 방을 원한다면 빨리 잡아야 했다. 당연히 대기자 명단에 이름을 올린 사람이 우리만은 아니었으니 말이다! 모든 일이 빠르게 진행되었다. 어머니는 계속 마음의 준비를 하지 못했다. 몇 달 뒤였더라면 과연 할 수 있었을까? 난 확신하지 못하겠다. 먼저 어머니는 생각을 고쳐먹었다면서, 집을 떠날 의향이 없노라고 단언했다. 그것은 어머니에게 불가능한 만큼이나 불가피한 결정, 그녀 못지않게 우리를 위한 결정을 마주하고서 느끼는 두려움의 반사작용이자 공포 반응이었다. 뭐라고 내납해야 할까? 물론 결정은 어머니의 몫이었다. 하지만 해결책을 찾아야만 했다. 그녀는 더 이상 홀로 지낼 수 없다. 우리는 똑같은 논쟁을 되풀이했다. "이성적raisonnable으로 생각하셔야 해요. 달리 방도가 없어요." 나는 주장했다. 실상 비이성적인 것도, 비합리적인 것도 없는 불안의 현기증 앞에서 '이성'을 들먹이는 설득에 마치 어떤 의미라도 있다는 듯이. 어머니는 대꾸했다. "나도 잘 안다. 그런데 너도 이해할 것 아니냐…"

아무렴! 나도 이해한다. 그것도 아주 잘 이해했다. 그러나 '이성적'이어야만 했다. 어머니는 결국 체념한 채 내게 말했다. "그래, 이성적이어야 하지."

객관적 사정의 힘 앞에서 포기의 필요성을 그토록 간단히 발화하는 이 끔찍한 문장들이 오늘날까지도 나를 사로잡은 채 놓아주지 않는다. 난 철학과 대학생 시절 열성적으로 몰두하며 읽은 데카르트의 기억을 떠올렸다. 마르크스주의에 깊이 영향을 받은 청년 시절의 내가 보기엔 정치와 행동을 포기하는 방식이었던 도덕적 스토아주의의 명제가 전적으로 거부감을 불러일으킨 기억도 떠올랐다. 나는 서가에서 데카르트 저작을 쉽게 다시 찾아낼 수 있었다. 그 책들은 페이지 곳곳에 메모가 적혀 있고 문장 여기저기에 밑줄이 그어져 있었다. 특히나 『방법서설』에서 가장 유명한 문장 가운데 하나인 여기에도 말이다. "내 셋째 준칙은 […] 세계의 질서보다는 내 욕망들을 바꾸려고 늘 애쓰자는 것이었다. 그리고 일반적으로는, 우리가 지닌 능력은 전적으로 우리 생각들 외에 아무것도 없다고 믿는 데 익숙해지자는 것, 따라서 우리 외부에 있는 것들에 대해 우리가 최선을 다한 후에도 이루지 못한 것은 모두, 우리 입장에서는 절대적으로 불가능한 것이라고 믿는 데 익숙해지자는 것이었다."

그렇기 때문에 "사람들이 말하듯 필연을 덕으로 만들면서, 우리가 지금 다이아몬드처럼 거의 썩지 않는 물질로 이루어진 신체 혹은 새처럼 날기 위한 날개를 욕망하지 않는 것처럼, 우리는 병들어 있으면서 건강하기를 혹은 감옥에 있으면서 자유롭기를 욕망하지 않는다."[1]

난 예전에 내가 그렇게나 반항했던 이 '준칙'의 극단적으로 단순화된 판본을 어머니에게 설교했다고 느꼈다. 마치 우리가 처한 곤경과 같은 상황들에서는 그 준칙이 지혜롭고 적절하며 조금의 여지 없이 확실하다고 비로소 이해하게 되기라도 한 것처럼 말이다. 어머니의 '병'은 노화라 불렸고, 요양원은 그녀의 '감옥'일 것이었다. 어머니는 건강하고 자유롭게 몸을 움직이며 스스로 선택할 수 있길 바라는 마음을 단념해야만 할 것이다. 그녀는 더 이상 그렇지 않으며, 앞으로도 그럴 수 없을 것이기 때문이다.

세계의 질서—이 경우엔 노화의 숙명성, 노동자라는 힘든 직업과 그에 뒤따르는 고된 생활 조건의 신체적 결과들, 동시대 가족 구조의 현실, 도시 주택과 주거지의 역사, 노령과 질병과 의존성의 역사 등, 한 사회의 과거와 현재를 규정하는 모든 것이 불가피한 결정을 내리는 이 치명적인 순간 속에 응축되어 있었다. 그건 우리에게도, 어머니에게도 부과되어 그녀의 욕망과 욕구, 반항이라든지 행동의 모든 가능성을 가차 없이 일소해버렸다. 우리는 여기서 두 사람 간 단순한 대화 아래서 그것을 틀 짓는 역사적·사회적 결정 논리들의 무게가 어느 정도인지 알 수 있다. 어머니는 불가피해진 것을 받아들여야만 했고, 그녀의 항의는 눈물을 통해서만 표출될 수 있었다. 나는 의지와 결정 능력, 행위 역량의 한계들을 알고 있었다. 그 한계들은 우리를 규정하는 모든 것, 내가 '사회적 판결verdicts sociaux'이라고 이름 붙인 것에 의해 우리 각자 안에 새겨져 있다. 나는 그것들을 잘 알고 그것들에 친숙했다. 다들 그런 것처럼 평생 몸소 겪었을 뿐만 아니라, 내 저작 한 권 한 권 속에서 기술하고 해독하며 분석했다. 하지만 제약의 톱니바퀴들 안에서도 언제나 '게임'은 있다. 구조적 타성들에 의해 아무리 축소되고 위축되어 있다 해도 개인적 혹은 집단적 변화를 위한 자리는 있는 것이다. 우리 욕망에 부과되는 제약들이 아무리 강력하다 하더라도—그러한 제약들은 우리 욕망의 제한적 경계 짓기를 위시해 다양하게 가해지는데, 제한적 경계 짓기는 (넓은 의미의) 사회적 소속이나 출신, 즉 계급, 젠더, 인종 등과 이용 가능한(또는 불가능한) '자본'(경제자본, 문화자본, 사회관계자본)의 양에 의해 조건 지어지고 주조되는 열망의 형태 아래 나타난다—결정 논리와 결정 요인의 힘이 결코 절대적이지 않다는 것 또한 진실이다. 당연한 일이다. 이 자명한 진실에 반대하면서 '결정론적' 사유를 비판할 수 있다고 상상하는 사람들은 순진하게도 다음과 같은 현실을 [제대로 인지하지 못한 채] 벗어나버린다. 즉 현실에는 한편에 총체적 수준에서 일어나는 사회적·역사적 변화가 있고, 다른 한편에 이 일반적인 틀 내부에서 완수되는 집합적·개인적 궤적들이 있다. 그리고 이 과정에서 영속성과 변화, 제약과 자유는 언제나 긴밀하게 얽혀 서로 연결되어 있으면서 개인이나 상황에 따라 상이하게 조합되거나 부각된다. 그러나 어머니와 여러 대화를 나누면서 나는 나이와 신체적 취약성이 형틀, 사슬, '감옥'을 구성한다는 것을 깨닫게 되었다. 아무리 미약하다 해도 그것들은 운명으로부터 탈주할 힘, 거기서 벗어날 힘이었던 모든 것을 무無로 되돌린다. 의지는 있지만, 권력은 없다. 그리고 마침내 더 이상 할 수 없기에, 더 이상 원하지 않게 되는 것이다.

1860년대 한 일본 마을이 자리한 산 '나라야마'가 무대이자 제목인 후카자와 시치로의 단편소설에서 70세 노인들은 그 산[나라야마]으로 여행을 가야만 한다. 거기서 그들은 죽음을 기다리게 된다. 즉 노인들은 빠져나올 수 없는 장소, 되돌아올 수 없는 곳으로 숨어들어야 한다. 장남이 등에 판자를 지고 노인들을 거기 매달거나 동여매 업고서 산속으로 데려간다. 어떤 이들은 적극적으로 동조하거나 간단히 체념해버린다. 스스로 소멸하기 위해 산속으로 들어가는 것은 생애 주기의 정상적인 결말이다. 반면 어떤 이들은 저항하며, 그래서 그들을 힘으로, 때로는 폭력으로 속박해야만 한다. 강조해둘 것은, 이 책을 역사적 혹은 인류학적 재구성으로 읽지 말아야 한다는 점이다. 그것은 픽션이지, 사실적 기술이 아니다.[2] 그럼에도 그것은 하나의 우화로 기능할 수 있다. (기노시타 게이스케와 이마무라 쇼헤이가 차례로 영화화한)[3] 이 상상의 작품은 노인들을 기다리는 사회적—그리고 신체적—추방에 대한 알레고리적 관점을 보여준다. 그러한 추방에 예속된 노인들의 두 가지 가능한 태도 또한 그려진다. 규칙을 준수하고 자발적으로 복종하며 준비하기, 또는 반대로 규칙을 거부하며 벗어나고 빠져나가려 시도하기… 규칙과 그 실행 책임자들에게 따라잡히기 전에 말이다. 분명 이 두 가지 대립 축 사이의 중간 항, 혹은 연속선상의 태도들이 존재한다. 반사적인 저항과 뒤섞인 포기라든지, 또는 반대로 시간과 함께 흐릿해지는 고집스러운 거부 같은 것들 말이다. 그러한 거부는 거동의 어려움 악화라는 부인할 수 없는 자명성으로 인해 침식당하면서, 주저함과 망설임의 흐름을 따라 점차 약하게 표명된 동의, 머뭇거리고 자신 없으며 침통하고 의기소침한 수긍으로 변화한다…

물론 집을 떠나는 나이도 다르고, 자동차가 나무판자를 대체했으며, 장남이 운전하지도 않았다. 하지만 나는 일본 문학이 우리에게 보여주는 이 상상적이고 상징적인 구성물과 유사한 그림 속에 어머니와—나를 포함한—아들들을 기입할 수 있다. 거기서 핌의 에파드는 나라야마의 자리를 차지하고, 어머니는 노인들이 취하는 상이한 태도들을 차례로 또는 동시에 구현한다(거부와 항의, 수용 또는 단념과 복종…). 우리가 아들들의 상이한 역할을 구현한 것과 마찬가지다. 세대들의 대물림(증조모가 숙명주의에 젖어 쓴 표현을 기억한다. "인생도 바퀴처럼 돌고 도는 거야." 나는 아직 어린아이였고, 그 말에 담긴 함의를 온전히 이해하지 못했다)이 세상사의 자연스러운 질서 속에 새겨져 있기에 불가피한 것처럼, 마치 쓰여 있고 규정되어 있는 것처럼 행동하기. 이 자연법칙의 자명성에 복종해야 할 필요성을 어머니에게 납득시켜서 그 결과로 합리적 논증과 반복적 설득—확실히 부드러운 폭력이지만, 어머니는 심대한 폭력으로 경험했다—을 통해 속박하기. 어머니는 비자유를 강요당했다. 그녀의 의견은 별로 중요하지 않았다. 어머니는 몇 년을, 그 뒤엔 몇 개월, 몇 주의 시간을 벌면서 요양원 입소 날짜를 늦출 수는 있었지만 그 불가피성 자체를 해체할 수는 없었다.

우리는 그곳에 있었다! 창은 담장으로 막힌 몇 평방미터의 잔디밭에 면해 있었다. 요양원 영지를 이루는 정원과 건물들을 둘러싼 담장 너머로 작은 집들과 도로, 나무, 밭 등의 시골 풍경이 보였다. 산책을 나가거나 그저 멀리 바라보려고 일어설 수만 있어도 상당히 쾌적한 전망이 펼쳐졌다. 그런데 곧 어느 쪽도 못 하게 될 어머니에게는 과연 어땠을까?

어머니가 떠나온 아파트와 막연하나마 비슷하게 꾸미기 위해 사진 액자들과 그녀 집에 있던 프린트 그림들(아주 전형적으로 민중 계급의 장식 취향인 전원과 바닷가 풍경들)을 벽에 걸었다. 우리는 텔레비전(이 방에는 너무 컸다)을 침대 앞에, CD 플레이어를 그 옆에 놓고, 동생이 커다란 짐 가방에 담아 온 옷가지와 잡다한 물건을 수납장에 정리했다. 동생은 쉴 새 없이 투덜거리면서 몰상식한 말을 지껄여댔다. 이를테면 "붙박이장 안의 옷 정리는 내가 아니라 여자가 해야 할 일인데" 같은 식으로 말이다. 나는 한숨지으며 내게만 들리도록 "웬 바보 자식이야"라고 중얼거렸지만, 내놓고 반응하지는 않는 편을 택했다… 상황은 이미 고통스러웠으며, 설상가상으로 그와 쓸데없는 논쟁까지 벌이지 않을 것이다. 하지만 나는 가족 '관계'가 얼마나 이상하고 지긋지긋할 수 있는지 경악하며 재발견하게 될 것이었다. 그와 나 사이에는 어떤 공통점이 있는가? 아무것도 없다. 정말 아무것도 없다. 마땅히 그래야만 하니까 어머니를 돌보기 위해 거기 모였다는 것 말고는 말이다. 우리는 어머니 주위를 바삐 움직였다. 어머니는 침대에 몸을 쭉 뻗은 채로 누워 있었는데, 마음속으로는 초조하게 미래의 삶에 관해 생각했을 것이다. 외부 세계와 떨어져, 건물 2층의 바로 이 방에 거주지를 부여받은 자신의 삶. 어머니는 자신을 엄습하며 괴롭히는 감정들로 인해 소진되고 경직된 것처럼 보였다.

동생은 자기 아내와 아이들(이들은 거주지인 레위니옹에서 며칠 일찍 왔다)과 합류하러 랭스의 아파트로 돌아갔다. 어머니가 막 떠나온 이 아파트는 아직 가구를 완전히 비우지 않았다. 나는 동생이 떠나자 한숨을 놓았다. 그의 바보 같은 소리를 듣는 데 아주 진력이 나 있었다. 내가 말했다. "잘 가. 곧 다시 보자." 그가 빈정거리며 답했다. "30년 뒤에?" 사실 그를 본 건 30년 만이었고, 그 후로도 다시 본 적이 없다. 나는 오후의 끄트머리까지 어머니와 단둘이 시간을 보냈다. 랭스로 가는 고속버스 막차를 타야만 했다. 도시에서 한참 떨어진 이런 시설에는 불편한 점들이 있었다. 나는 아주 이른 시간에 정차하는 대중교통의 시간표에 매여 있었다. 핌에는 호텔이 없었다. 나는 다음에 다시 올 때를 대비해 정보를 알아보았다. 예전에는 요양원 바로 근처에 방 몇 개를 갖춘 호텔 겸 레스토랑이 있었다. 한데 6개월 전에 호텔 영업을 중단했다. 어쨌거나 난 랭스에서 숙박할 작정이었다. 이 짧은 체류 기회를 이용해 이것저것 다시 보러 갈까 했다. 성당은 물론 전설적인 조각상들—'미소 짓는 천사Ange au Sourire'—과 국왕 대관식의 보석, 장신구, 물품이 있는 성당의 '보화박물관,' 1990년대에 설치된 이미 크뇌벨Imi Knoebel의 스테인드글라스, 그보다 오래된 1960년대 샤갈의 스테인드글라스(그것들을 제작한 유리 장인의 아들과 나는 고등학교lycée 1~2학년, 최종반까지 같은 반이었다. 한번은 그가 나를 비롯해 같은 반 친구 몇 명을 부모님과 함께 사는 자기 집으로 초대했다. 시내 중심가의 멋진 부르주아 저택이었다. 그는 우리에게 유명 화가가 스케치한 화첩을 보여주었는데, 난 이 일에 너무 강한 인상을 받아 약간 혼란스럽기까지 했다. 확실히 그는 나와는 다른 세계에 속해 있었다. 나는 그때까지도 아직 예술이 완전히 부재하며 샤갈이 누군지도 모르는 가정환경 속에서 살고 있었던 것이다).

돌아오는 길에 난 이제는 잘 알게 된 장소들을 다시 지나쳤다. 부모님이 20년 동안 살았던 뮈종, 다른 자치도시들bourgs, 들판이나 평야 또는 그와 비슷한 대지를 사이에 두고 떨어진 여타 마을들, 상이한 규모의 공장과 대형 상업 브랜드의 창고가 이어지는 공업지대, 그리고 랭스에 바로 인접한 교외인 탱큐. 뮈종의 작은 집을 떠나야만 했던 어머니는 랭스에서 몇 달간 짧게 지내다 3, 4년 전 탱큐에 정착했다. 어머니의 집은 중앙역 뒤편에 세워진 공영주택 단지에 있었는데, 사실 어머니는 거기서 계속 지내고 싶어 하지 않았다. 거리에서 들려오는 청소년들의 떠들썩한 소음도, 밤이면 창문 아래 차고로 들어가는 자동차들이 끊임없이 괴롭히는 소음도 참지 못했기 때문이다(무엇보다 고요함을 사랑하는 나로서는 어머니가 얼마나 짜증스러워했을지 완벽히 이해할 수 있었다). 그런데 어머니는 이 새로운 동네에 거주하는 너무 많은 수의 '외국인들'을 훨씬 더 못 견뎌했다. 이 문제에 관해서는 논쟁을 벌여봤자 헛수고였는데, 어머니가 "동네가 마음에 안 들어. 여기는 프랑스가 아니야"라는 식의 문장들로 모든 토론을 중간에 끊어버렸기 때문이다. 뭐라고 대답하겠는가? 그녀는 다시 이사하기를 원했고, 그래서 다시 이사했다. 탱큐에서 어머니는 마음 편히 지냈다. 그녀가 그토록 좋아하고 향수를 느끼며 회상하던 큰 마을 뮈종에 돌아가지 못한 건 후회했지만 말이다. 그러려면 그녀에게 단층 주택을 줘야 했을 것이다. 어머니가 예전에 살던 작은 이층집—나는 『랭스로 되돌아가다』를 그 집을 묘사하며 시작했다—에 있었던 것과 같은 계단을 더 이상 한 칸 한 칸 오를 수 없기 때문이었다. 게다가 바로 그런 이유로 그녀는 살던 집을 떠나야만 했다. 그러나 그런 [단층]집은 없었다. 적어도 당장 들어갈 수 있는 곳은 말이다. 시청에서는 어머니에게 그런 집을 짓는다고 말했다. 거기엔 시간이 걸릴 것이었다. 그런데 시간이 모자랐다. 어머니는 집 밖으로 나설 때마다, 혹은 그저 창문을 열 때마다 매우 불편한 감정을 느끼는 그 구역을 한시바삐 떠나고 싶어 했다. 그렇게 해서 오게 된 곳이 탱큐였다. 사회주택기구가 제안한 탱큐를 어머니가 마음에 들어 하면서 뮈종 이후 여정의 짧은 랭스 단계에 마침표를 찍었다. 어머니에게 그것은 '외국' 땅 차고 위에서 보낸 몇 달 이후 프랑스로의, '우리 집'으로의 귀환이었다. 집은 아파트 3층에 있었지만 실용적인 현대식 엘리베이터를 갖추고 있었다. 그러다 어머니가 탱큐에서 더 이상 혼자 지낼 수 없게 되어 필으로, 요양원으로 가게 되었다.

당연히 그래야만 했기 때문이다. 그곳은 확실히 또 다른 유배지, 또 하나의 '이국' 땅이었다. 외국인 신분의 양태야 아무리 다르다 한들, 그녀는 그 새로운 환경에 적응해야만 할 것이었다. 이번에는 마음에 들지 않는다고, 떠나고 싶다고 말할 수 없을 테니 말이다. 더 이상의 이사는 없을 것이었다. 나는 이런 종류의 생각을 황급히 쫓아버리려 애쓰면서도, 거의 나도 모르게 자문했다. 어머니에게는 앞으로 얼마만큼의 시간이 남아 있을까, 어머니는 이 방, 이 시설에서 얼마의 시간을 보내게 될 것인가… 그러니까 나는 그녀를 막 모셔다 놓은 이 촌마을에 언제까지 방문하게 될 것인가? 나는 몇 년을 바라보면서 계획을 세웠다. 어머니는 그곳에서 잘 지낼 힘과 에너지, 수단을 발견하게 될까? 그녀가 영원히—이 말을 해야만 한다—실질적 칩거 상태에 들어갈 이 폐쇄된 장소에서 그녀의 생활은 어떻게 조직되고 전개될 것인가? 어머니가 너무 혼자라고 느끼지 않게 하려면 내가 가능한 한 자주 그녀를 보러 와야 할 것이다. 나는 정신적인 준비에 들어갔고, 뒤이어 곰곰이 생각했다. '한 달에 한 번은 충분치 않겠지. 일주일에 한 번이 이상적이겠지만, 지키기는 어려울 거야…' 이러한 전망 때문에 마음이 불편해지지는 않았다. 예전에 뭐종이나 탱큐로 어머니를 보러 가는 2박 혹은 3박의 짧은 여행을, 랭스행 기차, 전에 알던 도시의 장소와 거리, 기념물, 카페와 레스토랑을 난 좋아했다.

난 내 반려자인 조프루아가 동행한 날 이 모든 장소를 그에게 보여주었다. 후지타 예배당, 아르데코 건물들, 생레미 바실리카 회당, 불랭그랭 중앙 시장 근처의 전통 양조장들(그리고 바로 옆의 샴페인 바들, 어머니와 함께한 오후가 너무 낙담스러웠던 날 저녁에 기분 전환할 겸).
핌에 가는 일도 아마 똑같을 것이다. 내게 변하는 것은 어머니가 거주하는 코뮌의 이름뿐이리라. 그녀에게는 삶이 뒤바뀌는 일이지만.

나는 여정 내내 고속버스 차창 밖을 바라보았다. 대답 없는 질문들, 과거와 현재의 이미지들, 불확실성들이 숱하게 내 머릿속에서 서로 이어지고 또 부딪혔다. 나는 생각할 줄만 알았다. 당혹스럽고 우울했다. 난 상황을 더 잘 이해하고 대처하기 위해서는 시몬 드 보부아르의 『노년』과 노르베르트 엘리아스의 『죽어가는 자의 고독』을 다시 읽어야만 한다고 생각했다.[4]

노선의 종점은 성당 뒤편으로 수십 미터 떨어진, 버스 터미널로 쓰이는 광장이었다. 저물녘 랭스 노트르담 대성당의 후진後陣을 바라보게 되다니, 이 침울한 순간에 웬 장엄한 배경이란 말인가!

어머니와 작별하면서 말했다. “내일 다시 올게요.” 다음 날 그녀와 함께 오후를 보내기 위해 고속버스로 랭스에서 핌까지 이 여정을 되풀이했다. 난 동생이 그 전날 가져온 사진 상자들을 열어 보았다. 그것들을 내게 보여주면서 동생은 오해일 수도 있지만 다소 공격적으로 느껴진, 어쨌든 경멸적인 어조로 이런 말을 내뱉었다. "그 안에 네 보물이 있어. 네 다음 책을 위한 보물." 난 상자에서 사진들—물론 내가 모르는 사진들이었다—을 꺼내 어머니에게 보여주었다. 어머니가 설명을 덧붙였다. "그건 튀르키예 여행 때 네 아버지랑 찍은 사진이다." "그건 튀니지에서 찍은 사진." 그 사진들은 아버지가 다니거나 다녔던 공장의 노사위원회가 기획한 단체 여행(아버지의 은퇴 이후에도 부모님은 이 기회를 계속 이용했다)을 가서 찍은 사진들이었다. 레스토랑에서 단체 저녁 회식을 즐기는 부모님의 사진이 자주 눈에 띄었다. 패키지여행은 늘 관광 명소의 방문과 함께, 사회자와 음악가가 있는 레스토랑에서의 저녁 식사를 포함했다. 한번은 부모님이 이런 식으로 [스페인 남부] 안달루시아 지방을 여행하던 중에 그라나다에서 만난 집시 기타 연주자가 어머니에게 말했다. "너, 너는 우리 쪽이야. 난 알아." 그녀 역시 알고 있었다. 그녀는 매우 인종주의자였지만, 언제나 모종의 긍지를 가지고 자신의 집시 혈통을 환기하곤 했다.

시간이 흘렀다. 난 떠나야 했다. 다시 한번 고속버스 시간에 맞춰서! 어머니에게 곧 다시 찾아뵙겠노라고 약속했다. 어쩐지 자격지심이 들었다. 이탈리아로 2주간 휴가를 떠날 예정이었다. 오래전에 모든 것이 예약되어 있었다. 당시 난 몇 달 뒤에나 그녀가 요양원에 입소할 거라고 아직 믿고 있었다. 나 혼자서 떠나는 여행이 아닌

만큼, 취소하기는 어려웠다.

그런데 난 가자마자 금세 다시 그녀를 보러 되돌아오게 될 것이었다…

3

어머니가 요양원에 도착한 다음 날, 아직 어머니와 방에 있는데 누군가 문을 두드렸다. 나는 한 번도 본 적 없는 여자가 들어왔다. 어머니는 놀라기는커녕 흡족해하는 것처럼 보였다. 여자가 떠난 뒤 어머니에게 누구냐고 물어보았다. 어머니는 어느 모로나 그녀를 잘 아는 것처럼 보였고, 그녀와 30여 분 동안 이야기를 나눈 참이었다.

그녀는 어머니의 오랜 친구였다. "Y야." 어머니가 그녀를 맞으면서 쓴("아! Y. 너구나!") 애칭을 다시 입에 올리며 말했다. 그녀의 남편은 몇 달 전부터 요양원에 입소해 있었다. 어머니는 그것을 알고 있었고(어떻게?), 몇 시간 전에 그를 보러 그의 방에 다녀왔다. 그의 방은 어머니의 방에서 아주 멀리 있지 않았는데, 그는 더 이상 방 밖으로 나오지 않았다. 시설의 거주자가 되기 전에 그는 아버지와 몇 년간 같은 공장에서 일했다. 은퇴 전후로 그와 그의 아내는 우리 부모님과 똑같이 기업 노사위원회가 기획한 여행에 빠짐없이 참여했다. 동생이 가져온 상자 안에서 내가 발견한 여러 사진 속에는 손에 마이크를 들고 노래를 부르거나, 챙 달린 모자와 목에 두른 스카프 또는 얼굴을 가리는 베일(모로코? 튀니지?)로 변장한 아버지의 모습이 있었다. "그 양반은 언제나 광대

짓을 안 하곤 못 배겼지." 어머니가 토를 달았다. 실제로 아버지는 저녁 회식 때면 앞에 나서는 것, 눈에 띄는 것, 재담가나 '분위기 메이커' 역할을 맡는 것을 좋아라 했다… 어머니는 그것을 혐오했고, 그래서 그를 경멸했다. 하지만 그것이 그의 모습이었고, 그는 항상 그래왔다. 따라서 어머니는 Y와 아마 다른 부인들까지 함께 비켜나 있었다. 여자들끼리 모여서 찍은 사진이 좀 있었다면 좋았을 것이다. 어머니가 자유로움이나 최소한 편안함을 느낀 순간들을 보여주는 집단의 초상화 말이다. 그런 것이 있었을 수 있지만, 난 발견하지 못했다. 특히 그들 대화의 녹음을 들을 수 있었다면 정말 좋았을 것이다. 그런 것은 확실히 존재하지 않지만 말이다. 그들의 주 관심사는 무엇이었으며, 주변에서 벌어지고 있는 일들, 그들이 사는 세상에 대해 어떤 시선을 가지고 있었을까?

그러니까 어머니와 'Y'가 서로 동병상련을 품을 수 있었던 것은 이 반복되는 상황들 속에서였다. 두 사람은 분명 여행 말고는 만날 기회가 자주 없었을 것이다. 노동계급에서는 친구의 집을 방문하는 일이 드물고, 아파트나 집이 대개 외부 시선으로부터 보호받는 사적 공간으로 여겨지며 최대한 그래야 하기 때문이다. 내가 어린이 혹은 청소년이었을 때 우리가 살던 영세민용 임대 아파트HLM 단지의 아파트에 어머니가 여자 친구—있기나 했던가?—를 손님으로 맞는 것을 본 적이 없다. 뮈종에서 어머니 앞집에 살던 이웃 아주머니가 가끔 커피를 마시러 방문하긴 했지만 그건 훨씬 나중에, 아버지가 돌아가신 뒤의 일이었다. 내 생각에 어머니의 친구 관계는 그 정도에 한정되어 있었다. 어머니에게 여자 친구들이 많지 않았으니, 남자 친구는 전혀 없었고 있을 수도 없었다는 사실은 너무 당연해 두말할 필요도 없을 것이다. 앞서 말한 여행 내내 여자들은 자기들끼리 있었다. 어머니는 식탁에 앉아 남자와 이야기 나누는 일 따위는 할 수 없었을 테고, 하물며 춤을 추는 일은 엄두도 내지 못했을 것이다. 그랬다면 아버지가 (어머니와 그 남자에게) 고함을 지르고 협박하며 끔찍한 발작을 일으켰을 테니 말이다. 아마 아버지는 식탁을 거칠게 밀치고 의자를 뒤엎었을지도 모른다. 그런 상황들에서 그는 집착적인 질투와 어머니를 통제하려는 광적인 충동으로 자제력을 상실했기 때문이다. 과장이 아니다. 내가 어렸을 때 그런 장면이 펼쳐진 적이 있다. 누군가의 결혼식을 맞아 기나긴 가족 오찬에 이어 댄스파티를 하던 중이었다. 어머니가 하객 한 사람과 블루스를 추었다. 극단적인 분노로 치달은 아버지는 울부짖으며 두 사람을 난폭하게 떼어놓고, 아버지를 진정시키려던 고모들과 삼촌들을 밀쳤다. 난 이 사건 이후 어머니가 춤추는 것을 단 한 번도 본 적이 없다. 그녀는 스스로 신중하게 처신하지 않으면 안 되었다. 사실 [아버지의] 폭력적인 발작이 터져 나오는 데는 어머니가 그냥 아는 남성에게 인사하는 것, 또는 길을 걷다 모르는 남성을 쳐다봤다고 아버지가 의심하는 것만으로도 충분했다.

따라서 며칠간의 단체 여행은 어머니와 다른 여성 참가자들에게는 중요한 의미를 갖는 규칙적인 만남과도 같았다. 필경 우정은 다양한 형태를 띨 수 있고, 단체 여행에 참가한 부인들의 우정 역시 다른 형태보다 못할 것이 없었다. 그녀들은 서로 잘 통했고, 확실히 서로 좋아했다.

어머니와 Y는 서로 오랫동안 보지 못했는데도 마치 전날 본 사람들처럼 대화를 다시 시작했다. 이야기는 금세 두 사람이 자기 남편들—10년 전 타계한 내 아버지, 그리고 쇠약해진 심신으로 요양원 이웃한 복도의 방 안에 있는 Y의 남편—에게 느끼는 원한과 증오(이날 들은 대화에 비춰보면, 지나치게 센 단어도 아니나)로 향했다. "그가 집에 다시 데려가달라고 나한테 빌었는데, 어림도 없지! 더 이상 같이 있고 싶지 않아!" 손님이 부르짖었다. 그러고는 비난과 불평의 지루한 반복이 시작되었다. 그녀와 어머니의 말들이 이어지고, 아니 차라리 서로 뒤얽히고 겹쳐졌다… 두 여자는 자기 배우자와 결코 행복했던 적이 없었다. 어쩌면 아주 오래전, 관계의 초기에는 행복했을지도 모르지만, 그 옛날의 짧았던 경험은 이후까지 지속될 무언가를 남기기에는 너무 오래전 일이었다. 어머니는 아버지의 죽음으로 어떤 안도감을 느꼈다. 수년 전 아버지에게 알츠하이머가

닥친 것, 그 때문에 아버지가 기약 없이 입원한 전문 클리닉에 매일 찾아가야 했던 것이 그를 사랑하지 않았던 그녀에게는 끝나지 않는 기나긴 시련이었기 때문이고, 동시에 그녀가 스무 살에 결혼한 이래 무언가 하는 것, 말하는 것, 생각하는 것, 바라보는 것에 처음으로 부담을 느낄 필요 없이 홀로 자유로워졌기 때문이다… 어머니는 나이 들어 신체가 쇠약해짐에 따라 거동의 자유를 새로 방해받기 전까지 얼마 동안 되찾은 자율성을 여유롭게 누렸다. 둘의 대화를 들으면서 난 그 손님이 자기 남편의 요양원 입소를 유사한 감상으로 환영했다는 강한 인상을 받았다. '마침내 자유다!'라는 감상 말이다.

자전적 저작 『민낯의 삶』에서 마리즈 콩데는 다음과 같은 이야기를 들려준다. 콩데는 1960년대 [서아프리카의] 다호메이Dahomey 공화국(현재의 베냉)으로 향하는 비행기에서 두 아프리카계 미국인 여성 관광객을 만나 그들과 함께 바에서 하룻밤을 보낸다. 술을 몇 잔 마신 세 사람은 '취기에 울적해져서' 자기들 남편 또는 동거인에 대한 불평을 털어놓기 시작한다. "우리는 각자 자기 파트너에 대해 욕을 늘어놓고 불만을 상세히 토로했다. […] 우리는 똑같은 질문에 이르렀다. 왜 남자들은 여자들의 삶을 이렇게 망쳐놓을까?" 토론의 한 주인공이 논지를 명확히 하려 한다. "'흑인 남자들!' 마야가 분명하게 말했다… '다 그들을 그렇게 가르쳤으니까 그렇지. 어머니건 여자 형제들이건, 사회 전체건 남자들을 마치 못 할 게 없는 신처럼 대해주니까.'"[1]

콩데가 (흑인) 남성들과 연이어 맺은 관계들의 이야기는 여성을 대하는 이성애자 남성들의—별 존중 없이 무례한—처신 방식에 관해 풍부한 일화와 정보를 들려준다. 그리고 이는 책의 많은 부분을 차지한다.

어머니와 친구분은 분노와 복수심에 찬 어조로 '불평불만'을 끝없이 반복했고, 대화는 갈수록 고조돼갔다. 대화를 들으면서 나는, 상황에 맞게 수정이 필요한 부분들은 있을지라도mutatis mutandis 남성 지배의 사회문화적 법칙과 그것이 여성의 삶에 생산하는 효과는 백인 세계에서도 별반 다르지 않게 작동한다고 생각했다. 거기서도 남성들은 빈번히 배우자나 동거인의 생애를 '망가뜨린다.'

남성-여성 커플이 사는 내내 서로 사랑하는 경우도 드물지 않다고, 그건 동성 커플도 마찬가지라고 반박할 사람도 있을 것이다. 누구도 그것을 부정하지 않는다. 하지만 그렇다고 해서 모두 사랑하며 사는 건 아니라는 말을 가로막을 수는 없다. 어림없는 일이다.[2]

난 요양원 방에서 들은, 몇 년 만에 만난 두 여성의 대화를 여기에 복원했다(이 여성들은 재회의 순간에 내 존재를 잊은 것 같았는데, 서로 할 말이 많았던 만큼이나 마치 잃어버린 시간을 따라잡기라도 하려는 듯 빠르게 큰 소리로 말했다). 이는 마리즈 콩데의 관찰을 확인시켜주는 것처럼 보인다. 여성들이 모이면 같이 살고 있거나 살았던 남자들에 대해 불평하고, 아니면 그들을 비하하거나 조롱한다. 이는 [알제리] 카빌리 지방의 남녀 관계와 남성 지배의 일반 체계를 재구성하며 부르디외가 논한 바와도 같은데, 구조적으로 지배받는 위치에서 나타나는 동일한 반응 현상—인정과 저항—의 또 다른 판본일 따름이다.

과거의 그 무엇도 남지 않고 모든 것이 망각 속에 사라졌다 해도, 예속화assujettissement의 지울 수 없는 흔적들은 살아남는다.

이노우에 야스시는 자기 어머니에 대해, 나이 들면서 결혼 생활의 '고통스러운 기억들'만이 잔존한 것 같았다고 쓴다. 인지능력의 쇠퇴가 시작될 때 이미 그녀는 작고한 남편을 둘러싼 신랄한 무의지적 기억들 속으로 빠져들었다. 이노우에에 따르면, 어머니는 상습적으로 기억상실을 겪으면서도 "아버지가 그녀에게 가한 고통의 편린들"을 드러냈다. "어머니가 자기 이야기를 할 때 말투에는 원한이 서려 있었다." 이로부터 이노우에는 그의 아버지는 '죄인,' 어머니는 '희생자'였다고 결론짓는다.[3]

단체 여행의 하이라이트였던 저녁 회식 동안 아버지와 Y의 남편은 꽤 긴 시간 함께 사라지는 일이 잦았다고 어머니는 말했다. "둘이 어디 갔는데요?" 내가 물었다. "아, 여자들이랑 나갔지." 어머니가 대답했다. 그 어조가 너무 딱딱해서 난 '여자들과 나갔다'라는 표현이 그런 맥락에서 갖는 의미를 미심쩍어하면서도 더 자세히 캐묻지 않는 편을 택했다.

어머니에게 물었다. "그런데 남편을 그 정도까지 싫어하면서 왜 이혼하지 않으셨어요?" 대답은 몇 년 전에 들은 것과 똑같았다. "아, 너도 알잖니, 옛날에는 지금 같지 않았단 걸. 여자들한테는 쉽지 않았어. 남자들은 마음대로 할 수 있었지만, 여자들은 아니었지." 분명 어머니는 여러 차례 이혼을 결심했다. 형과 내가 아직 아이였을 때 공식 절차에 들어간 적도 있었다. 어머니가 우리를 데리고 경찰서에 함께 갔던 기억도 난다(그 일이 정확히 언제 어떤 상황에서였는지는 모른다. 다만 '관계 회복' 이후 『랭스로 되돌아가다』에 쓰려고 질문했더니 어머니가 이야기를 들려주었다. 어머니를 응대한 경찰관이 영 달갑잖은 용어를 써가며 그녀를 돌려보냈다고 말이다. 그런 식으로 그는 남자들끼리의 연대, 심지어 행동거지가 거의 판박이였을 남자들 간의 자발적 공모를 공표한 셈이다). 마찬가지로 형과 내가 어머니와 함께 법원에 갔던 기억도 있다. 거기서 어머니는 판사와 약속이 있었다. 그녀는 왜 포기했는가? "네 아버지는 내 삶을 지옥으로 몰아넣었을 거야. 날 절대로 가만 내버려두지 않았겠지. 저녁마다 내 집 앞에 와서 온갖 소란을 피웠을걸." 어머니가 말했다. 그 말이 과장이 아니라는 걸 안다. 실제로 그런 일이 일어났을 개연성이 높다. 난 장면을 상상했다(우리

가족이 살았던 여러 아파트에서 부모님이 주기적으로 벌인 난폭한 부부 싸움과 비슷했을 것이다. 말 그대로 미친 사람이 된 것 같았던 아버지는, 어머니가 다른 방으로 도망쳐 숨어들면 방문을 때려 부수고 가구들을 박살 냈다). 그런 상황들에서는 어김없이 애원과 약속, 협박이 습관적으로 뒤섞였다… 어느 지경까지 갔을까? 나도 정말 모르겠다. 난 아버지가 했을 법한 일과 하지 않았을 법한 일에 관해 너무 고민하지 않는 편을 택한다. 최악은 늘 확실치 않지만, 언제나 멀리서 윤곽을 드러낸다. 얼마나 많은 여성이 자기 남편이나 반려자를 떠나기로 결심했다가 그들에게 쫓기고 괴롭힘당하고 얻어맞는가? 여성들이 용감하게 감행하면 한층 더, 다른 남자에게 정착한다면 한층 더 심해질 것이다. 게다가 매년 얼마나 많은 여성이, 그녀가 더 이상 함께 살길 원하지 않는 남성이 저지른 폭력에 죽어가는가? '페미사이드'라는 개념은 이 처참한 현실이 개별 사례들의 총합이 아니라, 총체적이면서도 일상적인 지배 체계의 궁극적 결과라는 점을 강조하기 위해 근래에 내세워졌다.[4] 물론 어머니가 아버지를 떠났더라면 그런 일이 벌어졌을 거라고 단언하려는 것은 아니다. 아무리 자제력을 잃어버린 순간이라 할지라도 아버지가 어머니의 살인범이 되는 상상을 나로서는 할 수 없다. 그렇지만 사랑하지도 않는 남자—아버지—곁에 어머니가 계속 남아 있는 건 큰 부분 공포 때문이라는 사실을 난 어릴 때부터 쭉 알고 있었다. 어머니는 장래에 대해, 아버지에 대해 공포를 느끼고 있었다. 그녀는 결국 떠나지 않았다. 어떻게 그녀는 삶을 바꾸려 들지 말자고 자신을 납득시킬 수 있었을까? 아니, 차라리 이렇게 자문해보자. 혼자서 살아가려면 부딪혀야 할 갖가지 문제들이 지닌 무게, 또는 그저 슬픈 운명처럼 보이는 것 앞에서의 체념은, 어떻게 어머니가 온갖 수단을 동원해 이 상황에서 도망치려는 시도를 마침내 포기하도록 이끌었는가?

이와 반대로, 에두아르 루이는 집안의 노예 취급을 받으며 학대와 모욕에 지친 그의 어머니가 어느 날 고통스러운 만큼이나 파괴적인 이 관계 유형들로부터 벗어나기로 결심했다고 이야기한다. 그 결심은 자기 삶의 재발명을 택하고 그때까지 그녀가 갇혀 있었던 필연성에 맞서 약간의 자유라도 쟁취하기 위해서였다. 루이의 책 제목은 '한 여성의 전투와 변신'을 가리킨다. 이보다 더 잘 말할 수는 없을 것이다.[5]

그 시절 가정부였던 내 어머니는 다른 곳에 정착하기로 했을 때 그녀를 기다릴 고생 앞에서 뒤로 물러섰다. 두 아이(우리는 채 열 살도 되지 않았다)를 데리고 혼자서 어떻게 세파를 헤쳐나갈 수 있었겠는가. 모든 것을 뒤로한 채 아파트를 구하고, 매달 집세를 내고 생활비를 댈 수 있을 만큼 충분한 돈을 버는 것. "내가 무슨 수로 그렇게 할 수 있었겠니?" 이런 대화를 할 때면 어머니는 후회하지 않는다고 스스로 다짐이라도 하듯 내게 되풀이해 말했다. 그렇다고 그녀가 [이혼] 절차를 끝까지 진행했더라면 삶이 어떻게 변했을지 상상조차 하지 않은 것은 분명 아니겠지만 말이다. 어머니는 왜 이후에 절차를 다시 밟지 않았는가? 어머니에겐 나와 8년, 14년 터울로 태어난 다른 두 아이가 있었고, 이는 어떤 면에서 그녀를 다시 종속 상황으로 이끌었다. 더구나 어머니는 모든 것을 원점에서 다시 시작해야 할까 봐 두려워했다. "우리는 조금이라도 안락하게 살려고 고되게 일했단다." 어머니의 이 말은 부모님이 아주 오랫동안 열망했던 물질적 재화를 의미한다. 니스 칠한 목조 찬장과 식탁, 인조가죽 소파, 포마이카 주방, 텔레비전 등등. "떠났더라면 난 전부 잃었을 거야." 어머니는 아이 때 버려져 고아원에서 길러졌다. 이후 유년기를 벗어나자마자 '무슨 일이든 하는 하녀'가 되었다. 그녀는 불안정하고 고독하며 곤궁한 상황으로 다시 떨어질 생각이 없었다. 그녀는 오랫동안 망설였을까? 확실한 것은, 하루하루 지날 때마다 그녀의 선택은 조금씩 더 돌이킬 수 없어졌다는 점이다. 삶은 흘러갔다. 그런 식이었다! 그런데 나는 자문했다. 어머니는 항상 공포에 질려 있었는가? 사실 시간이 갈수록 폭력의 위험이 줄어든다고 생각할 수 있다. 그것은 오해다. 페미사이드에 나이는 없다. 아주 최근에 난 파리에서 우리 동네 벽에 붙은 전단지들을 보았다. 거기엔 여성들의 이름과 71세, 72세…라는 나이가 적혀

있었고, 간단한 설명이 달려 있었다. '전 남편에 의해 피살.'

어머니와 친구분의 대화는 나를 곤혹스럽게 했다. 그러니까 결혼 제도, 혼인, 행정 문서 안에 등록된 지속적 관계, 즉 개인이 다소간 젊을 때(어쨌든 이 시절 노동자들의 세계에서는 그랬다. 아버지는 스물한 살, 어머니는 스무 살이었다. 어머니는 스물세 살에 벌써 두 아이를 두었으니, 아주 일찌감치 자유를 잃어버렸다 해도 과언이 아니다) '앞으로 영원히'라는 관념을 가지고 들어가는 이 틀은 무엇인가? 결혼은 오래도록 지속되는 과거다. 부모님은 1950년에 결혼했고, 아버지는 55년 후인 2005년 12월 31일에 돌아가셨다. 난 두 분이 서로 사랑하거나 존중하는 모습을 전혀 본 적이 없다(어쨌든 어머니의 관점에서는 그랬는데, 그녀는 인생과 침대를 공유한—기이해 보일 수도 있지만, 부모님은 평생 한 침대에서 주무셨기에[6]—남편에 대한 존경심이 없었다).

결혼할 때 그들은 모든 예식 의례를 어김없이 따랐다. 그것에 순응하지 않을 수 있다고는 아예 생각지도 않았다. 오히려 우리는 결혼의 매력 중 하나가 바로 의례와 그것에 수반되는 예식을 준수하는 데 있다는 인상을 받을 수도 있다. 내 눈앞에는 결혼식 날을 영원히 후세에 전한다는 '공식'(즉 그런 장소와 환경에 직업적—생계 수단—으로 있는 사진사가 찍은) 사진이 있다. 어머니는 하얀색 긴 드레스 차림으로, 아버지는 장식 손수건을 꽂은 회색 정장에 넥타이를 매고 한 손에는 검은 장갑을 든 모습으로 포즈를 취했다… 그들은 교회에서 결혼식을 올린 것으로 보인다. 실상 아버지나 어머니나 신앙은 없었고 양가의 가족 역시 그랬는데도 말이다!

난 아버지가 어머니를 '자기chérie' '예쁜이bichette'라고 불렀던 것을 기억한다. 하지만 그저 습관적으로 썼을 뿐 정서적 의미는 결여하고 있었다(어쩌면 관계의 아주 초기에는 담고 있었지만 차차 정서적 의미를 상실했는지도 모른다). 어머니는 아버지를 절대로 '자기'라 부르지 않았다. 결코 친절한 말 한마디를 건네지도, 다정한 몸짓을 하지도 않았다. 기껏해야 가족 모임에서 그를 부르거나 그에 관해 말할 때 르네René라는 이름의 약칭인 '네네Néné'를 쓰는 정도였다. 함께 사는 사람을 이름으로 지칭하는 게 언제나 어렵고 좀 이상하기 때문이었을 것이다. 그런 이유에서 애칭이나 별명, '이명異名'이 활용된다. 어머니가 아버지에게 말할 때의 어조는 일반적으로, 거의 예외 없이 두 사람 간에 이미 아주 오래전부터 정초된 적대적 거리(특히 아버지에 대해 어머니가 가진)를 표현했다. 그 거리는 그들의 관계적 일상, 그들의 생활양식이 되었다. 난 이렇게 말할 수 있다. 어머니는 평생 불행했노라고.

4

어머니가 요양원에 입소한 지 이틀이 지나 그녀 곁을 떠나면서, 우리는 다음 달에 다시 만날 거라며 엉터리 같은 문장들을 중얼거렸다. "걱정하지 마세요. 여기서 사람들이 어머니를 잘 돌봐줄 거예요. 두고 봐요. 괜찮을 거예요."

이 상투어들을 내뱉었다는 사실에 지금 난 부끄러움을 느낀다. 어머니가 돌아가시고 몇 달 뒤 장 페라Jean Ferrat의 대단한 노래를 발견하고 나자 부끄러움은 더 커진다. 그 노래 제목은 바로 '두고 봐요, 괜찮을 거예요Tu verras, tu seras bien'다. 가사엔 그런 '시설'에 입소하거나 곧 입소 예정인 사람에게 말할 법한 문장들이 이어진다. 가사 한 구절 한 구절이 이제는 내게 개인적으로 건네진 비난처럼 귓전에 울린다.

난 『판결로서의 사회*La Société comme verdict*』에서 공산당과 가까웠던 민중 가수 장 페라를 언급한 바 있다. 루이 아라공의 시에 곡을 붙여 노래한 그의 1971년 음반은 프랑스에서 획기적인 사건이었다. 그의 노래 몇 곡은 엄청난 성공을 거두어 여전히 고전으로 남아 있다. 기회 있을 때마다 아버지가 즐겨 부르던 「나의 프랑스Ma France」나 「산은 얼마나 아름다운가Que la montagne est belle」는 이 참여 예술가가 생산해낸 최상의 아름다운 곡들이다. 페라는 감정을 자극할 줄도, 동시에 노동계와 민중 계급의 청중들에게 강렬한 사회적·정치적 소속감을 불러일으킬 줄도 알았다. 또한 이들이 공론장과 문화 공간에서 가시성과 존엄성을 가지게끔 열성을 다했다. 트로츠키주의자 고등학생 시절 랭스의 문화원에 그의 노래를 들으러 갔던 일을 기억한다. 다른 이들 몇몇과 함께 난 페라가 극좌 학생들을 경찰의 밀정 취급한 노래의 한 대목에서 야유했다. 공산당 지도자들이 [극좌 세력에 대해] 자주 그런 식이었는데, 그는 어리석게도 그들의 선전을 똑같이 따라 했다. 우리는 그를 스탈린주의자로 간주했다. 그가 1969년 '그건 예쁜 이름이야, 동무C'est un joli nom, camarade'라는 제목의 노래에서 바르샤바조약군의 체코슬로바키아 침공을 비난했는데도 말이다.[1] 아버지가 노동자의 지위를 벗어나 '작업반장 대리,' 이후 '작업반장'이 된 건 그에게 승진일 뿐만 아니라 특히 위치의 변동, 그의 세계 안에서 '자리'의 변동을 의미했다. 그런데도 아버지는 페라의 노래를 계속 좋아하고 즐겨 불렀다. 다른 이들이라면 당장 그만두었을 것이다. 그런 식으로 자신들의 눈앞에서 스스로를 과거의 '자기'와 선 그으려는 강한 욕망에 사로잡혀서 말이다. 아버지의 선택은 틀림없이 그토록 오랜 시간 자신의 존재를 이뤄온 것과 모종의 관계를 유지하는 방편이었다. 그것은 또 어느 여흥 자리에서건 자기 앞에서 페라의 노래를 부르던 동료들과 그들의 감정을 아버지가 언제나 느끼고 소통하는 방편이었으며, 옛날이나 근래까지도 그토록 자랑스러워했던 계급의 소속원으로서, 비록 간헐적일망정 계속 살아가는 방편이기도 했다. 아버지는 더 이상 노동자가 아님을 행복해했다. 그는 그가 노동자였음을 잊지 않았고, 어떤 면에서는 여전히 노동자였다.

장 페라는 노동자들의 프랑스, 착취당하고 억압받는 자들의 프랑스를 노래했다. 그 프랑스는

> 탄광에서 일하는 다섯 살 어린아이들[의 나라]
> 당신의 공장을 건설한 손들의 나라
> 무슈 티에르*가 "쏴 죽여버려!"라고 말했던 나라

였다.

그는 이 민중의 프랑스, 지칠 줄 모르는 반역의 프랑스, "미녀와 역도la belle et la rebelle," 1871년 파리코뮌, 1936년 노동자 대파업, 1968년 5월 혁명의 프랑스가 보여준 위대함을 찬양했다.

> 36이 68개 양초를 가진 나라[2]

* Monsieur Thiers. 프랑스 제3공화국의 초대 대통령(1871~73년 재임)으로 파리코뮌 유혈 진압을 주도한 루이 아돌프 티에르Louis Adolphe Thiers를 가리킨다.

나는 이번엔 어머니와 관련해 이 가수의 또 다른 노래를 여기서 언급해야만 한다. 「두고 봐요, 괜찮을 거예요」가 그것이다.

이성적이어야만 해요
당신은 더 이상 이렇게 살 수는 없어요
병이라도 났을 때 혼자 계시면
우리가 너무 걱정할 거예요
두고 봐요, 괜찮을 거예요
우리가 당신 소지품을 잘 추려낼 거예요
당신이 좋아하는 사진들
[…]
재미있죠, 인생 전체가
한 줌에 쥐어질 수 있다는 것
다른 재원자在院者들과 함께
당신은 그 이야기를 끝없이 나눌 거예요
[…]
당신 방에는 텔레비전이 있죠
그 아래엔 아름다운 정원이 있어요
마치 6월인 것처럼 만발한
12월의 장미들과 더불어
두고 봐요, 괜찮을 거예요[3]

몇몇 세부 사항을 제외하면, 내가 내 입장에서 내뱉은 말들이다. 모든 일이 마치 내가 배워서 아는 텍스트, 예배 구문을 낭송하기라도 한 것처럼 일어났다. 나 이전에 그렇게나 많은 이들이 단조롭게 읊조렸고, 나 이후에도 그렇게나 많은 이들이 되풀이해 지껄일 말들. 결정적 순간 이후 삶이 뒤바뀔 부모 앞에서 훌륭하게 처신해야 할 아들딸들의 실용적 지침서. 노화를 다루는 책을 펼치는 순간 우리는 동일한 문장, 동일한 대화를 다시 발견한다.

예호슈아 케나즈Yehoshua Kenaz의 소설 『고양이들을 향하여*Vers les chats*』에는 한 여성 인물이 병원에 입원하게 되면서 그 딸이 그녀에게 요양원에 들어가야만 한다고 설득하느라 애쓰는 장면이 나온다. 어머니는 할 수 있는 한 저항하고, 딸에게 공포와 두려움을 표출한다. 딸은 인내심을 가지고 일련의 상투적인 문장들로 대꾸한다. "겁내실 필요 없어요." "거기서 아주 좋아지실 거예요." "어머니가 괜찮으신지 우리가 잘 살필게요." "최대한 자주 뵈러 올게요" 등등.[4]

우리는 이 말들이 거짓임을 대강은 안다. 우리에게 그 말들을 건네받는 사람 역시 그것들이 거짓임을 짐작하거나 감지한다. 그런 말들을 하면서 우리는 죄책감을 쫓아버리려고, 혹은 적어도 덜어내려고 얼마나 애쓰는가? 동시에 우리는 상대를 안심시키기 위해 이 말들을 평소 같지 않게 부드러운 어조로—이는 그 말들이 가짜임을 누설하는데—건네려고 얼마나 노력하는가? 이것이 바로 안셀름 스트라우스와 바니 글레이저가 상호 가식mutual pretense의 '의례적 드라마'라고 부른 것이다. 사람들은 각자 코드화된 역할을 맡는 일종의 연극 속에서 '가장한다.' 상호작용은 이 '가장'에 의해 형성된다. 이들은 각자 타인의 게임을 믿는 것처럼, 진실을 알지 못하는 것처럼 가장한다.[5] 더욱이 이 상호 '가장'은 그런 상황에서 너무나 필요한 나머지, 우리는 각자 기어코 그것을 조금은 믿어보려 애쓰며, 혹은 적어도 이 환상들을 잠정적 진실로 간주하도록—반은—스스로를 납득시킨다. 하지만 현실은 바깥에 있으며, 우리는 그것을 완전히 모를 수 없다.

나는 해마다, 나중에는 다달이 어머니의 건강이 쇠퇴하고 거동 능력이 감퇴하는 것을 지켜보았다. 거동은 점점 더 어려워져서 거의 불가능한 지경이 되었다.

어머니 자신도 틀림없이 이런 쇠락은 돌이킬 수 없다는 것을 내심 확신하고 인정했다. 해결되지도, 개선되지도 않을 문제였다. 그런데도 어머니는 "내가 나아지면…" 또는 "내가 회복되면…"이라고 반복해서 말했다. 마치 생물학적인 사태의 추이를 변화시킬 수 없는 자신의 무력감을 쫓아버리려는 듯 말이다. 어머니는 무력감에 굴복하기 힘들어했지만 건강 상태가 좀처럼 저항할 여지를 주지 않았다. 그래서 나는 뻔히 거짓말인

줄 알면서 "네, 어머니가 괜찮아지시면…" 또는 "그래요, 어머니가 다 나으시면…" 하고 대답했다. 사실 어떻게 자기 어머니에게 "아뇨. 어머니는 회복 못 하실 거예요. 낫지 못하실 거예요…"라고 말할 수 있겠는가?

요양원에 입소하는 어머니에게 어떻게 "이제 예전같이 지내지는 못하실 거예요"라든지 "여기 이 방에서 썩 편하지는 않으실 거예요"라고 말할 수 있겠는가? 나중에 그녀가 "나갈 수 있게 될 때…"라고 내게 말한다면 그건 이 시설을 떠난다는 것, 혹시 탱큐나 아니면 뮈종에라도 자신이 들어갈 새 아파트가 있을지 염려된다는 것, 밤이면 조명을 밝히고 반짝이는 에펠탑의 마법 같은 스펙터클을 다시 한번 보기 위해 파리의 내 집에서 며칠 지내도 괜찮겠는지 신경 쓰고 있다는 것을 의미할 테다. 이 가운데 일어날 일은 뻔히 아무것도 없을 거라고 어머니에게 어떻게 말할 수 있겠는가? 상태가 더욱 악화되기만 할 거라고 어떻게 말할 수 있겠는가? 어머니는 탱큐로도 뮈종으로도 다시 돌아가 살지 못할 거라고, 더 이상 파리에는 결코 갈 수 없을 거라고, 에펠탑도 결코 다시 볼 수 없을 거라고, 여기에서 결코 나갈 수 없을 거라고, 또는 …해야만 나갈 수 있게 될 거라고 대답할 수 있겠는가?

아마 자명한 말일 수도 있겠지만, 그렇다 해도 새삼 강조할 필요가 있다. 요양원 입소는 거의 언제나 한 개인의 삶에서 근본적인 단절을 표상한다.[6]

그것은 단순한 이사나 주거지, 생활 장소, 환경의 변화 문제가 아니다. 과거와 현재로부터의 뿌리 뽑힘이자, 벗어나기도 어렵고 원래 상태로 돌아가기도 어려운 감정적 '쇼크'를 야기하는 총체적 격변의 문제인 것이다. 의례적인 부인과 상호 가식의 게임을 아무리 한다 해도 요양원에 들어가는 사람이라면 누구나 그곳이 자신의 마지막 거주지가 될 것임을 알고, 또 모를 수 없기에 더욱 그렇다.

우리는 집으로 되돌아가길, 혹은 진짜 자기 집을 되찾길 기다리며 다소 긴 기간 동안 임시 체류하러 요양원에 들어가지 않는다. 아니! 영구히 들어가는 것이다. 우리는 거기서 죽을 것이다. 언제인지는 모르지만, 어디서인지는 안다. 블라디미르 장켈레비치는 이 라틴어 격언을 즐겨 인용했다. 'mors certa, hora incerta.' 죽음은 확실하나, 시간은 불확실하다. 적어도 우리는 이렇게 적시할 수 있다. 일단 그런 시설에 들어가면 '장소는 확실하다locus certus'고, 설령 시간이 아주 머지않은 듯 보인다 해도, 시간보다 훨씬 확실하다고.

이 힘든 시기에 또 다른 감정이 우리가 깊이 빠져 있었던, 결국 흐트러뜨리지도 못했던 어두운 분위기를 물들였다. 슬픔의 감정에 두려움의 감정이 덧대어졌다. 오랫동안 다시 읽지 않았던 베케트 소설 『몰로이』의 앞부분이 내 기억 속으로—그런데 내가 이 페이지를 그렇게 정확히 기억하고 있었는지 몰랐다. 아니, 사실

망각은 기억하지 못하는 것만으로는 충분치 않은 것이다—되돌아왔다. 왜 베케트의 문장이, 그의 책들을 모두 다시 읽어야겠다는 욕구가 내 안에서 자연스럽게 떠올랐을까? 인상적이었나? 아니면 우리가 질병과 노화, 신체의 쇠약을 마주할 때, 아니 그저 단순히 인간 조건의 비극적 차원을 마주할 때 특별한 울림을 가지는 것일까? "나는 어머니의 방에 있다. 이젠 내가 여기서 산다. 내가 어떻게 여기에 오게 되었는지는 모른다. 아마 구급차에 실려 왔거나, 어떤 차에 실려 온 것은 확실하다."[7]

알다시피 우리는 같은 방으로, 어쩌면 같은 요양원으로 오게 될 것이다. 어찌 됐든 그 점을 두려워하지 않을 수 없다. 하지만 언제 어떻게 오게 될지는 알 수 없다. 어떤 차를 타고서? 게다가 난 아이도 없는데 누가 데려갈까? 반려자나 아니면 나보다 어린 내 친구들? 의사가 급하게 보낸 구급차 운전수와 간호사들일까? 앞에 있는 이에게 "두고 봐요, 괜찮아질 거예요"라고 말하는 동안 우리는 다른 자리에, 즉 우리가 안심시키려고 헛되이 애쓰는 이 타자의 자리에 놓일 순간을 상상하며 몸서리친다. 그리고 그날이 오면, 진실을 듣는 편을 택하겠다고 다짐한다.

존 맥스웰 쿳시의 『유리 도살장』에서는 한 여성 작가의 아들과 딸이 어머니를 요양원에 들어가도록 애써 설득한다. 그녀는 고집스럽게 거부한다. 자식들도 주장을 꺾지 않는다. 그녀가 안전하게 지내려면 입소는 불가피한 일이다. 이미 '나쁜 낙상 사고'를 당하는 바람에 그녀는 병원에 입원해야만 했다. 그녀는 또다시 낙상을 당할 수도, 그리하여 "의식을 잃거나 팔다리가 부러진 채 바닥에 꼼짝 못 하고 뻗어 있을" 수도 있을 것이다.

어머니가 이런 생각에 반대하자 아들은 참을성을 잃고 그녀에게 진실을 말하기로 마음먹는다. 그녀가 요구하는 이 '진짜 진실'을 그녀도 잘 알고 있음을 그는 안다. "진짜 진실은 엄마가 죽어가고 있다는 거예요. 진짜 진실은 엄마가 무덤 속에 한 발을 걸치고 있다는 거죠. 진짜 진실은 엄마가 이미 무방비 상태고, 내일은 더 무기력해질 테고, 계속 그렇게 되리라는 거죠. [⋯] 진짜 진실은 엄마가 더 이상 협상할 수 없다는 거예요. 진짜 진실은 엄마가 더 이상 안 된다고 말할 수 없다는 겁니다."

그러나 그는 어머니 면전에서 이 모든 것을 감히 말하지 못하고, 이렇게 대꾸하는 데 그친다. "진실은, 엄마가 돌봄을 필요로 하는 노인이라는 거예요."

그는 아내에게 편지로 어머니와의 이 대화를, 실패한 교섭을 이야기하면서 신실함의 서약을 제안한다. 그들이 같은 상황에 처할 때 서로에게 거짓말하지 말고 용기를 내서 진실을 말하자는 것이다⋯

"사랑하는 노마, 당신과 내가 진실을, 진짜 진실을 들어야만 할 날이 올 거야. 그러니 우리 서약을 맺을 수 있을까?

우리는 서로에게 거짓말하지 않기로, 이런 말들을 입 밖에 내기가 아무리 어렵더라도 그렇게 하기로 약속할 수 있을까? '나아지지 않을 거고 계속 나빠질 거고, 더 이상 나빠질 것도 없을 정도까지, 최악의 최악에 이를 때까지 나빠질 거야'라는 말들 말이야."[8]

쿳시의 소설에서는 이 부분에 '거짓말'이라는 제목이 붙어 있다.

2부

1

핌의 요양원에 관해 정확하게 묘사하기에 난 너무 적은 시간만을 보냈다. 하지만 그곳의 일반적인 환경과 몇몇 인상적인 세부 사항에 대한 기억은 명확히 남아 있다.

건물 로비나 바깥의 매끈한 유리문 앞에는 여러 사람이 휠체어에 앉아 있었고, 어떤 이들은 방문객들(나이가 50~60대로 보이는, 십중팔구 재원자들의 아들딸들)과 함께 있었다. 방문객들은 의자나 벤치에 자리 잡고 앉거나 재원자들 곁에 서 있었다. 복도에는 몇몇 재원자들이 한 손에, 때로는 양손에 쥔 지팡이에 의지한 채 바닥에 발을 천천히 끌면서 나아가고 있었다. 나는 보후밀 흐라발의 소설 『아를르캥의 수백만』에서 인상적이었던 장면의 이미지를 다시 발견했다. 거기서 요양원에 들어간 화자는 자신이 살게 될 세상에서 먼저 지내고 있던 거주자들의 초상을 이렇게 그려낸다. "그들은 마치 스키라도 타는 것처럼 신발 한 짝을 다른 한 짝 앞으로 끌며 미끄러지듯 복도를 활보했다."[1] 난 어머니가 [요양원] 정착 초반에 똑같은 몸짓을 하는 것을 보았다. 그녀는 흡사 스키라도 신은 것 같았는데, 사실은 무겁고 머뭇대며 조심스러운 발걸음으로 아주 조금씩 나아갔다. 탱큐의 아파트에서 지낼 때부터 이미 한 방에서 다른 방으로 가려고 어렵게 일어나면 그런 식이었다. 여기서 이 저속의 움직임은 한층 뚜렷해져서, 예정된 거동 불능 상태에 매일 조금씩 더 가까워져가는 식으로 거의 굳어졌다. 어머니는 한 손으로는 벽을 짚고 몸을 의지해 균형을 잡았으며, 다른 한 손으로는 지팡이의 도움을 받았다. 그녀는 발등에 무언가 닿기만 해도 고통을 느꼈기 때문에 아주 가벼운 슬리퍼조차 신지 않았는데, 의사에게 꾸중을 들었다. "특히 맨발로 지내시면 안 됩니다. 어디 부딪혀서 다치실 수 있어요." 그녀는 어머니에게 이렇게 말하고, 내게는 약국에서 의료용 슬리퍼를 구입해 어머니에게 가져다드리거나 배송해드리라고 권했다. 의료용 슬리퍼는 알레르기 반응이 심한 그녀의 과민성 피부를 자극하지 않을 것이었다. (난 늦게, 너무 늦게야 그렇게 했다… 정신을 어디 두고 있었을까? 어떻게 그리도 무심할 수 있었을까?) 어머니는 족히 10여 분은 걸어야만 20여 미터쯤 나아갈 수 있었다. 어머니에게 도와드리겠다며 내 팔을 잡으시라고 권해도 그녀는 각 단어를 한 음절씩 끊어 말하며 단호하게 거부했다. "아니, 내가 할-거-다! 내가 하-고-싶어, 그러니 내가 할-거-야!!" 어머니는 가려고 마음먹은 장소까지 가고야 말았다. 난 그녀의 강한 성격에 별로 놀라지 않았고—늘 알고 있었다—, 변함없는 의연한 태도에 기뻤다. 그건 낙담에 마냥 사로잡혀 있지 않겠다는 어머니의 의사 표현이자, 남아 있는 거동 능력을 포기하지 않겠다는 의지의 표명이었다.

어머니는 그렇게 결심했다. 그녀의 정신이 그것을 원했고, 그녀의 몸이 그럴 능력이 있었다. 게다가 사실 어머니의 몸은 자기 의지에 따를 수단을 발견했다. 아니, 차라리 어머니의 의지가 자기 몸을 움직일 수단을 발견했다. 엄청난 노력과 커다란 고통을 대가로 치르고서 말이다. 어머니는 노래 강습에 며칠 연이어 참여했다고 이야기했다. 강습이 마음에 든 어머니는 다른 사람들과 함께 부른 기 베아르Guy Béart(배우 에마뉘엘 베아르Emmanuelle Béart의 아버지)의 유명한 샹송 「샘물L'eau vive」의 몇몇 가사를 흥얼거렸다. "내 공주님은 물 같아, 그녀는 샘물 같아…" 그다음엔 체조 강습에 가고 싶어 했다. 난 내심 자문했다. 어머니 나이 또래의 노인들과 그들의 신체적 조건에서 '체조'라는 개념은 무엇에 부합하는 것인까? 강사는 없었고, 어머니는 이 단체 활동이 열렸을 건물 옆쪽으로 갈 때만큼이나 느린 속도로 다시 방에 돌아왔다. 난 그녀가 '되는대로 내버려두지 않겠다'고 각오하고 있다는 점을 기쁜 마음으로 확인했다. 이는 간호사들이 다양한 어조로 되풀이해 말하는 표현이었다. "무엇보다, 되는대로 내버려두시면 안 됩니다."

활동 목록표는 식당 옆 게시판에 붙어 있었다. 목록표는 각종 워크숍과 단체 여흥을 망라했다. 어머니가 선택할 수 있었다. 우리가 게시판까지 함께 걸어가면, 난 일정이 적힌 색색의 안내문을 보며 뒷걸음질 쳤다. 마치 거주자들을 파스칼적 의미에서 '산만하게 만드는divertir' 것이 목표인, 억지로 꾸며낸 소일거리들 같았다. 에두르지 않고 직접적으로 말하자면, 노인들이 죽음을 기다리면서 너무 지루해하지 않도록 주의를 돌린다는 목표 말이다. 다시 어린이가 된, 하지만 미래는 없는 어린이가 된 고령자들을 위한 어린이집 비슷하다고나 할까. 강습과 활동을 되도록 많이 수강하시라고 어머니를 독려하면서 나는 이런 참담한 상황에 강렬한 감정을 느꼈다. 아니, 정말이지 이제는 '예전' 같지 않을 것이다.

어머니는 정기적으로 조직되는 시설 외부 탐방에도 등록했다. 버스를 타고 역사 유적지라든지 인근의 경치 좋은 장소를 방문하는 활동이었다. 그녀는 새로운 삶에 적응하려고 마음먹은 듯 보였다. 난 안심했다.

그런데 첫날 저녁부터 어머니는 식당에서 함께 식사해야 하는 다른 거주자들에 대해 자기 방 복도 끝에서 불평을 늘어놓기 시작했다. 어머니보다 나이 든, 혹은 신체적으로나 정신적으로 더 쇠약한 할머니가 어머니를 가만히 바라보았다. 아마도 새로운 입소자가 낯설었기 때문이었을 것이다. 어머니는 그녀에게 무례하게 덤벼들었다. "뭘 봐요? 내 사진이라도 줘요?" 다음 날 어머니가 이 장면을 내게 이야기했을 때 아연실색했다. "그렇게 공격적으로 굴지 마세요. 그 부인은 그저 어머니가 말을 걸어주길 바랐을 거예요. 식사하시는 동안 다른 사람들이랑 이야기하고 인사 나누려고나 하세요. 어머니랑 잘 통하는 사람도 있을 거예요…” 어머니가 갑자기 예전의 거침없는 음색을 되찾아 격분한 목소리로 대꾸했다. “아, 아니다, 난 여기 이 노인네들하고는 말하고 싶지 않아!” 사실상 어머니는 내게 거부를 부르짖었다. 그녀는 자신이 알지도 못하면서 강제로 함께 살아야만 하는 사람들과 갇힌 채 내버려진 것을 받아들이지 못했다. 그전에 어머니는 ‘내 집’에 있을 때 그녀의 것이었던 세계와 단절되었고, 그것을 채 애도하지도 못했다. 비록 그 세계가 지난 몇 년 동안, 특히 지난 몇 달 동안 정말 소수의 것들—또 소수의 관계와 만남들—로 축소되었을망정 말이다. 어머니가 반대로 믿게끔 나를 포함한 아들들이 아무리 노력해도, 이제부터 어머니는 더 이상 자기 집에 있는 것이 아니었다. 그녀는 자신이 선택하지 않은 사람들과 사귀는 법을 배워야 했고, 심지어 식사 시간 동안만이라도 전연 관계 맺고 싶지 않은 사람들과 가깝게 지내는 법을 익혀야 했다.

요양원에 정착하는 일은 단지 아주 많이 나이 든 사람들, 대개 신체적으로나 정신적으로 쇠락하고 허약해진 사람들이 가득한 세계로의 입장만을 뜻하지 않는다. 그것은 또한 강제된 사회성, 여간해서는 스스로 빠져나갈 수 없는 사회성으로의 진입을 의미한다. 우리는 자신의 친숙한 세계, 환경, 일상성으로부터 뿌리 뽑힌 스스로를 발견한다. 나이 들고 병들면서 그 지대와 구성 인자들이 감축되는 변화를 맞더라도, 그것들은 영구성까지는 아닐지언정 모종의 연속성 속에서 존속하는데 말이다.

물론 초등학교나 고등학교에서, 직장(공장, 사무실…)에서, 동네에서 각 개인은 매일 자신이 선택하지 않은 타인들과 강제로 공동 거주해야 하는 세상 속에 빠져 살아가야 한다. 그러나 부과된 사회성의 여러 틀 안에서는 각자 선택적 친화성에 따라 자유롭게 자신이 선호하는 관계를 창조할 수 있다. 이런 선택이나 애정은 다양한 영역에서 공유된 취향이나 혐오의 차원에, 정치적·노조적·종교적 소속의 차원에, 아니면 단순히 누군가와 있을 때 편안함을 느낀다든지 두세 명이 함께 노닥거리길 좋아한다든지 하는 사실에서 비롯하는 개인적 공모의 차원에 관련된다… 어떻든 간에 선택되거나 선호되지 않은 관계들 한가운데라 해도 그 반대 성격의 다채로운 관계 양상들을 위한 공간과 시간이 언제나 있기 마련이다. 요양원에서도 그럴까? 당연히 그래야만 한다. 하지만 어머니의 사례에서 나는 시설의 다른 재원자들과 관계 맺을 가능성을 단순히 언급하는 것만으로도 어머니가 얼마나 격렬하게 반발하는지 확인할 수 있었다.

탱큐의 아파트에 살 때 어머니는 자신의 고독에 대해 불평했다. 그녀는 전화기에 대고, 혹은 내 앞에서 자주 울었다. "난 완전히 혼자야. 언제나 완전히 혼자라는 건 정말 재미없다." 하지만 그녀가 '가깝게 지낼cousiner'* 마음이 전혀 없는 사람들과 사귀어야만 하는 의무를 떠안게 되자, 이러한 고독을 아쉬워해 마지않았다. 어머니는 옛날에 이 단어로 이웃이나 직장 동료들과 맺은 비공식적 관계를 자주 가리키곤 했다. 그것은 필요의 영역도 우정의 영역도 아닌, 슈퍼마켓이나 건물 로비에서 마주친 이들과의 코드화되지 않은 비공식적 상호작용 유형의 영역에 속해 있었다. 게다가 그녀는 이 단어를 비아냥거릴 때만 썼다. "난 가깝게 지내는 걸 좋아하지 않아…"라는 말처럼 좋아하지 않는다고 딱 잘라 말할 때라든지, "저 여자는 항상 모두랑 가깝게 지내려 하지…"라는 말처럼 그렇게 하는 이들, 특히나 여자들을 깎아내릴 때 말이다.

노르베르트 엘리아스는 다음과 같이 역설한다. 산업사회에서 개인들은 "나이 들고 허약해짐에 따라 사회로부터, 나아가 자신들의 가족과 친지로부터 더욱 격리되었다. 서로 모르는 노인들끼리 모여서 함께 사는 기관의 숫자가 늘어나고 있다. 높은 수준으로 개인화 과정이 진척되었는데도 사람들은 대부분 퇴직 전까지 가족 범위를 넘어선 이러저러한 모임의 친구들, 친지들과

* '서로 가까워지다' '사이가 좋다'는 뜻의 'cousiner'는 '친척'을 가리키는 프랑스어 단어 'cousine'에서 나온 동사로, '친척으로 여기다'라는 의미도 있다. 우리말로 '이웃사촌으로 친하게 대하다' 정도의 의미인 셈이다.

감정적 유대를 형성하고 있다. 하지만 대개는 늙어가는 과정 자체가 가족 범위를 넘어선 이러한 관계들을 점차 약화시키는 과정을 동반한다."

엘리아스는 계속해서 말한다. "해로하는 노부부를 제외하면, 요양원에 들어가는 것은 오랜 감정적 유대가 최종적으로 끊어지는 것뿐만 아니라 그 개인이 어떤 긍정적·정서적 관계도 맺은 적 없는 사람들과 같이 살아야 한다는 것 또한 의미한다. 건강을 돌봐주는 의사와 간호사가 있다는 것은 좋은 일이다. 그러나 노인들은 정상적인 삶으로부터 격리되고 낯선 사람들과 같이 살아야 한다. 그것은 개인에게는 외로운 일이다. 내가 여기서 걱정하는 점은, 아주 고령이 될 때까지도 매우 활발하게 지속되는 성적 욕구의 문제뿐 아니라 함께 있는 것을 즐기고 같이 있으면서 정서적 만족을 느끼는 인지상정의 문제다. 요양원에 들어가게 되면서 이런 종류의 인간관계 역시 줄어들고 거기에서는 대체물을 찾기 어렵다."

그의 결론은 끔찍하지만 너무나 적확해서, 이 책을 다시 읽었을 때 나는 강한 인상을 받았다. "그래서 많은 요양원이 외로운 사막과 같은 것이다."[2]

여든일곱 살이었던 어머니는 아주 고령의, 그녀보다 더 나이 든 사람들 사이에 있었다. 그들 가운데 몇몇은 인지와 소통 능력이 둔해졌다. 그런 환경 속에 놓이게 된 어머니는 불편함과 반항의 낯선 상태에 처해 있었다. 이는 초고령화와 그 결과인 고립감이라는 거대한 불행(이에 대해 어머니는 이런저런 언급으로 나와 형제들에게 간접적이지만 난폭한 비난을 가했다) 속에 있는 역경의 동반자들, 그녀의 이웃들에게 공격성을 급작스레 폭발하는 식으로 표출되었다. 확실히 그 또한 어머니에게는 노쇠에, 점차 그 효과가 증대되는 걸 몸소 경험하고 있었던 냉혹한 노쇠에 항거하는 한 방식이었을 것이다. 또 웃음기도 한마디 말도 없이 스스로를 뚫어져라 바라보는 무표정한 여성의 얼굴을 내미는 예언적 거울을 밀쳐내는 한 방식이었을 것이다. 그녀는 이러한 '노인네' 같지 않았고, 그러길 원하지 않았다. 그녀는 이런 '노인네'가 되고 싶어 하지 않았는데, 실상 그녀는 이미 그렇게 되었거나 혹은 머지않은 상태였다.

흐라발은 요양원이라는 신세계에 노착한 사람에게 엄습하는 인상과 감정의 흐름을 길게 묘사한다. 우리는 요양원에 대해 밖에서부터 이미 아는 경우가 많은데, 각자 다소 오래전에 아버지나 어머니를 만나러 유사한 시설에 방문한 적이 있기 때문이다. 책의 여성 화자는 아주 건강하지만, 시설에 입소하기로 자진해서 결정한다. 성을 개조해 노인 수용 시설로 변모한 그곳은 그녀가 남편과 함께 살았던 도시 위로 불쑥 솟아 있다. 그녀 눈에는 그곳에 우글거리는 은퇴자들이 "무기력 속에 마비되어" 그녀를 바라보지 않으면서도 지켜보는 것처럼 보인다. 그들이 바라보는 것은 그들 자신의 내면이기 때문이다. "그들의 멍한 눈길은 과거를, 뒤쪽 어딘가를, 젊은 시절을 명상한다. 아니면 무력한 분노에 휩싸여, 돌이킬 수 없는 사건 때문에 괴로워한다. 이미 손을 떠난 그 사건이 그들에게 이제 막 구체화된 셈이다. 그렇게 만든 이유들은 과거 속에 파묻혀 벌써 한참 전에 사라졌는데 말이다."[3]

이런 묘사가 식당에서 테이블 맞은편에 앉아 어머니를 뚫어져라 쳐다보던 부인에게도 적용될 수 있을까? 어쩌면 부인은 어머니를 바라보지 않으면서, 자신의 과거에 대한 내면의 고요한 명상에 빠져 있었을까? 어제의 사건들—오늘의 사건들이라면 더더욱—을 더 이상 통제할 수 없으며—즉 이후의 과정을 만들어낼 수도, 의미를 변화시킬 수도 없으며—, 이제부터는 모든 것을 수동적으로 감내할 수밖에 없다는 무력한 절망감에 가득 차서? 나는 자문했다. 이 여성은 누구인가? 청소년 시절, 성인 시절 그녀는 어떤 사람이었을까? 그녀는 '전업주부'였을까, 아니면 하나 또는 여러 직업이 있었을까? 그랬다면 어떤 직업(들)이었을까? 그녀도 노조에 속해 있었을까? 혹시 어머니와 같은 공장에서, 혹은 같은 공단의 공장에서 일했을까? 어쩌면 두 여성은 파업에 함께 참여했을 수도 있을까? 누가 알겠는가? 그녀는 정치적 참여 활동도 했을까? 그녀가 가로질러온 시대의 크고 작은 정치적 사건들을 어떻게 인식했을까? 그리고 누구를 사랑했을까? 무엇을 좋아했을까? 이 모든 것으로부터 단절된 지금 무엇을 생각할까? 그녀는 아직도 생각하기는 할까? 혹시 그녀는 정신적 역량, 인지능력의 감퇴를 가리키는 잔인한 일상적 표현처럼 '정신 줄을 놓은' 상태일까? 그래, 그녀는 누구였는가? 그녀는 누구인가?

곁에 함께 있는 사람들은? 식당 테이블 주위에 있는 이 사람들은 과거의 어떤 연이은 사건들, 사회 세계의 어떤 계층들을 구현했는가? 이 틀 안에 제대로 도달하지 못했던 어떤 공통의 역사들, 혹은 서로 어긋나는 역사들이 합쳐지는가? 이전 삶의 맥락으로부터 분리되고 사회적·직업적·정치적 소속으로부터 탈락한, 고립된 개인성들을 그녀들 사이에서 어떤 은밀한 비가시적 관계가 연결하는가? 또 어떤 은밀한 비가시적 관계가 현재 상황에도 불구하고, 고립된 개인성들을 집합적 과거와 전체적 배경에 병합시키는가? 그 과거와 배경은 아마도 그녀들이 완전히 뒷전으로 밀어놓지 않고 서로 이야기하기로 동의했다면 말할 수도 있었을 것이었다.

알렉산드르 솔제니친의 책 『암 병동』은 이런 상황에 대한 일종의 확대경이 되어준다. 개인은 외부의 삶과 다소 동떨어진 폐쇄된 세계 속으로 들어가며, 밤낮을 공유해야만 하는 낯선 타인들 한가운데 있는 자신을 발견한다. 소설에서 여덟 인물(남성)은 1950년대 초 타슈켄트 병원 특수병동에서 다인실을 함께 쓴다. 이는 자유로운 선택과 결정이 아니라 긴급한 불가피성의 결과다. 병실 사람들 모두 건강 때문에 치료나 외과 수술을 받아야 해서 거기 왔기 때문이다. 질병이 그리로 데려온 그들은 각자 자신의 이전 삶, 미래에 대한 희망, 미래가 없다는 두려움을 안고 왔다. 책은 한 장 한 장 이들의 개인사를 우리에게 이야기하는데, 가장 중요한 것은 그 개인사들이 나란히 놓이는, 아니 더 정확히 말해 서로 얽히고 포개지며 뒤섞이고 부딪히는 방식이다.

따라서 이 다인실이 위치한 병동은 우리 눈앞에서 모든 것이 합류하고 모든 것이 대립하는 사람들이 만나는 역사적-정치적 교차로로 변화한다. 시베리아 강제수용소의 과거 유형수, 그리고 열성을 다해 양심껏 조국과 사회주의의 '배신자들'을 고발했던 공산당 전 간부가 그렇다. 침대에 누워서, 복도나 정원을 걸으면서 이들은 모두 (거의) 사회적으로 평등한 상황을 체험한다. 질병, 의료, 의사 앞에서 (거의) 모든 사람이 평등한 한 말이다.

한 쪽 한 쪽 넘어가는 동안 개인의 이야기 다음에 개인의 이야기가 이어지고, 환자들 간의 대화가 다른 환자들과의, 또는 (주로 여성인) 의사들, (역시 여성인) 간호사들, 여성 관리인들과의 대화로 이어지며, 사람들은 서로 내밀한 정보와 속내 이야기를 주고받는다. 이렇게 1930년대에서 1950년대까지 소비에트 사회의 전체적인 그림이 그려진다. 전쟁, 스탈린주의와 그 억압적 광기,

굴라크, 유형과 추방, 파탄 난 삶들, 그럼에도 기어코 스스로를 다시 발명하려는 노력…

강제된 공동생활로 인해 불가피해진 교류, 몇몇 간의 적대와 일시적 화해, 개인들 사이의 이 모든 상호작용은 독자를 더 일반적인 차원들로 인도한다. 그리고 우리는 작가가 그토록 세심하게 복원한 생애담과 예민하게 포착한 상호작용이 집단의 초상화 속에 다시 위치 지어질 때만 의미를 지니며, 그 초상화는 총체사의 틀 속에서만 의미를 지닌다는 것을 알아차린다. 서로 모르는 개인들은 동일한 정치적 결합태configuration에 속해 있다. 고발한 자와 고발당해 유배를 갔던 자가 그렇고, 또 과거 강제수용소 출신들로서 말을 나눈 적은 없지만 서로를 알아본 환자와 여성 관리인이 그렇다. 똑같이 끔찍한 고초 속에서 살아남은 둘은 어느 밤 사람들의 시선을 피해 만난다. 그들은 무엇 때문에 비난받는지 이해조차 하지 못한 채 다른 수백만의 사람들과 마찬가지로 그들을 덮친 폭력을 이야기한다. 그러므로 결국에는 어떤 개별적 운명도, 어떤 개인적 여정도 다른 것들과 분리된 무엇으로 간주될 수 없을 것이다. 반대로 이것들은 모두 그들을 함께 형성한 사건들에 의해 서로 연결되어 있기 때문이다.

당연히 모든 차이를 감안하면서 요양원도 유사한 용어들로 기술될 수 있을 것이다. 거주자들이 그곳에 임시 체류 중인 건 아니라는 점만 제외하면 말이다.

이 동일한 장소에 모인 모든 사람 간에 사회적, 직업적, 정치적, 문화적, 종교적 차이는 흐려지고 지워지는 것처럼 보이며 실제로 어느 정도까지는 그렇게 된다. 서로 어긋나는 다채로운 과거를 지닌 존재들이, 간절히 바라기는커녕 선택했다고도 말하기 어려울 이 공통의 틀 안에서 함께 살기 위해 왔기 때문이다. 모든 사람이 동병상련의 상황 속에 기거한다. 동일한 방, 동일한 침대, 동일한 제약, 동일한 일정, 동일한 식사, 동일한 활동, 동일한 간병인… 일반적 균질화 속에서 서로 다른 사람들의 특수성은 평평해지는 것처럼 보인다. 하지만 우리는 차이들과 더불어 사회적 유사성과 집합적 소속 역시 뒷배경으로 물러나며 희미해지는 경향이 있다는 점을 강조할 수 있다. 비록 지리적 위치와 시설의 적정 이용료로 인해 적어도 사회 계급 면에서는 거주자 인구가 상당히 강력한 동질성으로 특징지어진다고 여겨지지만 말이다. 핌의 에파드는 부르주아 요양원이 아니며, 그곳의 입소자들은 부르주아지가 아니라 어머니와 같은 계층의 구성원이다. 그녀가 거기서 아버지의 과거 동료를 만나고 그의 아내를 다시 볼 수 있었다는 사실은 그 지표로서 시사하는 바가 크다.[4]

거기서 서로 아는 사람을 만나는, 있더라도 드문 가능성을 제외하면 그 어떤 것도 이 방과 복도, 식당을 가득 채운 사람들을 연결하지 않았다. 마치 거주자들이 자신의 과거를 뒤에 남겨둔 것처럼, 그들의 새로운 생활

조건이 과거의 개인적 특이성뿐만 아니라 집합적 소속을, 그리고 같은 환경과 같은 계급, 같은 지리적·정치적 결합태, 같은 하비투스 안에 그들을 사회적으로 정박시키는 결정 요인 일체를 사라지게 한 것처럼 말이다. 나는 식사를 함께하기 위해 긴 테이블 주위에 모여든 사람들의 이력을 거슬러 올라가면서 우리가 무엇을 복원할 수 있을지 상상한다. 특이성과 규칙성, 개인적 분화와 공통의 사회적 결정론(소속 계급만이 아니라 세대, 젠더, 인종의 측면에서—이를테면 프랑스 북동부 지역의 매우 고령인 백인 노동계급 여성들). 절대적 집렬성sérialité(곁에 있지만 서로 분리되어 각자 자기 자신에게 매몰되어 있는 사람들)에 지정된 듯 보이는 이 모든 사람의 생애담, 개인들의 전기는 그렇게 한 세대, 한 사회 계급, 한 시대 그리고 그것들을 특징지은 크고 작은 정치적 사건들의 초상화를 구성할 것이다…

흐라발의 소설에서 화자는 계속 요양원을 탐색한다. "그리고 거기서 침대에 무릎을 꿇은 채 손가락으로 그물코를 움켜쥔 흰 블라우스 잠옷 차림의 작은 노인이 눈에 띄었다. 그녀는 어둠 속에서 창밖을 응시했고, 불안에 질려 크게 뜬 눈을 내게서 떼지 않았다. 아무렇게나 풀어 헤쳐진 그녀의 머리, 이가 빠져 합죽해진 입을 높은 곳에서 관찰하다가 떨어질 뻔했다. 날 너무나 닮아서 한순간 거울에 비친 내 이미지를 본 줄 알았다."[5]

어머니도 같은 감정을 느꼈을까? 그녀도 자기를 가만히 바라보던 눈길 속에서 자신의 이미지를 봤다고 믿었을까? 금세 그렇게 될 그녀의 모습에 대한 예견? 어머니는 시선을 받고서 그 시선을 피하려 했다. 사르트르가 『존재와 무』에서 그토록 유려하게 보여준 '시선'의 드라마는 바로 상호성이다. 우리만이 유일하게 타인들을 응시하고 그로써 판단하고 구성하며 그들의 존재, 그들의 정체성을 규정할 힘을 지닌 것은 아니다. 우리가 그들을 응시하는 만큼이나 그들도 우리를 응시한다. 우리가 우리의 진실과 그들의 진실을 결정할 힘을 우리가 독점하길 바라는 만큼이나 그들도 우리의 진실을 결정할 힘을 가진다.

우리는 이 사이클에서 결코 벗어나지 못한다. 이제 너무 유명해져서 의미를 잃어버린 말이지만, "타인은 지옥이다"는 [사르트르의 희곡] 「닫힌 방」의 남자 주인공(가르생Garcin)이 또 다른 인물(이네스Inès)의 시선 속에서 그를 구성하는 힘을 느끼고 부담스러워하며 말하는 대사다. 시선을 받는(또는 그렇다고 느끼는) 것은 대상화되는(또는 그렇다고 느끼는) 것이다. 우리는 절대로 거기서 빠져나가지 못한다. 요양원도 예외는 아니다. 오히려 사르트르가 닫힌 공간에 감금당한 상황을 그려냈듯 이 '지옥 같은' 상황이 본질적으로 실현되는 장소를 구체화하는 것처럼 보인다. 여기에 영원히 머물지는 않는다는 점만 빼면 말이다.* 사회생활의 모든 가면과 미사여구, 책략을 걷어내고서 적나라하게 단순한 상태로 되돌려진, 순수한 지경에 이른 '타자의 시선'은 노골적 폭로자일 따름이다. 그건 우리가 누구인지는 물론이고, 앞으로도 거의 변하지 않을 테니 우리는 누구일지에 관해서도 말해준다. 우리는 왜 사르트르 철학에서 수치심과 시선이 내재적으로 연계되는지 이해한다. 타자가 보지 않았으면 하고 우리가 원하는 것, 그가 언제나 볼 수 없기를 바라는 것, 그러니까 몸,

* 사르트르가 1944년 발표한 희곡 「닫힌 방」은 호텔 급사의 안내로 창문도 출구도 없는 어떤 공간에 들어온 세 사람의 이야기다. 이미 죽어 영혼이 된 가르생, 이네스, 에스텔은 한방에 갇혀서, 그 상황이 언제 끝날지 모르는 채 함께 있다. 이 상황에서 주어진 것은 서로의 시선뿐이다. 한시도 피할 수 없는 서로의 시선을 통해 서로 보고, 보이는 것이다. 그렇게 타인의 시선이 지배하는 곳에서 타인은 나의 지옥이고, 나는 타인의 지옥이 된다. "이런 게 지옥이군. 정말 이럴 줄은 몰랐는데… 당신들도 생각나지, 유황불, 장작불, 석쇠… 아! 정말 웃기는군. 석쇠도 필요 없어, 지옥은 바로 타인들이야." 하지만 시선과 관계는 사람에게 주어진 삶의 조건인지라 여기서 벗어날 수 없다. 그리고 우리는 혼자가 아니라 타인의 시선 속에서 '나는 누구인가?'를 제대로 볼 수 있다. 이런 맥락에서 사르트르는 「닫힌 방」을 통해 오히려 대자적 태도의 중요성을 역설한다. 비록 타인은 지옥이지만 '나'를 나의 밖에서 볼 수 있는 유일한 존재다. 그래서 「닫힌 방」은 "좋아, 계속하지"로 벗어날 수 없는 시선을 인정하면서 끝난다. 사람은 오히려 시선의 지옥을 통해서 대자적 시선을 획득하며, 공허한 잉여의 삶을 넘어서고 자신의 존엄성을 회복할 수 있기 때문이다. 장-폴 사르트르, 『닫힌 방·악마와 선한 신』, 지영래 옮김, 민음사, 2013.

얼굴, 몸짓, 태도 등등을 타자는 본다. 그뿐만 아니라 그가 보는 것 가운데 그가 보기로 한 것을 포착하기로 결정한다. 수치심은 우리를 사로잡는다. 따라서 그것은 하나의 존재론적 구조다. 『게이 문제에 관한 성찰』과 『소수자의 도덕』에서 '시선'에 관한 사르트르의 탁월한 분석을 참조한 나는 수치심의 정동affect을 '사회구조'의 의미에서 재해석했다. 수치심은 열등화infériorisation의 구조, 그리고 권력 체계와 연계된 정동이다.[6] 모든 '부정적 상징자본'은 그것을 가진 사람에게 수치심을 경험하게끔 한다. 이때 수치심은 심리학적, 개인적, 간헐적, 일시적 감정도 아니고 인간 실존의 존재론적이며 보편적인 차원도 아니며, 열등화되고 낙인찍히거나 낙인찍을 수 있는 범주에 소속되는 것이 야기하는, 차별적으로 분포된 효과로서 나타난다. 사르트르에게서 지나치게 형이상학적으로 보이던 것을 내가 역사화, 사회학화 혹은 인류학화하고자 했다고 말해두자. 사르트르 자신도 위대한 철학 논고인 『존재와 무』에 뒤이어 『유대인 문제에 관한 성찰』 『성 주네』와 「흑인 오르페」 등을 통해 역사적·사회적 구조로서 '시선'에 관한 일련의 사례연구를 제출함으로써 그러한 과업에 매달렸다. 난 그 기획을 단념하지 않았다. 그런데 어머니의 진심 어린 비명은 내 지난 사유의 궤적을 되돌아보도록 만들었다. 우리가 '수치심'을 노화와 신체적 쇠락의 시공간 안으로의 유폐와 맺는 연관성 속에서 접근할 때, 그 감정은 불가피하게 '존재론적 구조'라는 관념과 만난다. 타자의 시선이 일으킨 불편함과 불쾌감의 효과, 더 깊숙이는 타자가 규정하는 대로 자기 고유의 존재 내부로 유폐되며 발생하는 효과라는 의미에서 '수치심'의 감정 말이다.

이 모든 것은 흐라발의 소설에 명확하게 언명된다.

> 내가 여기서 유일한 관찰자라고 믿었다. 이 얼마나 큰 잘못이었나! 다른 사람들도 내게 탐색하는 시선을 보낸다는 걸 안다. 더욱이 여기서 우리는 당신에게 고정된 눈들을 바라보며 끊임없이 놀란다. 우리가 서로를 뚫어져라 쳐다보는 건 언제나 서로 평가하기 위해서다… 우리는 스스로에 관해 곰곰이 생각한다. 음흉해서라기보다는, 머지않아 정말로 떠밀려 생각하는 것이다. 그렇게 우리는 늘 각자 타자를 통해 자기 자신을 바라보며, 자기 얼굴에서 쇠락의 흔적들을 만져본다.[7]

정의상 새 입소자들은 기존 거주자들보다 상대적으로 약간 더 젊고, 혹은 어쨌든 조금 덜 쇠약한 사람들이기 마련이다. 기존 거주자들은 이미 일정 기간 그곳에 있었던 사람들로, 새 입소자들에게 무엇이 그들을 기다리고 있는지에 대한 이미지를 제시했다. 어머니의 분노는 분명히 이것과 관계되어 있었다. 즉 그녀 앞에서 아무 말도, 아무 움직임도 없이 가만있는 한층 나이 든, 하여튼 더 노쇠한 사람은 그녀가 들어서기 시작한 쇠잔의

길, 흐라발이 말한 느린 임종의 길을 앞서 걷고 있다는 사실 말이다.

> 아마도 이 노인들 개개인은 요양원에 관해 나보다 훨씬 오랫동안 알고 지냈을 테지만, 조심스럽고 입이 무거웠다. 말로도 자랑스러워할 아무런 이유가 없었는데, 하물며 시선은 더더욱 그러했다. 이 점에서 그들은 나보다 훨씬 앞서 있었는데, 이는 부드럽고 느린 임종 안에서 그들을 내내 괴롭혔다.[8]

2

어머니는 요양원에서의 새로운 생활에 적응하게 되었을까? 한편으로는 단체 활동에 참여하려는 그녀의 욕구, 다른 한편으로는 식당 테이블에 함께 모이는 식사 시간 동안 '이 노인네들 아무'와도 이야기하지 않으려는 거부 사이에서 어머니의 감정들은 날이 가고, 주가 가고, 달이 가면서 어떤 방향으로 변해갔을까? 그녀는 자신이 막 입소한 기관을 지배하는 법규, 자신에게 부과될 규칙들(예컨대 그녀가 전연 통제할 수 없는 엄격한 시간표)에 적응(순종)하는 데 성공했을까?

어떤 유형이 되었든 사회화는 언제나 다소간 암묵적이거나 또는 명시적이고 코드화된 학습을 거친다. 그러한 학습은 일군의 기호와 신호, 부드럽거나 덜 부드러운 명령, 지시와 매 순간 사방에서 돌발하는 경고와의 만남 속에서 이루어진다. 그리고 모든 새로운 사회화, 재사회화는 새로운 실천, 새로운 행동, 새로운 존재 양식, 그러니까 자기 자신의 재교육과 우리가 이제부터 기입된 새로운 세계의 틀 안에서 타인과 맺는 관계의 재교육을 거쳐야만 한다. 요양원에서 산다는 것은 아주 특별한 유형의, 자기와 세상에 대한 재학습을 함축한다. 이를테면, 어머니가 공장에서 일하던 시절의 일상생활과 요양원에서 꾸리게 될 일상생활 사이에는 얼마나 큰 간극이 있는가! 샹파뉴의 유리 제품 공장에서 일하기 시작했을 때 어머니는 노동자가 되는 법을 배워야만 했다. 시간표에 순응하고, 노동자에게 부과되는 규칙과 규정을 준수하며, 배정된 업무를 수행하고, 하루 여덟 시간씩 그 앞에서 있어야 했던 작업 라인의 리듬을 잘 따르는 것 말이다. 또한 어머니는 다른 노동자들과 친해지고 그들과의 대화, 그들의 습성과 문화 속에 빠져들어야 했다. 그녀보다 앞서 이 직업을 구해 장차 일상을 함께 보내게 될 이들 말이다. 한마디로, 어머니는 그 여성들 가운데 한 명이 되어야만 했다. 물론 공장과 요양원은 제약과 '규율discipline'이 지배하는 두 기관이다. 그런데 공장의 경우에는 매일 작업장에서 수십 명과의 상호작용이 펼쳐진다. 이후 여성들은 마지막 일과로 장을 보러 가고, 이웃들과 간단한 인사나 두세 마디 말이라도 교환한다. 요양원의 경우에는 간병인 아니면 시설의 몇몇 거주자들과 말을 나눌 제한적인 가능성만 있을 따름이며, 이들과 소통하려는 욕구는 흐릿해지다가 사라지는 지경까지 이른다.[1]

내가 어머니에게 식당에서 저녁 식사를 함께하는 사람들에 대해 적대적인 태도에 매몰되지 마시도록 권유했을 때 그녀가 한 대답을 곰곰이 생각하면서 나는 자문해보았다. 우리가 애초에 구상했던 대로 어머니가 시설에 3, 4년 더 일찍 입소했더라면? 아직 더 많은 자율성과 에너지가 남아 있었을 때에 말이다.

그녀는 새로운 '자기 집'에 훨씬 쉽게 적응하고, 다른 사람(들)과의 관계를 추구하며 또 맺게 되었을까? 오후 시간에 다른 거주자들과 함께 커피나 차, 코코아를 마시면서 수다를 떨거나, 공용 공간에서 텔레비전을 시청하기로 마음먹게 되었을까? 혹시 카드 게임이라면? 예전에 어머니는 민중 계급이 애호하는 게임인 블로트belote를 좋아했다. 아버지와 다른 남자 식구들 사이의 긴 오락 시간을 기억한다. 어머니는 파트너가 모자라거나 한 명을 대신해야 할 때면—남자들은 여자가 어쩌다 가끔씩 파트너로만 낄 수 있는 게임에 관심을 보이며 참여했기 때문이다—종종 게임에 합류했다. 이 오락 활동은—자주 과열되었는데—몇 시간씩 이어졌고, 크리스마스나 새해 첫날 저녁 시간은 그런 식으로 끝나곤 했다. 나 역시 열네다섯 살 때 아버지, 형, 삼촌들, 할아버지, 어머니와 함께 여러 기회로 그 게임을 했다.

그러나 내게 슬그머니 부과된 이 질문은 정말 의미 있는 것일까. 어머니는 자기 아파트에 가능한 한 오래 머물고 싶어 했다. 따라서 그녀에게 요양원 입소가 아직 절대적으로 필요하지 않았던 시절에 미리 그렇게 하는 편이 낫지 않았을까 하는 질문은 부질없을 것이다. 그랬다면 그녀가 왜 [입소를] 결정했겠는가? 뭣 하러 자기 마음에 드는 삶의 틀을 포기했겠는가? 그리고 익숙한 환경과의 단절을 초래할 그런 결정 뒤에 어머니는 금세 무너지지 않았을까? 그 결정이 몇 년 뒤에 이뤄졌을 경우와 마찬가지로 빨리 말이다. 난 어머니가 탱큐에서 거주했던, 혼자서 살기에 충분히 넓고(상당히 큰 집으로 방 하나와 주방, 욕실이 있었다) 안락한 아파트와 핌 요양원의 옹색한 방을 머릿속으로 비교한다. 그러자 그녀가 신체적인 어려움 때문에 어쩔 수 없는 상황도 아닌데 핌에서 지내겠다고 탱큐를 떠나길 원했을 수도 있다는 발상 자체가 기괴하게 다가온다. 어머니는 에파드에서 방문객(아들들, 또 특히나 그녀가 반한 남자)을 받는 것이 예전 주거지에서 방문객들을 받는 것과는 완전히 딴판이라는 점을 모르지 않았다. 에파드에서의 경험은 병원 면회 쪽에 훨씬 가까울 것이었다. 그녀가 꼼짝없이 병원에 있어야 했을 때 그랬듯 말이다.

그러니 유일한 가능성은 우리가 수용 시설structure d'accueil에 어머니를 모시기 위해 짰던 초기 계획대로, 단칸방이 아니라 작은 방 두 칸짜리 집이나 스튜디오였을 것이다. 하지만 그런 계획을 제안했을 때 그녀는 단호히 거부했다. 수용 시설은 모든 것으로부터 너무 멀리 있었고, 그녀는 도시, 거리, 상점 등 세상으로부터 단절되어 어디도 아닌 곳의 한가운데 떨어지는 것에 공포심을 느꼈다. 그러니 자신을 맞아줄 그런 시설에 몇 년 뒤 들어가게 되더라도 역시 그 안에서 불행했을 것이다. 우리가 어머니를 위해 찾아낸 것과 같은 요양원의 새 입소자들이 경험하는 이 뿌리 뽑힘과 유배의 감정을 느끼지 않게 해줄 만한 주거 유형들이 분명히 있을 것이다. 학생 거주 구역 안에 있거나, 아직 경제활동 중인 젊은 세입자들을 대상으로 하면서도 고령자 전용의 독립 스튜디오나 아파트를 통합하고 있는 식으로 말이다. 하지만 이곳들은 자율성 내지 준準자율성이 아직 남아 있는 사람들에게만 열려 있다. 그렇지 않으면, 일상생활의 급선무에 도움을 받고 지속적으로 의료 검사를 받아야 한다는 동일한 문제가 언제나 첨예하게 제기될 것이다.

자식들(특히 여성)이 나이 든 부모 한 분(대개 어머니)을 자기 집에 모시는 일 또한 벌어진다. 이는 간단하지 않으며 자식들에게 버거운, 거의 손쓸 수 없는 상황으로 자연스럽게 변할 수 있다.[2]

자신의 아파트나 집을—이런저런 이유로—떠나지 못한 사람들이 거동 능력을 잃고 나면 무슨 일이 일어나는가? 가사 노동을 수행하고 화장실 용무를 도와줄 요양 보호사와 필요한 돌봄을 해줄 간호사가 매일 온다. 이 사람들은 대개 집에 홀로 있으며, 요양 보호사와 간호사가 있는 시간이나 방문객이 올 때가 아니면 거의 영구적인 고독이 예정되어 있다. 요양 보호사와 간호사가 있는 '시간'은 그들을 고용하고 통제하는 기관에 의해 지나치게 제한적으로만 배정되고 엄격하게 계산된다. 또 아직 친척이나 지인이 있는 경우에 그들은 매우 드물게만, 그나마도 짧은 시간 동안 방문하고 간다. 대체로 이 고령자들은 온종일 간호사와 요양 보호사만

보게 된다. 이들은 일하러 간 집에 장시간 머물 수 없는데, 그것이 금지되어 있을뿐더러 또 다른 고령자들이 기다리고 있기 때문이다.[3]

요양원 안에서조차 거동 능력이 있는 사람들, 즉 가족이 주말이라든지 휴가 때 좀더 긴 시간을 함께 보내거나 최소한 정원을 함께 산책하려고 찾아와 잠시, 몇 시간, 나아가 며칠을 시설 바깥으로 나갈 수 있는 사람들과 '의존적인' 사람들 사이에는 커다란 차이가 있다. 후자는 혼자서 자기 방 밖으로 나갈 수 없거나, 아주 단순히 도움 없이는 일어나고 거동할 수 없는 사람들을 가리킨다. 그러나 이러한 구분이 그 자체로는 중요하다 해도, 요양원 입소가 대개는 부분적이거나 전면적인 자율성의 상실과 관련된다는 사실을 간과해서는 안 된다.

어쨌든 어머니는 이전의 삶과 분리되고 거의 모든 사회적, 관계적 삶을 빼앗긴 채 빠르게 고립감을 느꼈다. 그녀가 경험한 것을 묘사하기에 적합한 단어는 바로 '버림받음déréliction'일 것이다.

어빙 고프먼이 말한 '자기 영토territoire du moi'[4]는 나이 들면서 불가피하게 축소된다. '자기 영토'란 우리 존재를 규정하는 권리, 장소, 공간, 관계의 총체를 뜻한다. 나이가 들면 들수록 이 '영토'는 위축을 거듭해 마침내 한 장의 나귀 가죽에 지나지 않게 된다.* 이전의 '영토'에서 더 이상 거의 아무것도 잔존하지 않고, 그나마 잔존하는 것 중에서도 정말 극히 적은 것만을 통제할 수 있을 때 '자기'에게는 무엇이 남는가, 무엇이 도래하는가?

노년기는 관계망이 가족 범위로 축소되는 생의 한 단계다(늙는다는 것은 직업적 관계들이 사라지는 것을 보는 것이다. 늙으면 더 이상 일하지 않기 때문이다. 친구들 역시 사라지는데, 그들이 하나둘씩 세상을 떠나기에 그렇기도 하고 그들과의 관계가 점진적이고도 필연적으로 느슨해지다가 결국 끊어져버리기에—만나러 갈 수도 없게 되니—그렇기도 하다). 그리고 어쩔 수 없는 사정들로 인해—지리적 거리, 직업상 의무, 외국에서의 휴가… 아니면 그저 고단한 일상생활, 과로, 시간 부족—세대 간 가족 관계도 뜸하게 방문할 때나 현재화될 따름이다. 방문을 맞는 입장에서는 그것을 기대하고 또 기다렸다 해도, 방문하는 입장에서는 종종 사회적 제약이나 도덕적 의무로 체험된다(어쨌든 부모나 지인을 보고 싶어서, 그들에게 애정을 갖고 한 행동인

* 이 표현은 1831년 오노레 드 발자크가 발표한 소설 『나귀 가죽*La Peau de chagrin*』을 암시한다. 소설의 주인공 라파엘은 골동품상 노인으로부터 신비한 나귀 가죽을 얻게 된다. 이 가죽은 주인의 욕망을 이루어주는데, 동시에 그럴 때마다 작아지며 주인의 몸과 정신을 쇠약하게 만든다. 즉 나귀 가죽이 작아질수록 주인공의 수명 또한 줄어들며, 결국 라파엘은 자신의 욕망이 가죽을 소멸시킬 정도에 이르자 생명을 다한다. chagrin에는 '상어' '도톨가죽'이란 뜻과 함께 '슬픔' '고통'이란 뜻도 있다.

만큼이나 수행할 의무가 있는 행동). 이것이 2000년대 프랑스에서 발생한 폭염 국면에서 '노인들'의 사망률이 대폭 증가한 이유 가운데 하나다. 젊은 사람들과 건강한 사람들이 휴가를 떠난 여름 동안 노인들을 곁에서 돌봐줄, 예컨대 적절한 수분 공급에 신경 써줄 사람이 아무도 없었던 것이다.

3

물론 어느 곳(랭스, 탱큐, 뮈종…)에서든 삶은 지속되었다. 그러나 핌에 유폐된 어머니에게는 시간이 멈췄다. 흐라발 소설의 여성 화자도 같은 것을 겪는데, 그녀는 자신이 두고 온 도시의 일상적인 소란을 멀리서, 하지만 아직도 충분히 가까이에서 느낀다. "이 작은 도시에서 길을 따라 곳곳을 걷고 버스를 타고 다니는 사람들에게는 시간이 멈추지 않았단 걸 안다. 그들의 시간은 현재의 순간이며, 유일하게 멈춰버린 시간은 나의 시간, 그러니까 내가 친구들, 친척들과 함께 살았던 시간이다. 그것은 이미 멋진 산책Grande Promenade을 떠났다."[1]

어떤 이들에게는 현재의 순간이라는 시간이 계속된다. 그것은 도시 공간에서 벌어지며 가깝거나 먼 미래를 바라보는 일상적 활동(길을 따라 돌아다니기, 버스 타기, 직장에 나가기, 가게에 들어가기…)의 시간이다. 반면 화자에게는 어떤 시간이 멈췄다. 그것을 채우고 거기 실체와 알맹이—친구, 친척…—를 부여하던 많은 이가, 내 어머니가 비슷한 문구로 '멋진 여행Grand Voyage'이라고 부른 것을 떠났기 때문이다. 화자를 둘러싼 공간은 비워진 것과 다름없고, 미래는 지워진 것이나 다름없으니 현재도 다를 바 없다. 방향 지어지지 않은 현재는 존재하지 않기 때문이다. 방향 지어진다는 것은 수많은 몸짓에 의해 장차 올 순간들, 구체적인 기획들을 향한다는 것이다. 그 기획들은 크든 작든 때로 미세하든 언제나 개인적, 가족적, 친애적, 직업적, 사회적, 정치적 의미를 창조한다. 이러한 시간의 조직을 미셸 레리스Michel Leiris가 했던 대로 주제화할 필요는 없을 것이다. 레리스는 삶의 존재론적 공허에 직면했을 때 그의 내면에서 기어코 솟아난 불안을 벗어나기 위해, 앞으로 올 매일 매시간을 아무리 사소하고 일상적일지라도 계획된 활동들로 채워서 자기만의 꼼꼼한 방식으로 기술했다. 우리의 정신과 신체는 매 순간 무의식적으로, 거의 자동적으로 시간과 공간 속에서 이동한다. 시간에 대한 관계는 정신만큼이나 신체에 새겨져 있다. 우리의 모든 활동은 세계에서 우리의 현존에 대한 시간의 공외연성coextensivité을 통해 조직된다. "오전 7시에 일어나야 합니다." "오후 6시에 직장에서 퇴근합니다." "내일 의사와 진료 약속이 있습니다." "이탈리아에서 휴가를 보낼 예정입니다"라든지 아니면 그저 "쉬면서(또는 산책하면서) 주말을 만끽하려 합니다"처럼 말이다.

'일정표' '어젠다'('용무'를 뜻하는 라틴어에서 유래했다)는 종이 수첩이나 (우리가 해야 할 일, 날짜, 장소, 만날 사람 이름 등을 적어놓는) 전자파일의 형태, 아니면 하루하루 그때그때 임기응변의 형태를 띨 수 있다(이 마지막 형태는 일상생활과 평소 습관 속에서 저절로 일어나는 가깝거나 먼 미래에 대한 자기 투사에 의한 것이다. 가정부였다가 나중에 노동자가 된 어머니는 일간, 주간으로 페이지가 나뉜 소책자 스타일의 '어젠다'는 확실히 갖고 있지 않았다. 하지만 그녀는 해야 할 일을 전부 머릿속에서 꿰고 있었는데, 여기서 우리는 주로 여성에게 가해지는 '정신적 부담'에 관해 말할 수 있을 것이다). 일정표나 어젠다가 사라지거나 쓸모를 완전히 잃게 되면, 우리는 시공간 좌표repères spatio-temporels의 1차적 상실을 이야기할 수 있다. 이웃과 상인들, 옛날 직장 동료, 우체국이나 은행 직원, 단순한 행인 등 친숙한 관계적, 대화적, 인지적 세계를 구성하는 온갖 사람들이 교차하는 네트워크 전체와 더불어 우리가 활동하는 장소와 환경에서 튕겨 나왔다고 느끼기 때문이다.

머지않아 어머니에게는 한층 더 결정적으로 시공간 좌표의 2차적 상실이 잇따라, 강제된 거동 불능이 악화될 것이었다. 거동 불능은 매일 심해져서 시간과 공간, 즉 세계와 다양한 차원에서 맺는 구체적이고 실천적인 관계를 거의 완전히 소멸시키기 시작했다. 그녀는 내게 「오, 행복한 날들」의 위니Winnie를 떠올리게 했다.* 위니는 그녀를 옥죄고 조금씩 마비시키며 대지의 가장 깊숙한 곳으로 빨아들이는 원구 속에 언제나 더 깊이

* 사뮈엘 베케트, 『오, 행복한 날들』, 김동룡 옮김, 세계사, 1991 참조.

빠져든다. “오! 행복한 날들!” 그날들은 이제 어제의 날들, 과거의 날들이다. 그때가 비록 늘 살아가기 쉽지만은 않았을지라도 말이다. 어머니의 침대는 베케트의 원구가 되었다. 침대형을 선고받은 그녀의 삶은 거기서 추억의 단편들을 헤아리고 옛날의 기쁨과 노고, 오늘날의 불안과 고통을 되씹는 것으로 쪼그라들었다.

어머니의 신체 건강은 아주 빠르게 악화했다. 따라서 시설 복도에서 끝나지 않던 어머니의 느릿느릿한 산보도 중단되었다. 그녀는 부어오르고 뒤틀린 두 다리에 통증이 있었다. 해서 아플 정도로 꽉 조이는 압박 스타킹을 이미 오래전부터 착용해야만 했고, 나중에는 붕대를 감았다. 어머니는 요양원 간호사들에게 스타킹을 좀 느슨하게 풀어달라고 간청했는데, 안됐지만 불가능하다는 대답만 들었다. 온갖 위험이 담긴 무시무시한 단어인 정맥염을 막을 만큼 효과적으로 압박하려면 그렇게 세게 할 수밖에 없다는 것이다. 그녀는 더 이상 일어설 수도, 걸을 수도 없었다. 염증 부위가 또다시 도졌다.

어느 날 저녁 요양원 의사가 어머니를 랭스 병원으로 이송해야 한다고 결정하는 지경에 다다랐다. 지역의 이 대형 의료 센터에서 정보를 얻으려면 인내심으로 무장해야만 했다. 전화 안내는 어머니가 어디에 있는지 특정해주지는 않은 채 날 이 부서로 보냈다가 다른 부서로, 또 다른 부서로 보냈다. 그러다 마침내 그녀를 맡고 있던 부서를 알아내기에 이르렀다. 막 일련의 검사가 끝나서 결과를 기다려야만 했다. 병원에서는 이따 다시 전화를 달라고 요청했다.

내가 다시 전화했을 때는 저녁 시간이 한참 지난 뒤였다. 인턴이 알려주었다. “환자분 상태를 봐서는 반드시 여기 계실 필요가 없습니다. 오늘 저녁에 요양원으로 돌아가실 겁니다.”

“좋습니다. 그런데 적어도 내일 아침까지는 거기 머물 수 있으시겠지요?”

“아뇨, 불가능합니다.”

나는 그 연세에 그런 신체 상태에 있는 분을 랭스에서 30킬로미터 떨어진, 한 시간 가까이 걸리는 요양원으로 돌려보낼 수는 없다고 지적했다. 하지만 다른 해결책이 없었다. 어쨌든 그가 이렇게 덧붙였기 때문이나. “현재 가용한 병상이 없습니다.”

난 놀라서 물었다. “이렇게 큰 도시의 병원에 쓸 수 있는 병상이 없다고요?”

“없습니다. 죄송합니다.”

“어머니는 여든일곱에 병들고 지쳐 있는 상태예요.”

“제가 달리 어쩔 수가 없네요.”

“단 하룻밤도 안 되나요?”

“안 됩니다.”

그는 내게 미안하다는 말을 수십 번 반복했지만, 그날 밤 어머니를 ‘돌봐줄’ 수는 없었다. 난 더 고집을 부려봤자 아무 소용 없다는 것을 이해했다. 우리는 같은 언어로 말하지 않았다. 내 언어는 공감과 인간적 감정에 호소한 반면, 그의 언어는 냉정하고 사무적인 어조로 오늘날 공립 병원의 슬픈 현실을 들면서 내게 반박했다. 그에게 책임이 있는 것도 아니고, 바뀔 수 있는 것도 전혀 없는 현실 말이다. 한쪽에 있는 의사 집단과 다른 한쪽에 있는 환자 및 그와 가까운 이들 사이의 상호작용이 언제나 그렇듯, 환자와 그 근친들에게는 힘들고 고통스러운 삶의 순간이 의사들에게는 일상적인 전문직 활동의 틀 안에서 처치하고 해결해야 할 수많은 사례 가운데 하나일 따름이다. 어쨌거나 그가 기적을 행할 수는 없었다! 그가 존재하지도 않는 병상을 만들 수는 없는 일이다. 좌·우파를 막론하고 연이어 들어선 정부들에서 병상 수가 감축되었기 때문이다. 그가 돌봄 인력을 확충할 수도 없는 노릇이다. 우리는 공공서비스 관할의 모든 부문에서 그랬듯, 돌봄 인력이 신자유주의 정책들에 의해 프랑스의 병원에서 얼마나 많이 감축되었는지 안다. 그 정책들은 언제나 강력한 비용 절감 계획을 작동시켜왔고, 지금도 그렇다. 병원 근무자들이라면 직종에 관계없이 프랑스의 보건 공공서비스가 파산 상태(다른 나라들이라고 썩 사정이 낫진 않다)에 다다랐다고 자주 강력하게 규탄해왔다. 그럼에도 아무것도 변화하지 않았고—반대로 사정은 계속 악화해, 프랑스 정부는 심지어 코로나19 위기 동안 병상 폐쇄라는 살인적인 정책을 추진했다—우리는 그런 상태를 거의 정상으로 받아들이며 더 이상 분노하지 않는 지경에 이른 듯 보인다. 기필코 이런 유혹에 넘어가선 안 된다. 지치지 말고 계속 분노해야 하며, 이 분노를 소리 높여 강하게 외쳐야만 한다.

구급차가 어머니를 핌에 다시 데려다주었다. 그녀는 새벽 2시에야 자기 방으로 되돌아갔다. 다음 날 요양원 의사는 내게 노골적으로 불만을 드러냈다. 아니, 차라리 화를 냈다는 편이 맞을 것이다.

핌의 요양원과 랭스 병원 사이를 오간 이 여정이, 어머니가 이제부터 살게 된 시설에서 외출한 마지막 기회였다.

4

신체 건강과 마찬가지로 어머니의 정신 건강도 느리지만 확실하게 망가져갔다. 안정기는 점점 더 짧아져서, 뒤이어 오는 악화기를 점차 숨기기 어려워졌다. 노년(이 단계에서는 아마도 노환이라고 말해야 할 것이다)은 그녀가 현실과 맺는 관계에 기이한 손상을 가져왔다. 어쨌거나 내 눈에는 기이하지만, 노화 전문가들에게는 잘 알려진 증상일지도 모르겠다. 이 단어들을 쓰면서 난 실제 사태를 완곡어법으로 묘사하고 있음을 의식한다. 실상 그녀의 정신은 '들판을 휘젓고 다녔다.' 아니, 이 민중 언어의 표현을 빌려 에두르지 않고 똑바로 말하자면, 그녀는 횡설수설 헛소리하고 착란을 일으켰다.

요양원에 가기 전 몇 달 동안 아직 탱큐의 아파트에서 살 때, 오후에 잠에서 깨어나면 어머니는 누군가 창문 아래 길거리에서 「파르티잔의 노래」를 부르는 소리를 들었다. 어머니는 전화로 내게 그 얘기를 자주 했다. 전쟁 혹은 전후 시기를 기억한 것이었을까? 이 유령 같은 분출 속에 그녀가 떨쳐버리지 못했던 트라우마적인 과거가 구현되었던 것일까? 나중에 무슨 서류인지 양식인지를 채우려고 어떤 증명서를 찾다가, 어머니가 찬장 서랍에 넣어 둔 이 노래 가사지를 발견했다. 왜 그랬을까? 그녀가 좋아하는 가수들 가운데 한 명이 그 노래를 텔레비전에서 불렀고, 그 무렵 가사지를 손에 넣었을까? 그런데 어디서? 어떻게? 지금에 와서야 이 모든 질문을 나 자신에게 던진다. 하루는 어머니 집에서 조용히 수다를 떨고 있었는데, 갑자기 그녀가 몸짓으로 무슨 일인지 가만히 주의를 기울여보라면서 불안한 어조로 이렇게 물었다. "저기, 들어봐… 「파르티잔의 노래」, 너도 들리지?" 난 귀를 기울였다. 정말로 들릴 수도 있으니까 말이다… 하지만 아니었다. 내겐 아무것도 들리지 않았다. 그녀는 고집을 부렸다. "아냐, 들리잖아. 나한텐 들린다고, 정말 맹세해." 난 확실히 하기 위해 창문을 열고 거리를 살피며 다시 귀를 기울였다. 하지만 아니었다… 내가 아무 소리도 못 듣는다는 사실에 그녀는 이해 불가와 절망이 뒤섞인 기묘한 상태에 빠졌다. 그녀는 고개를 가로저으며 되풀이해 말했다. "그런데 나한테는 소리가 들려." 이런 일도 있었다. 소파에 개들이 앉아서 그녀를 바라보고 오래 얘기하다가 사라졌다는 것이다… 아마 어머니 집을 방문한 같은 날의 일이었던 것 같다. 그녀는 이미 여러 차례 말한 적 있는 이 동물들의 현존을 내게 알렸다. "저기 있잖아, 개들, 네 바로 옆에, 보이지?" 좀 난처해진 난 대답했다. "아뇨… 개들이 어디 있다고요…" 그녀는 멍하니 초조한 눈빛으로 고개를 흔들었다. "있잖아… 난 보이는데… 봐봐…" "환영이에요." 난 우물거렸고, 어머니는 애원하는 목소리로 반복했다.

"나한테는 진짜야." 밤에는 옷장 위에 걸터앉은 남자가 어머니를 불렀다. "어이! 어이!" 그가 그녀를 깨웠다. 어머니는 자기를 가만 내버려두라고 소리 질렀지만, 그는 또 그랬다. 그녀에게 한 아이가 창밖에서 과자를 내밀었다(그녀 집은 3층이다). 그녀는 받고 싶지 않았다. 정말, 받고 싶지 않았다… 하지만 그 아이는 고집스레 떠나지 않았다. 그녀는 잠들길 간절히 원했지만 이런저런 잡스러운 무리가 방해했다. 이 무리의 다양한 화신들이 번갈아 나타나며 그녀의 낮과 밤을 방해했고 그녀의 영혼과 삶을 사로잡았다. 때때로 상황은 한층 심각해졌다. 땅거미가 지면 무장한 남자들이 동네 주민들, 그녀가 사는 건물 주민들을 학살하러 왔다. 그다음 날 어머니는 여전히 그 일에 숨 막혀 하며, 간밤의 공포에서 벗어나 원래대로 돌아가는 데 어려움을 겪었다.

그러니까 어머니는 평행 현실에서 살았다. 그녀의 세계를 채운 이 모든 사람과 동물, 또는 시간의 흐름에 따라 그녀를 엄습하는 이 온갖 유령 같은 형상들의 현존을 내가 전혀 보지도 듣지도 못한다는 사실이 그녀를 거의 절망적인 상태에 빠뜨렸다. 그녀는 울었다. "넌 내가 미쳤다고 생각하겠지. 하지만 난 미치지 않았다. 난 개들이 보여, 저기 소파 위에…" 몇 달 뒤, 그녀는 상황을 합리화하려고 노력했다. "간호사가 그런 일은 내 뇌 안에서 일어나는 거라고 설명해주더구나. 내가 여러 가지를 보고 듣지만, 다른 사람들은 그걸 보지도 듣지도 못한다고. 나한테는 그게 진짜지만, 다른 사람들한테는 아닌 거지." 난 수긍했다. "네, 맞아요." 사실 바로 그거였다! 그러고 나서 한 시간 뒤에 그녀는 다시 이전 장면으로 돌아갔다. "근데 개들이 거기 있잖아, 네 옆에. 너 안 보이니?"

아니 에르노는 자신의 어머니에게 헌정한 책 『한 여자』에서 어머니가 쇠락하기 시작한 순간을 이렇게 묘사한다. "그녀는 자신에게만 보이는 사람들과 이야기를 나누기 시작했다. 그 일이 처음 발생한 건 내가 학생들의 과제물을 고쳐주고 있을 때였다. 나는 귀를 막아버렸다. 그리고 생각했다. '다 끝났어.'"[1]

어머니가 내게 창밖의 가수, 과자를 든 아이, 옷장 위의 남자, 소파 위의 개들에 관해 말했을 때, 난 거의 같은 생각을 했다. 그녀도 '다 끝났다'고. 그럼에도 나는 신체적, 정신적 노쇠의 과정이 어떤 리듬으로 일어날지 자문했다. 알츠하이머에 걸렸던 아버지는 아무것도 기억하지 못했고, 누구도 알아보지 못했으며, 일상생활의 온갖 물건(안경…)을 잃어버렸다. 어머니는 달랐다. 그녀는 아주 명석했으며, 기억을 잃지도 않았고, 그녀를 보러 가면 내가 누구인지 알아보았다. 우리는 정상적으로 수다를 떨 수 있었고, 그녀의 이야기는 대개 조리 있었다… 그러나 그녀는 환각을 느꼈다.

탱큐에서의 이 시기에 어머니는 미망의 순간에 빠져도 언제나 다시 정신을 차렸다. 일단 요양원에 정착한 첫 2, 3주 동안은 그녀의 인지능력이 하루 대부분 거의 멀쩡해 보였다. 어머니는 요양원 입소 전 밤낮으로 그녀를 사로잡은 이 환영과 목소리 들에 대해 더 이야기하지 않았다. 마치 아파트에 살 때는 어머니의 삶을 가득 채우던 인물들이 그냥 거기 남아서 뭠까지 쫓아가지 않기로 한 것처럼 말이다. 그녀는 자신에게 닥친 일에 분노했고 모든 것에 불평했지만, 겉보기에는 이제 횡설수설하지 않았다. 그녀는 분명 불행했으나, 나머지 면에서는 그럭저럭 잘 지내고 있는 것 같았다.

유예 기간은 짧았다. 어머니는 전화로 앞뒤가 안 맞는 이야기를 하는가 하면, 그녀가 방금 질문하고 내가 막 대답했다는 사실도 잊은 채 같은 질문을 여러 번 하며, 네 아들을 헷갈려하기 시작했다. "디디에가 나한테 그러는데 말이야…" "근데 어머니, 제가 디디에예요." "아, 그래. 맞네." 그러고는 몇 분 뒤 "디디에가 내게 말하기로는…" 이런 식이었다.

잠—어머니는 밤낮이 따로 없이 잤다—과 아마도 처방받은 고용량의 약으로 인해 어머니는 내면 여행으로 끌려들어갔다가 불안하고 쇠약해진 상태로 돌아왔다. 머릿속은 어머니가 진짜라 여기는 몽상적 장면들로 가득했는데, 그것들을 곱씹다가 또 다른 장면들을 만들어냈다. 그럼에도 이 모든 정신적 혼돈 속엔 모종의 논리가 있었다. 그것은 거의 늘, 그리고 점점 더 같은 강박관념들 주위를 맴돌았다. 이렇게 말해야 할 것이다. 그것은 동일하고 유일한 강박관념이었고, 지난 몇 년간 그녀의 정신을 점령해온 것과 관련되어 있었다고. 어머니는 지나가버린 과거에 매달려 있었다. 그 과거는 그녀에겐 계속되는 것, 사라지지 않았으면 한 것이었다. 바로 사랑의 열정이었다(다음 장에서 이에 관해 기술할 것이다). 그녀는 그것을 상상적 에피소드, 기상천외한 이야기들의 형식 아래 계속해서 살아나갔다. 꿈이 자주 그런 형식이지만, 그녀는 깨어 있을 때마저 그것을 믿었다. 만일 프로이트적인 정의에서처럼 환상이 백일몽이라면, 어머니에게는 밤에 꾸는 꿈과 백일몽 사이에 더 이상 경계가 없었다. 따라서 그녀의 현재는 진정으로 현재가 아니었다. 그것은 그녀의 정신이—뇌신경 회로망의 기능장애로 인해—점점 더 자주 빠져드는 심연이자, 그 무엇도 멈출 수 없어 보이는 추락이었다. 이 현재는 더 이상 시간에 속하지 않았다. 어쨌거나 실제 시간에는 말이다. 하지만 그녀에게 그것은 현재이자 현실이었다.

어머니는 크리스타 볼프가 『몸앓이』에서 '내면의 고고학'[2]이라 부른 것의 지층을 가로지르며 탐사를 수행하는 동안 적어도 행복했을까? 난 그렇게 생각하지 않는다. 그것은 언제나 정서적 드라마의 영역에 속해 있었다. 질투, 분노, 절망… 그러나 적어도 이런 상상적 형식 아래서나마 어머니는 사랑하는 남자 곁에 있었다. 실제 삶 속에서 그는 거기 없었다. 그는 더 이상 그녀를 보러 오지 않았다.

자아의 심연 속으로 침잠하면서 볼프는 독일 정치사의 크고 작은 사건과 복잡하게 얽힌 개인사의 에피소드를 다시 체험했다. 나는 어머니가 잠들어 있거나 졸거나 착란 상태일 때 마찬가지 일이 일어났을지 자문한다.

"내 모든 시간성은 시간의 부재 속으로 침몰했다." 볼프는 심각한 복막염을 앓은 뒤 자신이 입원했던 경험을 다루는 책에서 이렇게 쓴다. "내 시간은 비非시간처럼 지워진다."*

이 "시간의 틈새" 속에서 "'시간'이라는 말이 다시 의미를 가질 때"를 예상하는 것이 볼프에겐 불가능해 보인다. "시간표, 시간 절약, 시간 손실, 시간 분할, 시점과 기간, 시간 측정, 시간 확정, 중간 시간, 마감 시간과 같은 것이 존재하는 그런 때. 그 전과 후가 있고, 아침과 저녁으로 이루어진 날들," "내가 여유를 갖거나 혹은 최상의 시간이라고 깨달을 그런 때. 적당한 시점을 포착했거나 좋지 않은 시점에 개입할 그런 때…"[3]

이런! 그녀는 인정할 뿐이다. "무기력하게, 어정쩡하고 무책임하게 난 시간의 망으로부터 빠져나갔다." 그리고 "무의식의 바다, 딱딱한 흙덩이에

* 국역본의 번역은 다음과 같다. "내가 체험한 모든 시간은 무시간성 속으로 가라앉고, 나의 시간은 비시간으로 흘러간다."(크리스타 볼프, 『몸앓이』, 정미경 옮김, 창비, 2013, p. 64)

나는 간신히 몸을 지탱하고 있다. 바다로 기억의 조각들이 몰려왔다 몰려간다. 부른 것도 아니고, 마음대로 조절되는 것도 아니다."[4]

그녀는 자신이 고통받고 있음을 안다. 고통은 시간과 맺는 관계를 무화하고, 이제껏 그녀의 시간과 타자들의 시간에 리듬을 부여했던 모든 것에서 정신과 신체를 빼낸다.

이 경우에는 응급 입원과 의료 검사(스캔 촬영), 외과 수술, 고통, 공포 등이 문제가 된다.

그런데 이 순간들이 아무리 괴롭고 끔찍하다 하더라도, 그로 말미암아 시간과 맺는 관계가 전복되는—아니, 차라리 시간이 지워지고, 연속되는 '비시간' 속으로 추락하는—일은 병을 치료할 수만 있다면 일시적 성격을 띤다. 그녀는 시간을, 시간의 의미를, 시간에의 현존을, 그리고 감히 말하건대, 동시에 세계에의 현존을 되찾을 것이다.

늙고 병들어 고통받는 사람이 시간과 맺는 관계의 변화는 훨씬 첨예하다. 모든 일이 다시 예전처럼 돌아갈 것이고(점점 더 가까이 의식 상태에까지 다다르는 노쇠로 인해, 지속적으로 맑은 정신을 전제하는 이런 언어가 거의 무력할지라도) 우리가 시간의 시간성 속에 다시 편입될 수 있다는 식의 희망이 없기 때문이다. 여기엔 사태가 진정될 가능성이 없다. 우리는 이미 빠져든 시간의 공백에서 빠져나갈 수 없을 것이다.

어머니는 저녁이나 밤에 내게 전화했다. 그녀는 내게 이런저런 이야기를 했다. 요양원에서 자신을 일어나지 못하게 한다든가, 더 이상 마음대로 샤워할 권리가 없다든가, 벨을 눌러도 아무도 나타나지 않는다든가… 어머니는 소소한 사실들을 덧붙였다. 그녀가 추위를 느껴도 아무도 창문을 닫으러 오지 않았다든지, 몸이 더러워져도 씻겨주고 위생용품을 갈아주러 오지 않았다든지 하는 것들. 그녀의 목소리는 항의하고 격노하기 위해 스스로 아직껏 동원할 수 있는 모든 것을 찾아 자신의 심층으로 향했다… 그녀는 내 전화 자동 응답기에 긴, 아주 긴 메시지를 남겼다. 나는 일부를 오랫동안 간직했으나, 감히 다시 들을 엄두를 내지 못했다. 그 메시지들은 안타깝게도 지워져버렸다. 그것들을 옮겨 적으려다가 그제야 사실을 알게 되었다. 그녀의 분노에 찬, 공포에 질린 목소리를 기억한다.

어머니가 헛소리했던 것일까? 아니면 날 울고 싶게 만든, 그 끝없는 불평을 해대면서 그녀는 진실을 이야기했던 것일까? 어머니를 믿어야만 할지 잘 모르겠다. 하지만 에파드에 관해 더 많이 알게 될수록, 일련의 고통스러운 증언과 이야기를 실어 나르는 기사를 더 많이 읽을수록 어머니가 진실을 말했다는 쪽으로 생각이 기울었다. 그러니까 무슨 일이 일어났는가? 난 간호사들과 의사에게 전화했다… 내게 이런 답변들이 되돌아왔다. 그녀를 일으켜 세우려면 두 간호조무사, 두 남성이 부축해야만 했다. 그 시설에는 이런 업무를 매일 수행할 만큼 직원이 많지 않았다. 그건 한 주에 한 번씩만 가능했다. 이제부터는 일주일에 한 번밖에는 샤워를 할 수 없다는 생각, 특히 그 기회를 빌려서만 일주일에 단 한 번 침대 바깥으로 나갈 수 있고, 결과적으로 방을 거의 떠날 수 없을 거라는 생각… 이 모든 것은 분명 그녀에게 참을 수 없는 일이었다. 도움 없이는 이동할 수 없었기에 그녀는 틀림없이 적어도 매일 한 번씩 도움을 받아야만 했을 것이다. 사람들이 그녀를 휠체어에 앉히고 욕실까지 갈 수 있도록, 방과 건물에서 빠져나와 정원에서 바람을 쐴 수 있도록, 혹은 최소한 낮에 잠깐 소파에 앉아 있을 수 있도록 해주어야 했을 것이다. 하지만 그럴 만한 충분한 인력이 없었다.

어머니의 침대 난간은 그녀가 떨어지는 걸 방지하기 위해 양쪽 다 올려져 있었다. 그녀의 개인 물품이 정리된 옷장은 잠겨 있었는데, 옷이나 물건을 가지러 갈 엄두조차 내지 못하도록 하기 위해서였다. 그녀 주위의 모든 것이 닫히고 막혀 있었다. 난간, 자물쇠… 공간, 시간. 어머니의 작은 방은 아주 커졌다. 그녀가 거기 도착했을 때는 손에 닿고 마음대로 할 수 있었던 모든 것이, 아주 멀리 떨어져서 닿을 수 없는 것이 되었기 때문이다. 모든 것이 그녀에게서 벗어나 멀어졌다. 마치 벽들이 자리를 옮기기라도 한 것처럼 말이다.[5]

복도, 식당은 말할 것도 없고 노래나 체조 강습이 있는 강의실은 이제 범접할 수 없는 다른 세계 안에 있었다. 나와 통화했을 때 그녀의 목소리는 그런 절망감을 담고 있었고, 그 때문에 내 속이 뒤집어졌다. 어머니는 한 치의 의심도 없이, 적대 세력들이 공모해 그녀를 괴롭힌다고 믿었다. "여기서 난 학대받고 있단다… 날 왜 이렇게 학대하는지 모르겠다… 내가 그 사람들에게 뭘 어쨌다고."

일어난 일을 어떻게 재현해야 할까? 난 어머니가, 사람들이 그녀를 실제로 난폭하게 다루거나 물리적 폭력을 썼다는 의미에서 '학대받고 있다'라는 말을 썼다고는 생각하지 않았다. 그렇다고 그 점에 확신을 갖긴 어렵다. 시설 거주자들의 요구와 불평, 그들의 굼뜨고 서툰 몸짓을 지속적으로 대면해야 하는 간호사나 간호조무사가 짜증을 내다가 스스로를 몹쓸 행동에 내맡길 가능성이 언제나 있기 때문이다. 혹은 부과된 노동의 리듬에 의해 학대받는 간호사나 간호조무사가 자신이 보살피는 노인들에게 분풀이할 수도 있다. 이 문제를 다루는 신문 르포나 책 들은 모두 그런 사실을 일깨운다. 의사가 "어머님께서 간호사들과 싸웁니다"라고 말할 때도 난 별로 놀라지 않았다. 어머니는 수인囚人이라고 느꼈고, 실제로 어떤 면에서는 그랬다. 그녀는 자신에게 남은 미약한 무기들을 가지고서 되는대로 저항을 시도했다. 자신을 감금한 사악한 세력을 구현하는 이들에 맞서서 말이다. 그녀에게 거의 남지 않은 에너지가 이 궁극적 형태의 항거 속에 흘렀다. 그것이 바로 우리가 '절망의 에너지'라고 부르는 것 아닐까? 그런데 나는 자문해보았다. 간호사나 간호조무사는 어머니가 저항하면서 그들과 '싸우려 들' 때 어떻게 반응했을까? 난 이 장면을 상상하고 싶지 않다. 그런 식으로는 창작의 위험이 있을 것이다. 핌의 에파드는 공공시설이니만큼, 확신하건대 수용자들을 존중하는 분위기가 사설 시설에 비해 훨씬 더 지배적일 것이다. 하지만 직원들이 어머니에게 어떤 나쁜 대우도, 그런 층위의 어떤 폭력도 행사하지 않았다 한들, 난 폭력적인 것은 바로 이 모든 상황이 아니었나 생각하게 된다. 어머니는 제도가 그녀의 조건을, 그녀와 같은 사람들의 조건을 관리하는 방식에 의해 학대받았다. 이곳에서 '의존적'이라는 단어는 끔찍한 의미를 띤다.

진실은 단순하다. 이 시설들에서 직원 수는 언제나 정원에 미달한다. 간호조무사들은 자신이 담당하는 입소자들을 돌보기 위해 이 방에서 저 방으로 뛰어다녀야 한다. 각 입소자에게 할애할 수 있는 시간이 일반적으로 몇 분에 지나지 않기에, 자신들을 필요로 하는 다른 입소자들의 요청에 응대하려면 한 방에서 다른 방으로, 또 다른 방으로 달려가야 하는 것이다… 그렇게 온종일 일한 날은 기진맥진한 채로 마무리된다. 한편 등, 어깨, 무릎의 통증은 점점 더 심해지는데, 입소자들이 일어설 수 있도록, 또 가능하다면 이동하거나 샤워할 수 있도록 도와주어야 하기 때문이다. 이런 직업은 교대가 매우 중요하다. 직원들은 [노동의] 리듬과 고난도의 과업을 아주 오래 버텨내지 못한다. 이 점에서도 학대가 문제가 된다. 우리는 그런 시스템의 심층적인 '부도덕성'에 관해 이야기할 수 있을 것이다. 이 단어를 거듭 말해야 한다. '부도덕성.'[6]

프랑스에서 [시민단체] '권리수호자Défenseur des droits'는 보고서를 발간해 '에파드에 수용된 노인들의 기본권'의 '침해'에 관해 명백한 기록을 내놓았다. 이 보고서는 용인할 수 없는 것으로 기술된 수용 조건을 철폐할 일련의 제안을 결론에 담고 있다.[7] 이 제안들에 대한 '후속 조사'를 다룬 두번째 보고서는 거의 아무것도 변하지 않았다는 점을 강조한다.[8] 어머니가 불평했던 것이 모두 이 자료들이 목록화한 '학대' 사례 속에 나타난다. 적어도 하루에 한 번 일어나지 못하는 것, 일주일에 한 번 이상 샤워하지 못하는 것, 침대에 누운 사람을 하루에도 몇 번씩 일으켜서 화장실에 데려가고 용변을 보도록 도울 수 없다는 이유로 계속 기저귀를 채워놓고 있는 것… 쟁점은 이런저런 수용 구조나 특정 에파드를 비난하는 것이 아니며, 이런저런 인물들에게 책임을 지우는 것은 더더군다나 아니다. 체계적 학대가 문제인 것이다. 게다가 그것은 사방에서 맹위를 떨친다.

그렇다. 이 모든 것의 진실은 단순하면서도

비극적이다. 공영 에파드의 경우, 공립 병원과 (여러 부문 가운데) 공공 보건 부문 전체가 그렇듯 놀라울 정도로 재정 빈곤에 시달리고 있다. 민영 에파드의 경우 사정은 한층 열악해서, 극단으로까지 치달은 수익성 요구에 따르는 형편이다. 중요한 것은 이윤이고, 예상 수익이며, 주주 배당금이다. 아마도 요양원에 관한 몇 차례의 정보검색 이력이 '추적'당했는지, 난 인터넷에서 에파드가 얼마나 수익성 있는 투자처인지 아주 매력적인 수익률 수치를 들며 예찬하는 광고들을 본다. 때로는 광고가 이메일로 날아오기도 한다. 냉소적 논평가들은 이 '시장'을 '회색 황금'이라는 용어로 칭한다. 그런 이미지들을 접할 때마다 난 구역질이 난다.

구체적이고 명확한 보고서들은 그만큼이나 구체적이고 명확한 또 다른 보고서들로 이어질 수 있을 것이다. 모든 것을 낱낱이 살피는 조사 연구들은 또 다른 조사 연구들로 이어질 수 있을 것이다. 분노를 담은 책들은 또 다른 책들로 이어질 수 있을 것이다. 확증된 사실은 언제나 동일하다. 그리고 아무것도 변하지 않는다.

따라서 나는 요양원과 공립 병원이 다음과 같은 공통점을 지닌다는 걸 확인할 수 있었다. 즉 환자와 노인, 병약하고 취약한 사람들, '돌봄' 영역의 소관인 모든 이에게 제공되는 수용 조건들이 전면적으로 용인 불가능한 정도는 아닐지라도, 결함이 매우 많다는 것이다.

그 이유는, 최소 비용 또는 최대 편익의 경제 논리가 도처에서 그렇듯 여기서도 지배적이라는 데 있다.

어머니와의 대화라든지 응답기에서 찾아낸 메시지는 매번 나를 깊은 혼란 속에 빠뜨렸다. 난 끊임없이 자문했다. 우리가 더 비싼 대신 직원 수도 훨씬 많고, 고가인 만큼이나 서비스 질도 월등한 요양원을 발견해야 하지 않았을까? 날이 갈수록 난 그런 확신이 들었고, 죄책감도 엄청나게 불어났다. 그런데 얼마 지나지 않아 한 권의 책 덕분에 그것이 내 착각이었음을 깨닫게 되었다. 부르주아지 전용의 몇몇 민영 요양원에서 매달 터무니없는 비용(이는 어머니가 있었던 시설에서 받는 비용의 대여섯 배에 이른다)을 요구한다고 해서 거기서 정말 수치스러운 스캔들이 일어나지 않는 것도 아니라는 사실이다. 게다가 이 책은 아주 다행스럽게도 물의를 빚으며 큰 반향을 일으켰고, 일체의 도덕 감각과 인간적 감정에서 풀려난 이윤을 향한 갈증이 노인들에게 초래하는 온갖 결과에 다시 한번 주의를 집중시켰다.[9]

어머니에게 요양원은 애초부터 고프먼이 '총체적 기관'이라고 부른 것과 닮아 있었다. 그는 이런 부류의 기관을 다음과 같이 정의한다. "동일한 상황에 놓인 다수의 개인이 상대적으로 오랜 기간 바깥 사회와 단절된 채, 명확하고 세밀하게 조정된 양식의 격리된 삶을 함께 영위하는 거주와 노동의 장소."[10]

다른 기관(감옥, 정신병원…)에 대비되는 요양원의 특수한 성격은, 이 경우 문제가 "상대적으로 오랜 기간"이 아니라 최종 거주지라는 데 있다(그리고 거주 기간은 종종 매우 짧은데, 죽음이 이 '칩거'를 종료시키러 빠르게 오기 때문이다).

이 '전체주의적totalitaire'(프랑스어판에서 채택한 단어다) 성격은 매일매일 두드러져만 갔다. 어머니의 삶 전체가 구획되고 통제되었으며, 그녀를 대신해 모든 것이 결정되었다. 어머니는 자율성을 상실했을 뿐만 아니라 자유, 사람personne으로서의 지위까지 상실했다. 그렇다. 탈인간화dépersonnalisation로 인해 노인은 더 이상 사람이 아닌 지경까지 다다른다.[11]

5

윌리엄 마셜에 관한 책에서 [역사학자] 조르주 뒤비는 '세계 최고의 기사'로 이름을 날린 주인공이 숱한 전투를 치른 후에 기력이 쇠함을 느껴서—때는 1219년이었고 그는 자기가 여든도 넘었다고 단언했지만, 이는 틀림없이 과장일 것이다—, 지상 세계를 떠날 때가 되었다는 결심을 어떻게 하게 되었는지 이야기한다… 그것은 결심의 문제이기 때문이다. 윌리엄 마셜은 가까운 이들—아내, 기사들, 장남—에게 둘러싸여 최후의 유지를 남긴다… 그러고 나서 그는 죽음을 기다린다.[1]

아주 다른 시대, 세계, 사회적 위치에 속해 있긴 하지만, 그건 근본적으로 어머니에게 일어난 일이기도 하다. 그녀는 평생 자신보다 강한 적들에 맞서 수많은 전투를 치렀고, 언제나 잘 저항했다. 온갖 종류의 시련을 얼마나 많이 대적하고 또 극복했는가! 그런데 이번 전투에서는 패배가 예정되어 있었다.

의사에게 긴급한 연락을 받은 두 동생과 반려자들은 어머니의 임종을 지키려 서둘러 왔지만, 이미 너무 늦은 상황이었다. 우리는 어머니의 방에서 몇몇 단어를 끄적거려놓은 종이 한 장을 발견했다. 장례식과 관련해 그녀가 바라는 바를 적어놓은 메모였다. 어머니는 유언장을 남기지 않았다. 그녀에게는 자본이나 유산이 없었다. 돈도, 동산도, 부동산도.

의학과 생물학에 관심이 있었던 대학생 시절, 과학철학 수업을 들었을 때 내게 강한 인상을 남긴 [의학자이자 해부학자] 그자비에 비샤Xavier Bichat의 아주 간결하면서도 명명백백한 이 말이 다시 떠올랐다. “삶은 죽음에 저항하는 기능들의 총체다.” 이런 관념은 아주 멋져 보였지만 약간 추상적으로 남아 있었다. 두 맞수가 대적한다. 한편에는 모든 곳에서 공격하는 죽음이 있다. 우리는 죽음이 결국 승리할 것임을 안다—오늘날에는 죽음이 DNA에 새겨져 있다고 말하리라. 다른 한편에는 이 무자비한 적의 공격을 물리치고 승리를 지연시키기 위해 고군분투하는 역능puissance으로서의 삶이 있다. 물론 비샤의 정식은 생물학적 기능들을 대상으로 한다. 하지만 정신 건강과 심리적 힘 역시 나름대로 중요하다. 이 필수 ‘기능들’ 가운데 쇼펜하우어라면 ‘삶에의 의지vouloir-vivre’라고 불렀을 삶에 대한 의욕, 살려는 의지를 꼽아야만 한다. 아무리 가느다랗다 해도 그것은 미래와의, 또는 단순히 현재와의 관계를 함축한다. 산다는 것은 시간, 시간성 그리고 당연히 공간성과 관계 맺는 것, 즉 시간 속에 스스로를 투사하고 공간 안에서 움직일 능력을 갖는 것이기 때문이다. 그런데 나이는, 말하자면 고령, 노년은 공간과 시간에 대한 이 존재론적 관계를 수정하고 무화하며 파괴한다. 공간성의 상실, 시간성의 소멸은 인간 실존의 조건 그 자체를 규정하는 것을 점차 사라지게 한다. 그런데! 이런 상황은 수많은 인간 존재의 실존과 관련된다. 어떤 면에서는 거의 모든 인간 존재의 실존과 관련된다고까지 말할 수 있다. 늙는 것이 죽지 않을 수 있는 유일한 수단인 한 말이다. 정치 담론과 행정 보고서에서 이야기되는 기대 수명의 상승과 이른바 '인구 고령화'는 나이가 아주 많고 의존적인 사람들의 수가 계속 엄청나게 증가할 것임을 함축한다. 삶은 건강한 삶뿐만 아니라 건강하지 않은 삶, 쇠약해진 삶이기도 하다.

어머니는 자신의 것이었던 이 쇠약해진 삶을 버티지 못했다. 뭐 하러 지속하겠는가? 그저 연명하려고? 장차 일어설 수도, 걸을 수도, 움직일 수도 없이 혼자 방 안에서 침대에 꼼짝 못 한 채 누운 수인이 될 텐데도? "희망이 살게 한다"라는 격언이 있다. 희망의 부재는 절망으로 이끌어 죽음에 이르게 할 수 있다. 어머니에게 아주 조금이나마 남아 있던 힘이 그녀를 내팽개쳤다. 아니 차라리, 아주 조금이나마 남아 있던 힘을 어머니 스스로 내팽개쳤다. 어머니는 자발적으로 죽음을 택했다.

어머니가 요양원에 도착하던 날, 요양원 의사가 내게 경고했다. "요양원에 입소한 노인들은 첫 두 달 동안이 위험합니다." 내가 그 말의 진가를 잘 파악하도록 그는 덧붙였다. "심지어 아주 위험하지요." 의사는 그것을 이른바 '슬라이딩 증후군syndrome de glissement'이라고 명확히 했다.

고백하건대, 그때까지 이 과정을 진지하게 성찰해본 적이 없었다. 그러나 난 의사가 한 말을 아주 잘 이해했다. 뿌리 뽑힘의 충격은 너무 커서 많은 이가 견뎌내지 못하고, 자기 실존에 닥친 이 근본적이고 비가역적인 변화 이후 오래지 않아 타계한다. 한데 오늘날 내게 이상하게 여겨지는 점은, 이 일반적인 언급과 어머니의 상황을 내가 곧바로 연관 짓지 않았다는 것이다. 어머니가 이 적응 기간을 아무 문제 없이 넘겨서 새로운 환경에 익숙해질 거라고 믿었기 때문이다. 당시에 어머니는 많이 힘들어하면서도 아직 걸을 수 있었고, 아주 정상적으로 말했으며 나와 동생, 친구 Y, 의사, 간호사 들과 별문제 없이 대화할 수 있었다. '시설 수용institutionnalisation' 초기엔, 앞서 말한 인지적 쇠퇴는 어머니에게 이미 지난 일 같았다. 그것은 탱큐의 집에서 간헐적으로 나타났을 뿐, 어머니가 핌에 정착하는 걸 도울 때는 재발하지 않았다. 어머니는 '커다란 위험'은 고사하고 '위험에 처한' 사람처럼 보이지도 않았다. 한데 그녀의 신체적, 정신적, 인지적 건강 상태가 내 허를 찌르는 리듬으로 악화되어갔다. 난 의사가 한 말이 얼마나 진실인지, 어머니에게도 얼마나 온전히 해당했는지 확인할 수밖에 없었다. 3, 4주도 채 지나지 않아 어머니는 더 이상 예전과 같지 않은 상태로

굴러떨어졌다. 그리고 내 반응은 언제나 괴리가 있었다. 아니 더 정확히 말하자면 언제나 늦었다.[2]

의사와 처음 대화를 나누면서, 내가 이해하기로는 개인적으로 경고를 들은 지 한 달 반 만에 의사가 전화로 말했다. "어머님께서 더 이상 음식을 드시지도 않고, 말씀도 안 하려 하십니다… 그래도 의식은 있어서 사람들과 눈으로 소통하고 계세요." 그녀가 곧 알려주었다. "내일 어머님을 호스피스 병동으로 이송하려 합니다… 앞으로 일주일 안에 사망하실 겁니다."

난 깜짝 놀라 귀가 멍해졌다. 모든 것이 너무 빨리 지나갔다. 무슨 일이 일어나고 있는지 알아채지 못했고, 혹은 그러고 싶지 않았다. 아니면 어떤 일들의 진정한 의미를 인정하려 들지 않았는지도 모른다. 예컨대 전화할 때 어머니가 다시, 게다가 점점 더 자주 횡설수설하기 시작한 것. 또 의사나 간호사들이 어머니의 상황과 변화에 대해 알려준 것. 그녀는 침몰 중이었고, 악화일로에 있었다. 치료법은 없었다.

"앞으로 일주일입니다." 의사가 말했다.

하지만 그것은 아마도 최종 선고를 앞두고 우리에게 마음의 준비를 하도록 하는 방식이었을 것이다. 다음 날 모든 것이 다 끝났기 때문이다.

그러니까 나는 앞에서 이야기한 이틀, 어머니를 새로운 '집'에 입소시키려 핌에 다녀온 뒤로는 그녀를 다시 보지 못했다. 어머니와 둘째 날 오후를 함께 보내고 고속버스를 타러 가면서 "금방 다시 올게요"라고 말한 것이 그녀를 보는 마지막 순간일 거라고는 상상하지 못했다. 그런 생각이 뇌리를 언뜻 스쳐 지나가지도 않았다. 나중에야 알게 되었다. 그것이 마지막 순간이었다! 우리는 언제나 뒤늦게 알게 된다. 나는 마지막일 줄 몰랐던 '마지막 순간'의 세부 사항 하나하나를 기억해내고자 했다(마지막이 될 줄 알았더라면, 그렇게 되지 않도록 대비했을 것이다. 그러니까 가급적 빨리 의무를 다해서 그녀를 다시 만났을 것이다). 이탈리아에서 휴가를 보내고 돌아오는 길에는 어머니를 찾아가려고 예매해둔 파리-랭스 기차표를 취소했다. 몹시 아팠다. 내가 무슨 병에 걸렸는지 잘 몰랐고, 바이러스 감염증은 아닌지 의심스러웠다. 어머니에게 바이러스를 옮기고 싶지 않았다. 병원 진료 예약을 연이어 잡고 일련의 검사와 분석, 스캔 촬영을 거치다 심지어 병세가 고비를 맞아 코생 병원 응급실에서 하룻밤을 보냈다. 건강은 차츰 회복되어 움직일 수 있게 되었다. 하지만 렘에 가는 건 아직 무리였다! 특히나 계속 몸이 안 좋은 상태에서 어머니에게 가고 싶진 않았다. 내게 화가 났다. 왜 어머니에게 파리에 정착하시라고 더 끈질기게 주장하지 않았는가? 난 아주 오래전에 날짜가 잡힌 일련의 학술 강연을 위해 독일로 떠나야 했다. 아직 기력이 완전히 돌아오지 않은 느낌이었지만 약속을 지키려 했고, 파리에

돌아오자마자 사나흘 뒤에는 랭스와 펌에 가야겠다고 생각했다. 난 회복되어 마침내 어머니와 시간을 보낼 것이다. 내가 저주받은 일련의 메시지를 받은 건 바로 그때였다. 프랑스어 표현처럼, 항상 '지각 열차'를 잡은 나 자신이 정말이지 원망스럽다. 이번에는 은유적인 화법이 아니었다.

내가 떠나던 그날의 모습 그대로 어머니를 다시 보려 애쓴다. 그녀는 어떤 옷차림이었고, 얼굴에 어떤 표정을 지었으며, 내가 그녀를 뒤로하고 나올 때 무슨 단어들을 발음했을까?

내가 스스로 곱씹은 온갖 질문—어머니는 몇 달, 몇 년을 이 시설, 그러니까 이 복도, 이 방에서 지내게 될까, 나는 어머니를 보러 몇 달, 몇 년을 랭스에서 30킬로미터 떨어진 이 도시에 오게 될까—은 이렇게 효력을 잃어버렸다. 어머니는 생명의 빛이 꺼지기 전까지 고작 7주를 지낼 것이었으며, 난 이곳에 되돌아오지 않게 될 것이었다.

내가 '슬라이딩 증후군'에 관해 알아본 것은 어머니 사후의 일이었다. 바로 그것이 문제였기 때문이다. 이 개념을 정교화한 프랑스의 노인병 전문의에 따르면, 그것은 "생존에 필요한 모든 에너지를 발휘하고 투쟁하려는 시도의 포기"로 특징지어진다.[3] 이 증후군을 다루는 논문들을 읽으면서 난 그것이 질병, 외과 수술,

사고, 가까운 이의 죽음 등과 연결된 정신적 혹은 심리적 충격 이후에 돌발적으로 일어난다는 것을 알게 된다. 또 '버림받음으로 체험되는 요양원 입소'가 이 증후군을 유발할 개연성이 있는 '충격들'의 목록에서도 꽤 위쪽에 있는 것을 본다.

어떤 의사들은 그것을 '무의식적 자살'로 묘사한다. 그런데 그런 구상 안에서 '무의식적'이라는 단어가 적절한지 의문이다. 앞서 난 케나즈의 소설 『고양이들을 향하여』의 인물을 언급한 바 있다. 그녀는 요양원에 가기를 거부한다. 거기서 잘 지낼 거라고 딸이 거듭 이야기하는데도 말이다. 소설을 읽다 보면, 조금 뒤 우리는 그녀가 거기서 아주 빨리 사망했다는 사실을 알게 된다.

> 어머니가 어제 죽었다! […] 우리가 모셔다 놓은 요양원에서. 그녀는 아무것도 입에 대려 하지 않았다. 사람들이 어머니를 병원에 데려갔다. 그녀에게 링거주사를 맞혀 영양분을 공급했다. 그러고는 그곳으로 다시 데려왔다. 어머니는 다시 먹길 거부했다. 그들은 억지로 먹이지 못했다. 그녀는 더 이상 침대에서 나오지 않았다. 더 이상 살기를 원하지 않았다…[4]

따라서 이는 특수한 경우가 아니다. 그것은 증후군이다. 무의식적이지도 않다. 이제는, 어머니가 적어도 부분적으로는 의식하고 의도한 점도 있다고 믿는다. 물론 손상되어 불명료한 의식 속에서, 하지만 그러한 결정을 내리고 유지할 수 있을 정도로 충분한 의지와 맑은 정신이 어머니에게 남아 있는 상태에서 말이다. 어머니 또한 "더 이상 살기를 원하지 않았다." 거기엔 아마도 많은 용기와 결연함이 요구되었을 것이다. 난 착란으로 정신적 표류가 잇따르는 사이에도 맑은 정신일 때 죽음을 택하고 기다리던 어머니의 머릿속에서 무슨 일이 일어나고 있었을지를 자문한다.

돌아가시기 6, 7년 전에 어머니는 아주 큰 수술을 받았다. 그녀는 생애 마지막 10년 동안 병실 입원을 반복했고, 병원에서 상당히 오래 머물기도 했는데, 수술 때는 입원이 특히 길고 고통스러우며 위험했다. 뮈종에서 어머니의 주치의가 랭스 중심가의 사설 전문 병원에 그녀를 긴급 이송시켰다. 그 병원에는 주치의의 의대 동문이고 실력이 아주 뛰어난 외과의가 있었다. 어머니는 거기 몇 주간 입원했고, 그 가운데 2주는 중환자실에 있었다. 그녀는 매우 고통스러워했다. 그리고 더 이상 싸울 힘이 없다고 느꼈다. 그녀의 마음은 스스로 [세상을] '떠나고' '빠져나가려는' 쪽에 가까웠다. 그랬던 그녀가 자신을 살아남게 해준 에너지를 내면 깊은 곳에서 발견할 수 있었던 것은 사랑에 빠졌기 때문이었다.

아버지가 타계하고 3, 4년 뒤 어머니는 뮈종의

이웃 마을에 사는 한 남자를 알게 됐다. 두 사람이 어떻게 만났는지 자세히는 알지 못한다. 아마도 그녀가 슈퍼마켓에서 장 본 물건들을 나르고 차 트렁크에 실을 때 그가 도와준 것 아니었을까? 어쨌거나 두 사람은 다시 만났다. 그는 어머니 집에서 오후를 보냈다. 그녀는 그와 사랑에 빠졌다. 어머니를 파리에서 며칠 지내시도록 초대했더니 첫날 저녁부터 어머니는 내게 그에 관해 말했다. 그날은 역으로 어머니를 마중 나가서 함께 버스를 타고 어머니가 묵기로 한, 여행 간 내 친구의 아파트로 향했다. 도착하자마자 그녀는 내게 점잔 빼면서도 근심 어린 태도로 말했다.

"네게 하나 묻고 싶은 것이 있다."

"말씀하세요!"

"너는 철학자니까 이런 것쯤은 알겠지. 내 나이에도 사랑에 빠질 수 있다고 믿니?"

"그럼요. 물론이죠. 나이야 어떻든 사랑에 빠질 수 있어요. 왜 그런 질문을 하세요?"

"아, 아무것도 아니야. 그냥 물어보는 거야."

"누굴 사랑하시게 된 거예요?"

어머니는 잠시 머뭇대다 말했다. "넌 내가 미쳤다고 생각할 거다."

"그러니까 맞다는 거군요."

"음… 그래…"

"누구예요?"

어머니는 내게 자기 열정의 대상에 관한 몇 가지 정보를 주었다. 그의 이름은 앙드레였다. 그는 뮈종에서 몇 킬로미터 떨어진 곳에 살았다. 유일한 문제는, 그가 유부남이라는 것이었다.

어머니가 (내가 보기엔 체면치레로) 물었다.

"넌 내가 어떻게 해야 할 것 같니?"

"제 의견을 물어보실 필요는 없어요. 어머니가 하고 싶은 대로 하세요. 핵심은 어머니가 행복하시다는 거예요."

"맞아. 덕분에 난 행복하단다. 네 아버지하고는 결코 행복했던 적이 없지. 하지만 그 사람하고는 좋아."

"그럼 완벽하네요."

"그래, 앞으로도 계속 만날 거야. 그런데 어쨌든 좀 정신 나간 짓이지, 내 나이에 말이야." 이 말을 하면서 어머니는 살짝 웃었다…

어머니는 내게 형제들에게는 이 소식을 전하지 않았으면 좋겠다는 말을 덧붙였다. 그들이 전혀 탐탁지 않게 여길 거라고 어머니는 믿었다.

하지만 얼마 뒤 어머니는 그들에게 사실을 이야기할 수밖에 없었고, 그들은 마음속 깊이 불편해했다.

파리에 계시는 동안 난 어머니를 모시고 파리 식물원에 가서 공룡 갤러리를 방문했고 하룻저녁은 에펠탑에 갔는데, 돌아오는 길에 어머니는 경탄을 금치 못했다. 그녀는 내게 앙드레에 관해 많은 이야기를 했다.

파리 체류 당시에도 이미 상태가 별로 좋지 않았던 어머니는, 속내를 털어놓은 뒤 몇 주 지나지 않아 몹시 큰 통증을 느꼈다. 주치의가 구급차를 불렀다. 그녀는 지체 없이 수술을 받아야 했다.

전문 병원으로 떠나면서 어머니는 우리 형제들 각자에게 전화해 상황을 알렸다. 그러면서 자기 애인에게 집 열쇠 꾸러미를 맡겼다고도 말했다. 이는 형제들에게 걱정을 불러일으켰다.

"어머니가 그 사람한테 열쇠를 맡기시지 말아야 했어. 믿을 만한 사람인지 모르잖아."

내가 말했다. "어머니 열쇠잖아! 그리고 어머니는 그분을 신뢰하시고…"

"우리는 이 아저씨가 누군지 모르잖아. 만약에 그 사람이 집에서 물건들을 훔쳐 가면!"

"그 사람이 훔친다니, 무슨 소리야? 훔칠 만한 것도 없잖아…"

"차고에 있는 아버지 연장들은?"

실제로 아버지는 목공 일에 아주 능했고, 연장을 많이 가지고 있었다… 하지만 그가 이미 몇 년 전에 세상을 떠난 뒤로 집 차고의 숱한 장, 선반, 서랍을 차지한 그의 자재와 장비 일체는 쓰이지도 않고 쓸모도 없이 남아 있었다. 내 형제들은 왜 그것에 마음을 썼을까?

난 그들에게 반박했다. "아버지 돌아가신 뒤로 아무도 안 쓰잖아."

이 문제에 관한 논쟁을 끝내기 위해 다음과 같은 말을 덧붙이며 마무리했다. "이 물건 전체의 4분의 1은 내 몫이니까, 그 사람이 필요하다고 하면 내 몫을 그 사람에게 줄게."

(내가 그걸 가지고 무얼 할 수 있겠는가? 어머니가 돌아가시자 형제들 가운데 한 명이 그것들을 가지고 갔다… 난 흔쾌히 그것들을 넘겼다.)

그러고 나서 대화는 곧 두 사람의 관계 자체에 초점이 맞춰졌다.

"어머니는 정신이 나갔어." 한 명이 말했다.

그들의 이메일과 전화가 많아졌고, 늘 같은 어조였다.

"아버지가 돌아가신 지 고작 3년밖에 안 됐는데, 어머니가 다른 남자와 정분이 나다니."

"어머니는 여든 살이잖아. 누굴 새로 만나려면 아흔 살까지 기다려야 한다는 거야?"

"그 남자가 연하잖아…"

나는 어머니의 나이를 고려하면 그 남자가 열 살 연상인 것보다 연하인 편이 더 낫다고 반박했다.

"유부남이잖아."

"그러니까 그건 우리가 아니라, 두 사람 문제지. 너희랑 무슨 상관이 있어? 거기 왜 참견하려고 하는 거야?"

난 형제들의 순응주의, 도덕적 보수주의에 짜증이 났고, 아연실색하기까지 했다. 난 브레히트의 단편소설 「채신없는 할머니」 속으로 순간 이동했다는 인상을 받았다. 남편의 죽음을 계기로 이 여성은 다른 삶을 산다. 그녀는 영화관에 가는가 하면, 체면이나 남들의 수군대는 소리, 자식들의 반대하는 시선에도 아랑곳없이 다른 남자를 만난다. 다른 아들들은 어머니에게 무슨 일이 일어난 건지, 의사에게 진찰받아야 하는 것은 아닌지 걱정하는 와중에 한 아들만이, 어머니가 '활기차' 보이는데 하고 싶은 대로 하시도록 내버려두자고 반대로 주장한다.

그러니까 브레히트의 이 여성 인물은 "순차적으로 두 삶을 살았다." 더 길었던 첫번째 것이 "딸, 아내, 어머니"로서의 삶이었다면, 훨씬 짧았던(고작 몇 년) 두번째 것은 "대단치 않지만 충분한 생계 수단을 갖추고 의무는 없는 독신"으로서의 삶이었다. 말하자면 "굴종의 오랜 나날" 이후에 "자유의 짧은 나날"이 이어진 셈이다.[5]

이 짧고 아름다운 이야기 속에서 난 어머니의 이미지를 본다. 그녀는 버림받은 아이였고, 열네 살에 '무슨 일이든 하는 하녀'로, 가정부로, 공장노동자로 위치 지어졌다… 그녀는 스무 살에 결혼해 사랑하지 않는 남자와 55년 동안 함께 살았다… 그리고 이제 여든 살이 넘어서 자유를 발견했고, 모든 순간을 즐기겠다고 결심했다. 그런 그녀를 어떻게 비난할 수 있겠는가?

누가 그녀를 책망할 권리를 가로챌 수 있겠는가? 여하튼 어머니는 자식들의 판단에 따라 원상태로 돌아갈 의향이 없었다. 머릿속에서나 그렇게 할 것이었다… 그녀가 '미쳐버린' 것일까? 이 광기의 이름이 '사랑'이라면 그랬을 개연성이 매우 크며, 그녀는 행복했다. 어머니는 대화 내내 그 남자에 관해 이야기했다. 그녀는 문자 그대로 그에게 사로잡혀 있었다. 어머니가 그의 이름을 입 밖에 낼 때마다 난 미소 지으며 라신의 이 시구를 속으로 조용히 되뇌었다. "사랑은 어머니를 얼마나 방황하게 했는지."[6]

그런데 나는 이미 청소년기부터 줄곧 규범적 틀을 위반하는 섹슈얼리티—나의 경우—에 대한 낙인찍기와 추방을 경험했고, 아무도 내 선택에 간섭할 수 없도록 날 조직하면서 삶을 구축했기 때문에, 자연스럽게 어머니의 선택과 어쨌거나 자식들이 부정적으로 판단한다는 이유만으로 그 선택을 포기하지는 않으려는 욕망에 연대감을 느꼈다. 게다가 내 반응이 어떨지("원하는 대로 하세요") 간파했기에 어머니는 내 형제들에게 알리기 전에 내게 미리 알린 것이 아니겠는가? 어머니는 게이 아들의 즉각적인 승인에 의지했고, 그 승인은 그녀에게 모종의 자신감을 불어넣었다. 내가 부정적인 반응을 보였더라도 그녀를 단념시키지는 못했을 테지만, 내 [호의적] 반응이 어머니가 하려던 일을 스스로 감당하기 용이하게 해주었을 것으로 믿는다.

형제들과의 이 어이없는 토론—이 토론에는 대상도 없었는데, 사실 어머니가 그들에게 의견을 묻지도 않았기 때문이다—은 결국 그 자체로 멈춰버리고 말았다. 그들로서는 상황을 받아들이는 것 말고 다른 해결책이 없었다. 그들은 사실을 직시해야 했다. 어머니가 수술 뒤에 살아남은 건, 그녀가 [삶을 위해] 투쟁한 건 바로 사랑 때문이었다는 사실 말이다.

외과 수술 직후 어머니가 아직 중환자실에 있는 동안 우리는 그녀 곁에 아주 오래 머물러 있을 수 없었다. 난 상당히 비관적이었다. 그녀는 고용량의 진통제를 투여받는데도 자신을 공격하며 괴롭히는 끈질긴 고통에 신음했다. 비몽사몽의 상태에서 그녀는 울면서 영원히 '떠나버렸으면' 좋겠다고 되풀이해 말했다. 어머니는 자신을 수술한 외과의에게도 같은 이야기를 했다. "죽고 싶어요." 외과의는 그녀를 나무라며 대답했다. "아, 안 됩니다! 당신을 구하느라 몇 시간이나 걸렸는데요. 제가 한 그 모든 일을 헛수고로 만들고 싶진 않아요. 우리와 함께 있어주신다면 저도 기쁠 거예요." 그런데 어머니가 삶에 대한 의욕을 되찾는 데는 앙드레의 방문 한 번으로 충분했다. 진실은 이것이다. 그녀가 살기를 원했다면, 그건 그와 사랑하며 살기 위해서였다.

어머니가 수술을 받고 회복하기까지 난 전문 병원에

여러 차례 면회를 갔다. 그녀를 그곳까지 끌고 간 것은 극심한 게실염 발작이었다. 게실—장의 탈장증*—에 생긴 염증은 복막염, 즉 [복강 내 장기의] 내벽면이 터져서 결국 무너지는 증상까지 유발할 수 있다. [치료를 위해] 장의 일부분을 들어내야만 했는데, 외과 수술이 응급 상황에서 진행된 데다 이 경우 감염을 피하려면 절단된 양쪽 끝을 곧바로 이어 붙일 수 없었기 때문에 주머니를 다는 의료적 처치가 이루어졌다. 환자는 장을 다시 연결해 복구하는 2차 수술 전까지 석 달 동안 이 주머니를 달고 있어야 했다. 이는 어머니에게 끔찍한 시련이었다. 주머니를 갈아야 할 때면 참기 힘든, 아주 지독한 냄새가 방에 가득 찼다. 내가 면회를 간 날은 어머니가 중환자실을 막 나온 즈음이어서, 그녀와 오후를 함께 보낼 수 있을 거라 생각했다. 난 창문을 열어 방을 환기시키고 싶었는데, 어머니가 금세 다시 닫아달라고 했다. 한겨울이었고, 허약한 상태였던 그녀는 추위를 탔다. 난 냄새 때문에 속이 뒤집혔다. 방에 머무는 것이 불가능했다. 방을 나갔다가 15분 뒤에 다시 돌아왔는데도 상황은 마찬가지였다. 이는 그녀를 한층 비참하게 만들었다. 그녀는 내게 변명하는 투로 되풀이해 말했다. "내 잘못이 아냐… 난 수술받았잖니…" 어머니는 중대한

* 게실憩室이란 내부에 공간이 있는 장기 바깥쪽으로 돌출한 비정상적인 작은 주머니를 말한다. 위장관 중에서도 특히 대장에 많이 나타나는 것으로 알려져 있다.

수술에서 회복 중이었고, 난 내 신체 반응을 통제할 수 없었다. 그녀에게 다음 주에 다시 오겠노라고 말하면서 자리를 뜰 수밖에 없었다.

노르베르트 엘리아스는 잊지 않고 이 점을 강조한다. 질병, 인간 존재의 노화 또는 사망은 냄새와 떼어놓을 수 없다. 한데 "선진 사회는 그 구성원들에게 강한 냄새에 대한 고도의 민감성을 주입해놓았다."[7]

엘리아스가 수행한 사회사적 관점에서의 이러한 조망은 우리가 자신의 반응을 더 잘 이해할 수 있게 해준다. 그것은 우리의 개인적 혐오를 주체성의 집합적 구조 속에 다시 집어넣음으로써, 그런 상황들에서 우리가 느끼는 불편함과 죄책감을 다소나마 완화해주는 이점이 있다. 우리의 감각은 '자연적' 반사작용이 역사적이고 사회적으로 형성된 감수성에 대응하는 자극들에 의해 유발되는 식으로 주조되어 있다.

앙드레는 확실히 나에 비해 '강한 냄새'에 덜 민감했다. 그렇지 않다면 그는 냄새를 잊을 만큼 어머니에게 상당한 애착을 느끼고 있었던 것일 테다. 그는 면회 와서 어머니와 함께 시간을 보냈다.

어머니는 뭐종의 자기 집으로 돌아갔다. 나는 전화로 그 집에 의료용 침대를 주문, 배송해 1층 응접실에 설치하게 했다. 그곳에서 어머니는 천천히 수술 후 회복 과정을 거쳤고, 앙드레를 계속 만났으며, 기회가 닿을 때마다 내게 그에 관해 이야기했다. 이는 오래 지속되었다. 어머니에게 인지 장애가 나타나기 시작했을 무렵, 그는 그녀의 행동이 이상해졌다는 사실을 눈치챘다. 어머니는 식탁 위에 햄 봉지를 펼쳐 놓고는 냉장고에 다시 넣지 않은 채 내버려두는 일을 자꾸 반복했다. 비슷한 종류의 좀더 경미한 또 다른 단서들도 나타났다. 하지만 특히나 어머니가 그 사람에게 아주 공격적으로 변했다. 어머니는 그가 늦었다거나 자주 오지 않는다거나 그 밖의 이런저런 이유로 화를 내기 시작했다⋯ 어머니는 더 이상 뮈종이 아니라 랭스의 인접 코뮌인 탱큐에 살고 있었는데, 그로서는 그녀를 예전처럼 만나러 오기가 훨씬 어려워진 셈이었다. 어머니는 질투에 시달렸는데, 그가 그녀 외의 다른 사람들(특히 건강에 문제가 있는 그의 아들)에게 할애하는 시간을 엄청나게 질투했다. 또한 그가 본처와 이혼하고 자신에게 정착하지 않는 것을 점점 더 견디기 어려워했다. 그의 입장에서 그것은, 내가 보기엔 어쨌든 완전히 논외의 문제였는데 말이다. 마침내 그는 자신이 그런 상황에 대처할 능력이 없다고 판단하기에 이르렀다. 그는 나와 형제들에게 메시지를 보내 그 사실을 알렸다. 그리고 [어머니의] 아파트 열쇠를 식탁 위에 두었다(그가 열쇠 꾸러미를 갖고 있었기 때문이다). 사랑의 역사는 끝났다. 그것은 되돌릴 수 없었다. 바로 얼마 뒤 요양원 입소는 어머니에게 치명타를 날렸다. 언젠가 그가 어머니를 보러 올 것인가? 어머니는 기다리고 기대했다⋯ 당연한 일이었다.

나로서는 어머니에게 그 반대 상황을 믿게 하기가 어려웠다. 그가 온들, 모든 것은 예전 같지 않을 것이다. 그가 왔던가? 난 이 물음에 대한 답을 모른다. 설령 왔더라도 그것만으로는 사태의 전개를 변화시키기에 충분치 않았다. 그녀는 이미 나동그라졌다.

이 사랑의 끝은 살고자 하는 어머니의 의지에 마침표를 찍었다.

어머니는 작별 인사를 하러 자식들을 불러 모으지 않았다. 그녀는 이미 어느 때부턴가 우리와 연락을 끊었다. 휴대전화로 연락해도 더 이상 받지 않았다. [요양원] 교환대를 거쳐 방 안의 유선전화로 연락하려 해도 닿지 않았다. 간호사에게 이런 말을 들었다. “어머님은 아들들이 귀찮게 군다고 불평하시던데요.” 그녀가 설명했다. 사실 어머니가 전화를 받지 않는다고 우리끼리 서로 조율도 없이 전화를 번갈아 다시 걸다 보니, 연이어 계속 울리는 벨 소리가 그녀에게는 훼방이자 공격이었을 것이다. 그녀는 고요를 열망했고, 잠들고 싶어 했다.

어머니와 마지막으로 나눈 대화(역시 마지막일 줄 몰랐다)를 떠올리면 슬프고 괴로워진다. 어머니는 열정적 사랑의 상대에게, 그와의 마지막에 사로잡혀 있었다.

어머니가 그에게 어느 정도로 집착하고 있는지

확인할 기회가 있었다. [어머니가 돌아가시기] 몇 달 전 [연극 연출가] 토마스 오스터마이어와 그의 팀이 나와 함께 어머니 집을 방문했을 때의 일이다. 『랭스로 되돌아가다』를 각색한 공연에 쓸 어머니의 영상을 촬영하는 자리였는데, 그녀가 갑자기—그것도 촬영 중인 카메라 앞에서—앙드레에 관해 말하며 엉뚱한 이야기를 꺼냈다. "오! 그 사람은 심장 수술을 받아서 대단하게는 못 해요… 우린 그냥 애무만 한답니다."

난 중얼댔다. "어머니, 무슨 말씀을 하시는 거예요…"

"제정신이 아니신 거지." 상황이 끝났을 때 혼잣말이 나왔다. "정상적으로 말씀하시다가도 갑작스럽게 횡설수설하시니."

난 온몸이 굳었다.

훨씬 나중에도 그랬다. 몇 차례 시도 끝에 통화가 성사되었는데, 어머니가 요양원 침대의 깊은 안쪽에서, 고통과 절망의 깊은 곳에서 나오는 이상한 말들을 늘어놓았다.

"내가 임신했다고 네게 얘기했던가?"

"음… 아뇨, 그런데 어머니 연세에는 안 될 것 같은데요."

"아, 사실이다… 내 생각도 그랬지. 어쨌거나 난 아이를 계속 간직하진 않을 거다."

"하지만 어머니…"

"앙드레를 더 이상 만나고 싶지 않으니까 말이야. 그

사람은 자기가 유부남이라는 말을 내게 안 했다."

"뭐라고요?"

"그 사람을 어제 벨기에의 축제에서 봤지…"

"어제요? 벨기에의 축제에서요?"

"그래, 시장 축제에서. 자기 처와 함께 있더라. 그 사람은 자기가 유부남이라고 내게 말한 적이 없다."

"아니에요, 어머니. 처음부터 알고 계셨잖아요. 그 사람을 만났을 때 어머니가 제게 그 이야기를 하셨는데요…"

"아니야. 결코 자기가 유부남이라고 말한 적이 없어… 그래서 차버렸어. 내가 말했지. '어서 꺼져버려. 난 당신 더 보고 싶지 않아.'"

"그렇군요, 그래서…"

"그래서 난 아이를 원하지 않는다…"

어머니는 그 사람을 사랑했고, 그가 어머니를 보러 와준 덕에 잇따른 외과 수술과 입원 뒤에도 살아남을 수 있었다. 어머니는 그 사람을 언제나처럼 사랑하는데, 그가 이제 와주지 않기 때문에 더 이상 살아남기를 원하지 않았다. 물론 그것은 내가 보기엔 아주 의식적이었던 이 '무의식적 자살'의 여러 요인 가운데 하나에 불과하다. 원인은 다양하고, 분명히 어떤 것들은 똑같이 결정적이었으며, 아마 더 크게 작용한 것도 있을 테다. 예컨대 신체적 자율성의 거의 전면적인 상실과 그녀가 그토록 고통스럽게 불평했던 실질적 감금 상태가 대표적이다.

그럼에도 '슬라이딩 증후군'을 촉발하거나 강화할 수 있는 요인들의 목록에 실연의 고통이 언급되지 않는다는 점이 놀랍다. 아마도 그 사례들이 의학적 분류 체계 속에 등장할 만큼 빈번하게 발생하거나 충분히 정리되지 않아서일 것이다. [노인들의 사랑이라는] 이런 현실은 금기에 가까워서 의사들(노인병 전문 의사이건 정신과 의사이건)은 이를 제대로 고려하지 않는다. 하지만 '버림받았다'라는 감정과 거기서 비롯하는 치명적 결과는 단지 가족 관계에만 국한될 수는 없는 일이다. 사랑에 빠져 그로 인해 죽을 만큼 불행한 '채신없는 할머니'의 비탄은 임상의학의 도표 안에서 온전한 제자리를 차지해야만 한다.

6

요양원의 어머니 방에서 종이 한 장이 발견되었다. 거기에 어머니는 제도화된 용례에 따라 '마지막 유지遺旨'라고 불리는 것을 적어놓았다(또는 끄적여두었다는 편이 더 맞을 수 있는데, 당시엔 그녀가 글을 쓰는 데 어려움을 겪었기 때문이다). 그런 지침을 받는 사람들은 거의 언제나 그것을 존중해야 한다는 의무감을 느낀다. 이는 당연히 문제—이에 대한 답변은 보기보다 간단하지 않다—를 제기한다. 그것은 망자亡者들과, 그들 부재의 현존과, 기억과, 더 이상 이 세상에 없는 사람들에 대해 우리가 자임하는 도덕적 의무와 맺는 사회적·문화적 관계라는 문제다(도덕적 의무는 법적 의무와는 또 다르다. 후자의 경우에 '유지'는 예컨대 공증인 앞에서 유언장이라는 형식 아래 표명되었다 해도 모종의 영역, 특히나 상속 영역에만 관련될 따름이다). 포크너의 소설 『내가 죽어 누워 있을 때』에서 고인이 된 애디 번드런의 가족은, 농장에서 약 64킬로미터 떨어진 고향에 묻어달라는 애디의 소망을 완수하는 데 남편이 그토록 열중하지 않았더라면 갖은 재앙을 피할 수 있었을 것이다.*

* 윌리엄 포크너, 『내가 죽어 누워 있을 때』, 김명주 옮김, 민음사, 2003.

[큰비로] 물이 불어나 다리가 떠내려갔는데도 그들은 흔들리는 수레에 관을 싣고서 강을 건너야만 했다. 남편 앤스 번드런은 아내에게 맹세를 했으니 별수 없다는 말을 반복한다. 하지만 우리는 온갖 대가를 치르면서 그 약속을 지켜야 한다는 것이 무슨 의미를 지니는지 자문하지 않을 수 없다(그러지 않았다면 서운하게도 소설의 소재 또한 없었을 거라는 점은 빼고서 말이다). 더욱이 그의 아들 가운데 한 명도 나와 같은 질문을 던진다. 그래서 그는 하룻밤 그들을 맞아준 농부들의 헛간, 독수리들이 달려들지 못하도록 관을 맡겨둔 그곳에 불을 지른다. 사실 그 짓은 사태에 변화를 가져오지도 못했는데, 다른 형제가 관을 불길에서 구해내기 때문이다. 그리하여 가족은 새로운 재난을 겪으며 장례 서사시를 계속해나가게 된다.[1]

어머니는 자기 시신을 화장해달라고, 또 신부님이 와서 축도해주었으면 한다고 부탁했다. 어머니에게 그런 바람은 무슨 의미였을까? 정신이 온전치 못한 상황에서 마지막 순간에 내려진 결정이었을까? 아니면 오랫동안 꿈꿔왔던 것일까? 언제나? 난 이해할 수 없었다. 신부님? 축도라고? 어머니는 신자가 아니었다. 성당에 나가지 않았고 기도도 드리지 않았다. 그녀는 사람들이 아주 막연하나마 종교적 신앙에 대해 가질 법한 애착의 감정을 조금도 드러낸 적이 없었다… 어머니가 "저 하늘나라로 내가 떠나면…" 같은 관용 표현을 쓰는 일은 있었다.

하지만 그 표현에서 '죽음'을 직접 언급하지 않으면서 자신의 죽음에 관해 말하는 진부한 방식 이외에 다른 것을 보기는 어려웠다. 그것은 그녀가 역시 종종 내뱉던 또 다른 문장, "내가 떠나게 될 때… 그러니까 내 말은 내가 영영 떠나게 될 때…"라는 문장과 다를 바 없었다.

난 살면서 내내 종교적 의례가 (귀족, 부르주아, 프티부르주아 같은 다른 계급의 삶 못지않게) 노동계급의 삶에 어느 정도까지 리듬을 부여하는지 확인할 수 있었다. 세례, 성체성사, 결혼식, 장례식은 기쁘든 슬프든 가족 회합과 잔치의 기회였다. 난 영세를 받았고, 집 근처 교회에서 교리 교육을 받았다. 이후에 '성체성사'의 의례가 있었다. 이날 점심 식사 때 찍힌 단체 사진들을, 어머니가 펌에 입소할 때 가져온 종이 상자들에서 발견할 수 있었다. 거기엔 각각 열세 살, 열한 살이었던 형과 내가 할머니 댁 앞에서 [첫영성체를 받는 사람이 입는] 긴 흰옷을 입고 삼촌, 숙모, 사촌 들과 함께 모여 있었다. 나는 웃고 있었지만, 형은 이 가면무도회를 따라야만 하는 상황에 굳은 표정으로 불만을 드러내고 있었다. 사실 난 부모님이 왜 우리에게 그것을 강요했는지 궁금했다. 한 친구가 내게 간단히 설명해주었다. 아이들을 교리 교육에 보내는 건, 일 나가는 부모가 아이들이 학교에 안 가는 날 돌봄을 맡기기 위해서라고. 확실히 그럴 것이다. 그런데 나는 이때 말고는 종교적 권위에 대한 반감을 상당히 거칠고 적나라한 용어로 드러내는 계층에서 교권제도와 맺는 이런 관계에는 뭔가 다른 것이 작용했다고 믿는다. 난 그 사진들을 집에 들고 와서 금세 별생각 없이 찢어발겨 버렸다. 그것들이 속을 뒤집어놓았기 때문이다. 이제 와서 난 이 일을 후회하는데, 그 사진들은 아카이브가 드문 계층에서 나온 사회적 아카이브의 훌륭한 사례였기에 그렇다.

건축물이자 문화적 틀인 교회는 언제나 사진을 통해 그 기억을 간직하는 가족적·사회적 시간의 장소였다. 장례식만은 예외로 보인다. 난 아버지의 장례식 사진을—존재할 수도 있겠지만—한 장도 찾지 못했다. 어머니의 장례식 때도 사진을 찍지 않았다. 아마도 그런 상황에서 사진을 찍기가 불경스럽게 여겨져서일 것이다. 아버지를 랭스에서 화장하기 전에 어머니는 당시 두 분이 함께 살았던 뮈종의 교회에 장례미사를 마련해 거행했다. 이는 내게 좀 기이해 보였다. 아버지는 살아생전에 교회 안으로 결코 들어가지 않았기 때문이다. 어떤 경우든 그는 예식이 끝날 때까지 다른 남자들과 교회 앞 광장에 남아 떠들어대는 편을 택했다. 마치 노동계급 좌파의 암묵적인 규칙이 그들에게 그렇게 하도록 규정하고 모든 이가 그것을 준수하는 것처럼 말이다. 다만 아버지도 자신의 결혼식 때만은 예외였던 것 같다. 그러니까 어머니에게는 그녀의 소망에 따라, 화장할 때 신부님이 내려주는 축도가 교회 미사를 대체했다. 솔직히 누가 탱큐 교회에서 미사 준비를 맡을 수 있었겠는가? 그

교회는 어머니가 핌 에파드에서 생을 마감하기 전에 몇 년간 살았던 신축 공영주택 단지 바로 앞 광장에 있었으니 말이다. 어쨌거나 어머니가 끄적여둔 마지막 메모에는 미사에 관한 언급이 없었다. 이는 모두를 만족시켰다.

형제 중에 한 사람이 이 '예식'(이 음울한 상사喪事의 순간을 어떻게 달리 명명할 수 있을까?)을 도맡아 어머니가 원한 대로 일을 진행했다. 그는 내게 편지로 절차와 날짜, 시간을 알려주었다.

> 따라서 우리는 고인의 유지를 존중해 어머니가 바란 대로 장례를 준비했습니다. 종교적 축도, 화장, 추억의 정원Jardin des souvenirs에서의 산분散粉. 종교 예식은 화장 전에 화장장에서 곧장 거행될 것입니다. 신부님이 현장에서 우리를 맞아주실 예정입니다.

종교와의 관계, 아니 차라리 종교와 무관해진 종교 예식과의 관계는, 곳곳에 퍼져 있는 조용한 형태의 믿음과 신앙—난 그다지 반박당할 염려 없이 우리 가족에게 그런 것은 전적으로 부재했다고 단언할 수 있다—보다는 생애 단계의 어떤 의례화된 구획 짓기에 대한 애착에 준거를 둘 수밖에 없다. 이는 장례식의 사전 관리에까지 이르는데, 여기에서 건축물이자 제도로서의 교회는 일상적 시간성을 벗어난 순간들에 모종의 격식과 위엄을 부여하는 표지이자 장소가 된다. 마치 우리가 갖고 싶은 존엄한 자기 이미지와 해야만 하는 일 사이에서 일관성을 유지하는 것이 역시 문제인 것처럼 말이다. (다른 이들 못지않게 자기 자신에게) 주어진 이미지, 존엄성, 체면에 대한 염려는 전통에 따르도록 명령한다. 전통은 그것에 복종하는 사람들에게는 성찰 없이 복종해야 하는 사회적 명령—이래왔다, 그것이 전부다—이라는 것 말고는 다른 의미를 갖지 않는다.

물론 영속하는 [종교] 제도와 예식, 예법에 의거함으로써 수십 년에 걸친 가족의 변화와 간극에도 불구하고 집안의 결속력을 복원하고 연출하는 것 또한 문제가 된다. 예식은 20, 30명이 몇 시간씩 이어지는 긴 점심 식사를 위해 모이는 회합과 잔치의 기회이기도 했다. 이때(세례, 영성체, 결혼식 때) 사진 촬영은 일종의 구두점 역할을 하는데, 즉흥적으로 이뤄지는 것처럼 보이지만 실제로는 별로 그렇지 않다. 촬영은 가족의 영속성과 결속력을 입증하는 동시에 생산하며, 아니면 적어도 가족의 영속성과 결속력이라는 사회적 픽션을 생산한다.

어머니가 세상을 떠날 당시엔 더 이상 모이거나 '생산할' 가족조차 거의 남아 있지 않았다. 아버지의 여동생들(앞서 묘사한 예전 영성체 사진들에 나오는 내 고모들)은 어머니에게 잔뜩 화가 나 있었기에 장례식에 오지 않았고, 앙드레도 마찬가지였다. 우리 형제들 가운데 두 사람과 그 반려자들만 화장장에 모였다(레위니옹에 사는 셋째는 두 달쯤 전에 [어머니를 보러] 이미 긴 여정을 감수한 바 있었기에 다시 오지 않았다). 나로 말하자면, 모든 일을 도맡았던 막냇동생(그는 이런 말로 불만을 토로했다. "나이도 제일 어린 내가 장례 일을 전부 맡아서 해야 하다니 말이야")에게 간단히 편지를 썼을 따름이다. 난 장례식에 참석할 수 없고, 대신 동생이 요양원의 방을 비우면서 가져온 상자들에서 몇몇 자료와 사진 들을 챙기러 나중에 로슈포르에 있는 그의 집에 들르겠다고 말이다. 이 말은 공염불이 되었다.

난 신부의 영접을 받는 모습을, 더더군다나 축도를 받는 모습을 상상할 수 없다. 뭐 하러 그러겠는가? 난 아버지의 장례식에 가지 않았고, 어머니의 장례식에도 가지 않았다. 유분遺粉마저 '추억의 정원'에 뿌려졌으니 고인의 묘소에 헌화하거나 '묵념'하러 갈 가능성도 완전히 사라졌다. 그런데 그것이 다 무슨 소용이겠는가? 우리와 가까웠던 사람의 유골이 밑에서 먼지가 되어가고 있는 석판 앞에 꽃을 놓는 일이 무슨 의미를 지닐 수 있겠는가?

윌리엄 마셜의 화려한 장례식을 서술하면서 뒤비는 향수를 느낀 듯 보인다. 그는 이렇게 쓴다. "우리는 더 이상 화려한 죽음이 무엇인지 알지 못한다. 우리는 죽음을 감추고 침묵하며 곤란하다는 듯 가급적 빨리 비워버린다. 우리에게 좋은 죽음은 외롭고 신속하며 은밀해야 한다. 그런 우리인 만큼, 마셜이 위대한 경지에 도달한 덕분에 [죽음이] 예외적으로 생생한 빛 속에 놓이게 되었다는 점은 도움이 된다. 우리는 옛 방식으로 치러지는 죽음의 의식을, 그 세부 사항을 차근차근 따라간다. 그때 죽음은 도피구도 비밀 출구도 아닌, 조절되고 통제된 느린 접근, 전주곡, 하나의 상태에서 다른 우월한 상태로의 장엄한 전환, 결혼식만큼이나 공적이고 왕의 도시 입성만큼이나 장중한 이행이었다. 이런 죽음은 우리가 잃어버린 것, 아마도 그리워하는 것이다."[2] 서민들의 장례식은 훨씬 덜 웅장했을 거라는 짐작과 함께, 나는 애도의 광채에 대한 이런 이끌림이 의미하는 바가 무엇인지 되묻게 된다. 1970년대에 필리프 아리에스가 출간한 저작들에 영감을 받아 성대한 장례 의식과 그 연극성, 슬픔과 고통의 과시적 전시의 상실을 애석해하던 사람들에게 난 공감한 적이 없다.[3] 그보다는 항상 친구들의 죽음에 혼자서, 또는 아주 친밀한 소수의 지인들 틈에서 눈물 흘리는 편을 선호했다. 지난 20여 년간 내가 참석했던 유일한 장례식은 피에르 부르디외의 장례식이었다. 유족들이 그와 가까웠던 20여 명의 지인과 함께 나를 초대했다. 이 침울한 순간에 몇몇 친구와 이야기를 나누고 고인과의 기억을 공유한 일은 내게 약간의 위안을 가져다주었다. 하지만 그 뒤로 다시 그의 묘소를 찾지는 않았다. 난 묘지에 자주 드나들지 않는다.

난 죽음-지워짐mort-effacement에 관한 푸코의 말을 좋아한다. 그는 아리에스의 탄식과 힘 있게 결별하는 발언에서 이렇게 이야기했다.

> 죽음은 사건 아닌 것non-événement이 되었다. 대개 사람들은 사고사가 아니라면 약품들의 덮개 아래 죽는다. 그리하여 그들은 몇 시간, 며칠 또는 몇 주간 의식을 완전히 잃는다. 그들은 지워진다. 우리는 의료와 제약이 죽음과 동반하면서 죽음으로부터 고통과 극적 성격을 앗아가는 세상에 살고 있다.
>
> 난 무언가 통합적이고 극적인 거대 의례로 되돌려지는 죽음의 '정화'에 관한 온갖 이야기를 별로 지지하지 않는다. 관 주변의 소란스러운 눈물들이 언제나 모종의 냉소주의에서 면제되는 것은 아니다. 거기엔 상속의 기쁨이 뒤섞일 수도 있다. 난 이런 종류의 예식보다는 사라짐disparition의 부드러운 슬픔을 더 좋아한다.
>
> 지금 우리가 죽음을 맞는 방식은 내게는 오늘날 통용되는 어떤 가치 체계, 어떤 감수성을 명확히 나타내는 듯 보인다.
>
> 향수 어린 충동 속에서 더 이상 아무 의미 없는 관행들을 되살리고자 하는 데는 몽상가적인 무언가가 있다.
>
> 그보다는 차라리 죽음-지워짐에 의미와 아름다움을 부여할 수 있도록 노력하자.[4]

3부

1

난 너무 늦기 전에 아버지와 이야기해보려 하지 않은 걸 후회했다. 사실 그와 나 사이에는 모든 것이 언제나 너무 늦었다. 그 후회는 어떤 구체적 순간에, 어떤 어긋난 기회로 찾아올 수 있었을까? 우리 사이에 파인 간극은 단절의 결과가 아니라 점진적인 멀어짐의 산물이었다. 일찌감치 시작된 그 멀어짐은 상당히 빨리, 거의 전면적이고 돌이킬 수 없게 되었다. 화해는 결코 논의 주제가 아니었다. 우리가 어떻게 대화를 시작했을지, 혹은 그냥 단순히 어떻게 운을 뗄 수 있었을지 잘 그려지지 않는다. 진실은, 내게 그를 만나고 싶은 마음이 조금도 없었다는 것이다. 난 어머니와는 다른 식이길 바랐다. 아버지가 알츠하이머 환자들을 수용하는 전문 병원에 들어가시고 나서, 특히나 돌아가신 뒤에는 더더욱 수시로 어머니를 보러 갔다. 마치 아버지의 존재가 어머니와의 '정상적인'—맥락상 이 단어에 부여할 수 있는 의미가 무엇이든 간에—관계, 혹은 어쨌든 잠잠해진 관계에 주된 장애물이었다는 듯이 말이다.

우리는 전화로 아주 많은 이야기를 주고받았다. 난 어머니와의 관계를 재발견 내지는 재구축했다. 어려움이 없지는 않았다. 그러나 그 정도로는 부족하다는 걸 충분히 의식하고 있었다. 내 쪽에서 귀환과 재회의 몸짓은 너무나 인색했고, 방문은 너무 드문드문 짧기만 했다. 아무리 애초 마음먹은 것보다 좀더 시간을 할애한다 해도, 어머니를 찾아뵙는 건 마치 내가 애지중지 여기는 얼마 없는 시간을 쪼개 간신히 낸 순간들 같았다.

그러니 살아 계실 때도 그리워하지 않은 어머니를 이제 와서 그립다고 말할 자격이 내게 있겠는가? 그런데 어머니가 타계한 이후 몇 달 동안 난 이상한 반사 행동을 하게 되었다. 그녀에게 뭔가를 물어보려고 전화하는 것이다. 전화기 저편에 아무도 없기에 아무런 대답도 들을 수 없는 질문을 말이다. 사실 어쩌면 단순한 일이다. 내 삶 속에서, 개인적 정체성 안에서, 자기 규정 안에서 무언가 변화했다. 난 아들이었고, 이제는 그렇지 않다. 어머니 생전에 우리 관계가 아무리 멀고 간헐적이었다 해도, 그리고 근본적으로 내가 평생 아들로서 노력한 적이 거의 없었다 해도(이렇게 말하자. 난 더 이상 아들이기를 원하지 않았고, 그래서 괴로웠다고) 난 언제나, 그럼에도 불구하고 아들이었다. 게다가 이제 나이 들고 점점 병들어가는 어머니를—약간—돌본 지난 몇 년간 다시 아들이 되지 않았던가. 그렇다. 아들이 바로 나였다. 난 정말로 아들이길 그친 적이 없었다.

앞으로 난 아들이 아닐 것이다. 알베르 코엔이 어머니의 별세를 애도하며 그녀에게 헌정한 책에서 우리는 이 단호한 문장을 읽을 수 있다. "난 결코 더 이상 아들이 아닐 것이다."[1] 그것은 개인적 정체성 안에 생겨난 균열과도 같다. 아들이었으나 더 이상 그렇지 않다는 것. 내게도 일어난 일이다. 더 이상 아들이 아니라는 것, 그리고 문화적·정신적으로뿐만 아니라, 이번에는 정말로 내가 더 이상 아들이 아니라는 사실을 점차 의식하게 되는 것.

개인적·사회적 정체성은 분명 우리가 다양한 층위registres의 복합성 속에서 차지하는 '자리들'에, 사회 세계의 이 다양한 차원들 안에서 다른 사람들과 맺는 관계에 관련되어 있다. 부모나 가까운 이의 죽음은 어느 정도 깊고 지속되는 정서적 상처를 낸다. 마찬가지로 그것은 고인과의 관계에서 유래한 개인적 정체성과 자기 규정의 어느 부분까지 도달한다. 케르테스 임레는 이렇게 쓴다. "우리 정체성에서 아르키메데스의 점은 명백히 타자*autre*다. 그의 존재는 나의 정체성 의식conscience identitaire이다. 타자의 부재는 그의 애정의 상실과 애도 말고도, 역할의 상실에서 기인하는 불확실성을 초래한다." 또한 우리가 소중한 존재를 잃으면서 '역할'을 상실할 때, 그에 대한 '배반'을 저지른다고 느낄 수 있고 자기 시각에서 스스로를 정당화하고자 애쓴다. "말하자면 우리는 끊임없이 자신을 정당화한다. 애도는 살아남은 자의 죄책감이다."[2]

사회적 '역할,' 그리고 그것과 뗄 수 없는 정체성에서 벗어나는 데는 시간이 걸린다. 혹시 우리는 이 '역할'에 언제까지나 영원히 사로잡혀 있는 것일까?

어느 날 불시에 부재하게 되는 이 '타자'는 다른 사람들과 우리를 연결하는 관계의 성격이 상당히 다를 수 있는 만큼 다양한 얼굴, 다양한 개인적·사회적 형상을 가질 수 있다. 가족, 연인, 친구 관계가 있는가 하면, 직업적, 지리적, 민족적, 문화적, 정치적, 조직적, 스포츠적, 종교적 관계들 또한 있다. 우리는 부모, 친구, 직장 동료 등 누구와 함께 있는지에 따라 조금씩 다른 사람이 된다… 그렇기에 삶 속에, 우리 자신의 가장 깊은 곳에 이 모든 '타자들'이 다채롭게 현존하는 데서 비롯하는 '정체성 의식'은 필연적으로 다원적plurielle이며 혼성적composite이다. 결국 우리 자신의 실재를 구성하는 건, 사르트르가 카를 야스퍼스에게서 빌려온 개념을 다시 취하자면, 단편적이고 이질적인 '정체성들'의 '종합적 통일성unité synthétique'이다(비록 사회적 하비투스habitus와 그 변화, 재구성이 대개 이런 종합적 통합의 결정 원리들 가운데 하나로, 또는 반대로 종합의 불안정한 '통일체' 안에 영속하는 긴장들의 결정 원리들 가운데 하나로 계속 있지만 말이다). 또 이 '타자들' 중 누군가와의 존재론적 단절이 일어날 때마다, 어떤 관계가 지워지거나 사라질 때마다, 그 부재로 인해 우리는 '역할들' 가운데 하나를 잃어버린다. 결과적으로 이는 개인적 정체성의 언제나 잠정적인 '통일성'을 보장했던 '종합'에 영향을 미치고 그것을 불안정하게 하며 변형시킨다. 여기서 잃어버린 '역할'은 바로 아들 역할이다. 그리고 이 말을 덧붙여야만 한다. 그것은 노동계급에 속한 부모를 둔 아들의 역할이며, 따라서 그에게 남은 것은 그가 아주 오래전부터 뒷전에 버려두었던 이 계급과의 관계들이라고. 사라진 것은 어떤 면에서, 어느 정도까지는 '정체성,' 혹은 적어도 이 자식 '역할'에 항상 붙어 있는 개인적 정체성의 일부인 셈이다.

한데 고백해야겠다. 이 아들 '역할,' 자식 노릇이 내게도 진정으로 맞지 않았노라고. 우리가 그 '역할'을 단순히 무성의하게 수행하는 행동과 태도의 총체로 환원하지 않는다면 말이다(설령 그렇게 환원하더라도 그것은 어쨌거나 사회적·심리적 실재로 존재하는데, 존재 양식과 발화 양식을 규정하고 그 '역할'의 정의 안에 들어가는 의례, 코드, 규칙을 부과하며, 이 모든 과정과 연계된 복합적·모순적 감정들을 주조하기 때문이다). 나는 그 역할이 늘 내 바깥에 있는 것처럼 살았다. 내게 가장 중요한 '정체성'은 지적 작업을 향한 투신이며, 그것과 곧장 연결된 내 친구들과의 삶이다. 즉 선택된 관계성으로서의 우정, (푸코가 즐겨 쓰던 표현들을 가져오자면) '스타일' 혹은 '실존의 미학'으로서의 우정이 내게는 태어나면서 주어지고 호적에 등록된 관계들보다 언제나 훨씬 더 중요했다. 더욱이 이제 우리는 왜 가족 관계나 부부 관계만이 현행 법률에 의해 인정받는지 의문을 제기하고 있다. 우정의 관계 역시 다른 관계

못지않게 인정받을 수 있어야 한다.[3]

그리하여 나는 어쨌든 아들이긴 했지만(생신이나 크리스마스, 새해가 되면 어머니에게 전화를 드렸다), 의심할 여지 없이 아주 나쁜 아들이었다. 그리고 이 아들 '역할'이 결정적으로 소멸했다 해서 내게 과거와 현재의 나 자신(내 부모의 자식이기보다는 내 친구들의 친구)에 대해 더 심원하고 정확한 '진실'을 드러내거나 보여주지는 않았다. 그 진실은 이미 청소년기에 확립된 후로 줄곧 강화되기만 했기 때문이다. 예를 들면, 나는 청소년 시절의 트로츠키주의 참여가 단순히 그 정치 이데올로기를 지지해서만은 아니었다고 말할 수 있다. 그것은 또한 가족적 틀 내에서 부재하는 것('문화' 영역에 속하는 모든 것)에 내가 다가갈 수 있게 해주었고, 나 자신에게 우정의 네트워크, 지적 관계의 서클을 만들어주려는 욕망—노동자는 별로 없었고, 교사와 학생들이 많았기 때문이다—에 부응했다. 열여섯 살부터 서너 해 정도 아주 적극적인 활동가 공동체에 합류함으로써 나는 문화—책, 영화, 연극 등—에 자명하고 특권적인 위상이 주어진 세계 안으로 들어갔다. 68혁명 이후의 정치적 흥분과 그것에 동반된 지적 격양—일반화된 비판—은 다른 수많은 이에게 그랬듯 내게도 사상, 이론, 문학에 대한 이해 관심의 벡터들 가운데 하나를 표상할 것이었다.

이러한 정치적-지적 연줄 만들기는 사회적-가족적 연줄 벗어나기désaffiliations와 나란히 갔다. 난 이 시절부터 아들 '역할'을 최소한으로 축소하려 했다. 일부러, 스스로 그러기로 한 만큼 아무런 후회도 없었다. 사회적 거리와 밀접한 상관관계에 있는 가족적 거리는 해가 갈수록 점점 더 벌어져만 갔고, 내가 파리에 정착하게 되면서 한층 더 벌어졌다. 그러나—이는 틀림없이 겉보기에만 역설적일 텐데—이 부인된 자식 정체성이 아버지의 죽음과 함께 부분적으로, 이후 어머니의 죽음과 함께 전면적으로 사라져버리자 내 안에서 모종의 '죄책감'—케르테스는 이 점에서 타당하다—이 솟아올랐다. 그리고 나 자신을 '정당화'하려는 욕구가 아니더라도 최소한 이 '역할,' 그 사회적이고 따라서 정서적인 힘을 이해하기 위해서는 사회학적이고 이론적인 분석이 필요하다는 확신에 가까운 생각이 들었다. 역할은 집요한 자명성의 다양한 양태 속에서 계속 쉴 틈 없이 우리에게 되돌아오기 때문이다. 바로 그렇기에 우리는 역할과 끊임없이 거리를 두어야만 하고, 역할의 규범적 감독에서 벗어나 다르게 살기 위해 역할을 감내하고 싶지도, 그것에 합치되고 싶지도 않다고 재차 확인해야만 하는 것이다.

다음과 같은 사실 역시 부연해두어야만 한다. 온갖 정보 제공에 서류 작성까지 포함하는 장례를 형제들과 함께 치르는 동안 낯설게도 우리 사이에 주로 (전화나 이메일로) 거리는 두었을망정 한동안 어떤 관계가 다시 만들어졌다. 이 재구축된 관계가 오늘날까지 이어지지는 않는다 하더라도, 돌아가신 어머니의 기억을 내가 암묵적으로나마 그들과 아직껏 공유하고 있다는 사실에는 변함이 없다. 난 때때로 이상한 기분을 느낀다. 더 이상 아들이 아닌 내가 흐릿하나마, 막연하나마 다시 형제가 되어, 이를 매개로 기어코 아들로 남아 있다고. 형제가 된다는 것은 아들로 남아 있다는 것을 함축하기 때문이다.

이 점을 강조해야겠다. 케르테스의 멋진 언급들을 심리학화하지 않는 편이 좋겠다고 말이다. 뒤르켐 사회학의 전통은 우리에게 다음과 같은 사실을 가르쳐주었다(이 논의는 특히 애도 의례와 관련되어 있지만, 훨씬 넓은 범위에도 적용 가능하다). 즉 마르셀 모스가 적었듯, 감정은 "순전히 심리학적이거나 생리학적인 현상이 아니라, 근본적으로 비자생성과 가장 완벽한 의무의 기호로 특징지어지는 사회적 현상이다." 감정의 표현과 전시가 사회적·집합적 의무의 지배를 받는 건 물론이고, 있는 그대로의 감정 또한 그 자체로 개인적이거나 자생적인 것은 결코 아니다. 그것은 사회적, 집단적 구속에 의해 생산된다.[4]

가족 관계의 '심리학적' 힘은 무엇보다 사회적 힘이다. 그것은 가장 유연한 어린 시절부터 개인의 두뇌 속에 사회 세계의 구조들이 지속적으로 각인되는 데서 많은 부분 기인한다. 또한 그것은 가족적 감정

내지 가족적 소속감과 거기 연계된 의무들의 영속에 이바지하는 온갖 [사회적] 명령과 의례 들에 기인한다. 우리가 아무리 가족과 거리를 두고 싶어도, 가족으로부터 벗어나 그 지배에서 해방되려 애써도 소용없다. 우리는 일군의 제약에 의해 가족에게 되돌아온다. 그 제약들은 감정과 의례적 의무의 형식을 띠는 만큼 한층 효과적으로 행사된다. 부르디외는 '단체corps'로서의 가족과 '장champ'으로서의 가족, 즉 '융합'으로서의 가족과 '분열'로서의 가족에 내재하는, 구심성과 원심성의 이중적 운동을 잘 기술한 바 있다.[5]

이는 가족과 가족적 '역할'에 대한 관계가 개인적 정체성의 연속성 원리를 구성한다는 것 또한 의미한다. 그러한 원리는 '전기적 환상'에 대한 비판으로 쉽사리 해소되지 않는다. 잘 알려진 논문에서 부르디외는 개인적 '전기biographie'와 '생애담récit de vie'이 지니는 연속성이라는 관념을 해체하고자 했다.* 개인을 규정하는 것은 그가 기입된 장, 그러니까 궤적trajectoire의 매 순간 개인이 그 안에서 행위와 상호작용을 하는 장이기 때문이다. 따라서 [개인적] 도정의 단계들은 불연속성에 의해 특징지어진다. 이는 부인할 수 없다. 하지만 내가 보기에

* Pierre Bourdieu, "L'illusion biographique," *Actes de la recherche en sciences sociales* 62/63, 1986, pp. 69~72[피에르 부르디외, 「전기적 환상」, 『실천이성: 행동의 이론에 대하여』, 김웅권 옮김, 동문선, 2005 참조].

그 불연속성(이를 강조하는 것은 자유다)은 언제나 하비투스의 연속성(물론 이는 다소간 뚜렷하게 나타나지만, 어쨌든 우리는 선택적으로 이를 강조할 수 있다)에 의해 완화된다. 하비투스는 [과거에] 우리였던 것과 [현재] 우리가 된 것 사이의 관계를 보존하는 모든 것을 가리킨다. 과거는 계속해서 작용한다(우리가 획득한/획득하지 못한 학위, 우리가 받은/받지 못한 교육, 우리가 습득한/습득하지 못한 지식, 우리가 맺은/맺지 못한 관계, 이 모든 것이 온갖 변화 과정 내내 일종의 연속성을 떠받친다).

그렇기 때문에 가족적 '분열'의 역학이 '융합'의 역학에 의해 상쇄되는 것처럼, 궤적(우리가 어떤 의미에서든 변화를 겪게 되는 상이한 장들 내에서 연속적으로 점유하는 위치들에 의해 규정되는 사회적인, 따라서 개인적인 정체성)의 불연속성은 다수의 연속성 요인들에 의해 상쇄된다. 그런 연속성은 가족 관계('아들이라는 것' '딸이라는 것' 등)의 사회적·정서적 영속성이 부과하는 것에서부터, 개인적인 자기 규정 및 이와 관련된 정동의 수준에 위치하는 것, 혹은 법적·행정적 규정과 그에 수반되는 의무의 수준에 위치하는 것 등에 의거한다. 예를 들면, 가족 고유의 성姓과 신분증 사이의 연속성을 언급할 수 있을 것이다. 신분증은 갱신 신청 시 매번 우리에게 부모에 관한 정보를 내놓도록 강제한다. 언젠가 신분증을 분실하는 바람에 파리에 새 신분증을 발급 요청하느라 랭스 시청 쪽에 '출생증명서 초본'과 '호적

증명서'를 발부받아야 했던 기억이 있다. 그 서류들에는 아버지의 성과 함께 내가 태어날 당시 아버지의 직업이었던 '수공 노동자manœuvre'가, 그리고 어머니의 결혼 전 성과 '가정부'라는 직업이 적혀 있었다. 그렇게 나는 이즈음 그토록 멀어져 있던(버클리에 초빙교수로 가기 위해 새 여권을 발급받는 일이었다) 가족적·사회적 정체성으로 되돌아갔다. 내가 학생이었을 때나 이후 상이한 직업을 수행할 때, 달리 말해 내 '궤적'이 전개된 상이한 장들 안에서 나는 항상 '전기'와 '생애담'의 연속성으로 다시 이끌렸다. 누군가 내게 이렇게 질문할 때마다 말이다. "부모님은 뭐 하세요?" "부모님은 어디에 사세요?" "형제나 자매가 있으신가요?" "그 사람들 직업은 뭔가요?" 등등. 외할머니가 파리 지역 요양원에 입소하자 그 자녀(어머니와 작은이모, 작고한 삼촌의 아내)와 손자들(나와 형제들을 포함한)은 '부양 의무' 이행을 요청받았다. 그것은 사회 기구에서 일부 부담하고 남은 숙식비와 의료비를 지불할 법적 의무를 뜻한다. 이 조치를 통고하기 위해 우리를 소환한 판사의 집무실에서 몇 년 만에 작은이모를 만났다. 그리고 집무실에서 나오자마자 융합과 분열의 충격이 상당히 격렬하게 재발했다. 우리에게 재정 지원을 요구한 행정 기구의 대표(젊은 흑인 여성)에게 작은이모가 인종주의적 발언을 한 것이다. 난 어쩔 도리 없이 가족적 틀 안에 다시 편입되어 있는 자신을 발견했다(나는 할머니를 위해 그 액수의 비용을 대는 데 선뜻 동의했는데, 사실 동의하든 안 하든 간에 그것은 법적으로 강제되었다). 고백하건대, 고지를 우편으로 받아 이모의 발언을 듣지 않았더라면 더 좋았을 것이다. 난 법적·경제적으로—법원 소환, 매달 은행 계좌에서의 공제…—, 또한 정서적으로—내가 할머니를 많이 좋아했기에—규정된 이 사태 속에 가족 구성원으로 있었다. 이는 역으로 내가 그토록 더 이상 가족의 일원이고 싶지 않았던 사회적, 지적, 정치적 이유들을 일깨워주었다. 내 인생에서 이 모순을 처리하는 것도, 심지어 잊어버리려 노력하는 것조차 언제나 간단하지 않았다. 그 모순이 의지와 무관하게 우리 존재를 지배하는 법적-제도적 메커니즘을 통해 정기적으로 다시 부과되었기 때문이다.

어머니가 돌아가시고 나자 나와 세 형제는 공증인이 작성한 서류에 서명해야만 했다. 어머니가 남긴 유언장이 없는데도 '상속' 혜택을 받으려면 그래야 했다. '공정증서acte de notoriété'라고 불리는 이 절차가 필수 불가결하다는 걸 몰랐다. 아버지의 사망 당시엔 부부의 은행 계좌 예치금 가운데 일부가 아들들에게 돌아간다는 사실을 알게 된 어머니가 아연실색하며 노발대발한 탓에, 부부 공동의 재산은 모두 어머니에게 넘긴다는 서류에 서명하도록 우리에게 요구했으니 말이다. 그녀가 전화로 우리를 끊임없이 괴롭히며 말했듯, "아무리 그래도 그렇지"였다. 그것은 부부가 함께 벌고 아껴서 마련한

돈이었다. 따라서 다른 어떤 행정 절차도 필요하지 않았다. 어머니의 사망 이후 우리에게 돌아올 '유산'은 그녀가 수년 동안 예금 계좌와 생명보험에 부었던 금액을 동등하게 분배해 받는 것으로 간추려졌다. 우리 4형제를 위해 내가 그 일을 맡았다. 난 형제들이 서류를 제대로 작성해 돌려주는 데 필요한 정보를 전달했다. 그런데 형은 서류 작성을 거부했다. 형은 행정기관에 대한 민중 계급의 전형적인 불신 속에서 왜 그렇게 많은 정보가, 특히 그의 수입과 과세 금액이 필요한지 이해하지 못했다. 난 형에게 만일 이 서류를 채워 주지 않으면 우리 중 누구도 자기 몫을 가져갈 수 없으며 형 또한 그 액수의 돈을 잃게 되는 셈이라고 설명—그리고 설득—했다. 정작 우리 넷 중에 그 돈을 가장 필요로 하는 사람은 형인데 말이다. 마찬가지로 난 형이 자신의 소득 수준—그는 벨기에에서 복지 지원금에 기대어 생활한다—을 내가 알게 될까 봐 불편해한다는 사실을 눈치챘다. 난 형을 안심시키려고 공증인의 이메일 주소를 전달했다. 구태여 중간에 나를 거치지 말고, 요청받은 정보를 곧장 공증인에게 보내라고 제안하면서 말이다. 우리 각자에게 최종적으로 돌아온 것은 하찮은 액수의 돈이었다. 민중 계급의 '유산'은 아주 적은 것들로 요약된다. 귀족이나 부르주아 집안에서 물려주는 것을 가리키는 데 쓰이는 용어와 동일한 용어를 쓰는 것이 좀 기이하게 느껴질 정도다. 그러나 그런 절차들을 수행함으로써 나는 가족적·사회적 과거 안에 다시 한번 기입되었다. 그 과거는 따라서 나의 현재이기도 했다.

개인 내부에, 그리고 이 개인에게 가장 개인적인 것 내부에 새겨진 집합적 제약들의 체계인 하비투스의 부침과 도약이 무엇인지 구체적으로 포착하게 해주는 것은 확실히 연속성과 불연속성 간의 이 넘어설 수 없는 모순이다. 그 모순은 또한 상승하는 궤적과 분열된 하비투스의 현실이 매일매일 어떻게 펼쳐지는지 보게 해준다. 그러므로 제도이자 감정으로서의 가족은 [계급] 탈주자의 머릿속과 몸속에서 원계급과 도달 계급 사이 관계와 매개와 갈등의 공간을 표상한다.

2

비록 느슨했을망정 어머니와의 관계는 날 '가족'이라는 단 한 단어로 기술할 수 있는 집합적 역사, 정신적 지형학 속에 기입했다. 시몬 드 보부아르는 『노년』에서 인류학자들이 연구한 사회 속 노인은 가족 계보에 대한 지식의 보유자라는 점을 강조한다.[1] 이는 우리 사회도 마찬가지 아닐까? 문자와 주민등록부가 있어서 생기는 것과 같은 온갖 차이를 댈 수는 있겠지만 말이다. 가족 계보는 노인의 사멸과 더불어 사라질 위험이 매우 큰 사회적 기억임이 분명하다. 이 기억의 기능은 대개 여성의 몫으로 돌아간다. 여성들이 남성들보다 평균적으로 더 오래 살기 때문이기도 하고, 사는 내내 가족 관계나 친구 관계를 유지하는 과제가 일반적으로 여성들에게 주어지기 때문이기도 하며, 관계의 명부를 [머릿속에] 간직한 여성들이 그 복잡성과 진화 양상을 잘 파악하고 있기 때문이기도 하다. 그리하여 예컨대 필립 로스는 [자전적 에세이] 『아버지의 유산』에서 자기 어머니에 관해 이렇게 역설할 수 있었다. 바로 "어머니가 있기에 주위로" "가족이 수십 년 동안 계속 모일 수 있었"고, 그뿐만 아니라 "우리 가족의 과거를 간직한 수탁자, 우리의 어린 시절과 청소년기와 뒤이은 세월의 역사가"였다고.[2] 이 말은 좁은 의미의 가족에만 해당하지는 않는다. 이제야 깨닫는다. 어머니의 죽음은 나 자신의 어떤 부분, 유일한 중개자였던 그녀를 통해 어느 정도 가깝고 때로는 충분히 먼 가족 관계들과 아직 이어져 있던 부분을 송두리째 잘라버렸다. 이름은 잘 몰라도 '에리봉'이라는 성을 가진 사람을 인터넷에서 볼 때면 어머니에게 물어볼 수 있었다. "이 사람 누군지 아세요?" 그러면 어머니는 늘 대답해주었다. "알지. 네 작은삼촌 X의 아들들 가운데 한 명이야" 또는 "그래. 네 아버지 사촌의 아들들 가운데 하나인 X의 아내야" 등등. 계보에 대한 어머니의 지식은 몇 세대에 걸쳐 있었다.

앞으로는 이런 정보들을 잃게 될 것이다. 아주 멀고 막연해 보이던, 근근이 유지되던 관계와 모든 '친족' 세계 역시 잃을 것이다. 난 그 정보들을 통해 지속적으로 친족 세계 안에 다시 끼어들면서, 어머니가 복원해준 유년기와 청소년기의 정신적 풍경 속으로 날 다시 편입시키는 몇몇 이름의 도움을 받아 지도를 그린 덕분에 큰 어려움 없이 친족 세계 안에 내 좌표를 찍을 수 있었다. 아주 성가신 일은 아니었다. 내 입장에서 그건 가져봐야 달라질 것 없는 모호하고 간헐적인 호기심에 지나지 않았다. 어쨌거나 이는 대개 결혼을 통해 전수되는 성과 아버지 쪽, 남자 쪽 혈통에 관한 것이었다(고모들의 자녀와 손주의 가계는 고모부의 성으로 이어지기 때문이다. 이는 '계통도'가 상이한 다수의 부계 성들을 통해 펼쳐지기에 내가 아무것도 알 수 없는 외삼촌의 가계, 특히 그 딸들의 가계와 마찬가지다).

가족 관계는 때때로 나의 기대와 관계없이 성(아버지 또는 어머니의 성)을 매개 삼아 다시 자리 잡는다. 아주 오래전은 아닌데, 독일 연출가 토마스 오스터마이어가 『랭스로 되돌아가다』를 바탕으로 만든 연극의 리옹 지역 초연에 참석한 적이 있다. 공연 뒤 관객과의 대화에 내가 참여한다고 미리 공지된 터라, 사람들이 극장 안내 데스크에 맡겨 둔 편지 다발을 나중에 전달받았다. 그 편지들을 몇 주 늦게야 뜯어 보았다. 그중 하나는 아버지 큰삼촌의 딸이 전한 것이었다. 우리는 매년 여름 도르도뉴 베르주락에 있는 그의 집에서 며칠씩 휴가를 보냈다. 아버지 큰삼촌의 딸—그러니까 아버지의 사촌 여동생—은 이제 리옹에서 의사로 일하고 있었다. 그녀는 그날 저녁 극장에서 의료진으로 근무했다(우리 친족 가운데 그녀 쪽 분파의 사회적 궤적은 내 아버지와 그 형제자매들과는 매우 다르다). 그녀의 편지를 발견하고 답장을 써야 한다고 생각했지만, 이미 너무 늦어버렸다. 어느 이상으로 시간이 지나버리면 그런 일은 더 이상 거의 의미를 갖지 못한다…

어머니 쪽으로도 같은 경험이 있다. 비슷한 시기에 한 여대생에게 이메일을 받았다. 자신이 내 외삼촌의 증손녀라고 밝힌 그녀는 증조할아버지의 성, 그러니까 내 어머니의 결혼 전 성을 갖고 있었다. 나는 가족의 계보도를 재구성하기 위해 잠시나마 시간을 들여야 했다. 어머니라면 이 친족 관계의 중간 고리들을 정확하게 기술했을 것이다. 어머니의 남동생(정확히는 이복동생), 그의 아들(어린 시절 사진 속에서 나와 형 곁에 있는 사촌), 그 아들의 아들(자식들에게 같은 성을 물려주고 특히 그 성을 여전히 유지 중인 딸을 둔, 내가 본 적 없는 오촌). 난 이 여대생과 날 연결하는 가족 관계를 가리키는 정확한 용어가 무엇일지조차 알지 못한다. 종손녀일까? 아니 재종손녀일까? 친족 관계에 관해 쓰고자 하면 매우 복잡해진다. 거기서 자기 자리를 발견하려면 계보도를 구축하고 도표, 다이어그램을 그려야만 한다. 우리는 모두 한 '가족'이지만 전체를 알지 못하며, 감히 말하자면 그 존재조차 추상적이고 유령 같은 방식으로만 알 따름이다. 친족 관계는 어느 정도까지는 사라지고 자취를 감췄다. 아마도 대단한 부르주아 집안이나 한층 더 나아가 귀족 집안 정도를 제외하면 말이다. 이들은 '가족의' 갈래들을 정리하고 유지하고 기술하고 규명하고 과시하는 것을 즐긴다. 그 여대생은 다른 도시의 극장에서 『랭스로 되돌아가다』의 동일한 각색 공연을 보았다. 공연의 핵심 장치 가운데 하나는 우리가 랭스에서 촬영한 영상이다. 내 유년기와 청소년기의 장소들에서 찍은 그 영상은 무대 위쪽 스크린에 영사된다. 영상 출연을 기쁜 마음으로 승낙한 어머니는 맨 앞부분에서 낡은 사진 한 장—어린아이인 형과 나 사이에 사촌이 랭스의 거리에 함께 있는—을 손에 들고서 이렇게 설명한다. "저 애는 파트리크지. 자키와 미슐린네 꼬맹이."(내가 늘 듣던 대로,

'…의 아들'보다는 '…네 꼬맹이'라는 민중적 표현이 여기서 쓰인다.) 내 종질—재종손녀?—은 아직 어렸던 10년 전에나 이야기를 들어본 적 있는 이 먼 친척—나—과 가까워졌다. 노동계급의 일원임을 늘 자랑스러워하던 그녀의 할아버지는 "자기 계급을 배반"하고서 자화자찬하는 책을 막 출간한 그의 사촌—나—에 대해 노발대발했다. 공연을 본 그녀는 책을 구입하는 열의를 보였고, 다 읽고 나서는 내게 아주 다정하게 편지를 썼다. 할아버지가 책도 읽지 않고 해준 이야기들이 하나도 들어맞지 않는다는 사실을 단번에 알아차렸기 때문이다. 친족 관계는 연극 공연에 삽입된 사진 한 장을 매개로 다시 자리 잡았다. 우리는 만난 뒤로 계속 연락을 주고받는다. 작가로서 나의 공적 가시성이 그런 만남을 가능하게 했다. 책이 없었더라면, 공연이 없었더라면, 연극 형식 속에 삽입된 영상과 거기 나온 사진이 없었더라면, 그녀도 나도 각자의 존재에 대해 아무것도 몰랐을 것이다.

방금 언급한 두 경우에서(다른 경우들도 있다) 오랜 시간에 걸친 친족 관계의 지속성은 부인할 수 없다. 이처럼 세월이 한참 지난 뒤에도 다시 나타날 수 있기 때문이다. 친족 관계의 소멸 역시 지속성만큼이나 부인할 수 없다. 관계가 다시 이어지려면 아주 특수하고 따라서 매우 드문 상황이 필요하기 때문이다.

이는 내게 다음과 같은 상상을 자극했다. 언젠가

아주 먼(동시에 충분히 가까운) 친족 관계에 있는 사람이 문학이나 영화, 예술, 과학 또는 정치 분야의 유명인이 된 걸 알게 되면 내 반응은 어떨 것인가… 내가 혈연을 주장하게 될까? 나를 가족에 얽어매던 모든 것을 그토록 무시하고 거부하고 떠나길 원해놓고서, 뜬금없이 다시 가족이 되는 그 연줄을? 아마도 그럴 것이다! 아니라고 한다면 거짓말일 테다.

어머니의 죽음은 나를 가족적 '계보'에서 잘라냈을 뿐만 아니라, 전에는 도망치길 원했지만 머뭇머뭇 일부라도 되찾고자 했던 사회적 출신 환경과 나 사이의 마지막 연줄들마저 역시 잘라내지 않았던가? "앞으로는 그녀의 목소리를 듣지 못할 것이다." 아니 에르노는 『한 여자』 끝에서 어머니의 죽음을 환기한 후 이렇게 쓴다. "여자가 된 지금의 나와 아이였던 과거의 나를 이어주던 것은 바로 어머니, 그녀의 말, 그녀의 손, 그녀의 몸짓, 그녀만의 웃는 방식, 걷는 방식이다. 나는 내가 태어난 세계와의 마지막 연결 고리를 잃어버렸다."[3] 내게도 마찬가지다. 어떤 면에서 내 현재가 내 과거, 내 어린 시절, 내 청소년기와 연결되어 있는 것은 주로 어머니를 통해서다. 어머니는 이 시기들의 내 기억 속에 분명히 현존한다. 나 역시 그녀의 기억 속에 명백히 현존했다. 어머니는 그 기억들을 때로는 아이러니하게, 때로는 신랄하게, 대개는 단순히 사실적인 어조로 즐겨 이야기했다. 내가 그녀 판본의 사실과 이야기를 반박하거나 부인하면 적극적으로 방어하면서 말이다. 난 언제나 묻어두고 싶었던 어린 시절과 청소년 시절의 내 모습을 어머니가 들춰내는 걸 좋아하지 않았다. 지금 보면 순진하거나 곤란한 내 과거의 주장들을 어머니가 인용하는 것도 좋아하지 않았다. 돌이켜보면 우스꽝스러운, 내 과거의 옷차림을 그녀가 묘사하는 것도 좋아하지 않았다. 그 옷들은, 어머니가 당시 나에 관해 말했듯 '별나' 보이고 싶어 하는 민중 계급 청소년에게 아주 특징적인 스타일이었다. 그것은 그가 같은 환경의 다른 친구들과 달라 보이기 위해 동원할 수 있는 유일한 수단이었지만, 어쨌거나 경제적으로나 문화적으로 훨씬 혜택받은 계층 출신의 다른 대다수 고등학생들의 시선에는 딱 민중 계급 청소년처럼 보이는 차림새였다(이 [혜택받은] 학생들은 랭스의 그랑 부르주아지에 속하진 않았다. 그랑 부르주아지는 자녀를 가톨릭계 사립학교에 보냈다. 그곳에서는 공립학교에 '넘쳐나는' '빨갱이' 교사들의 '선전'에 노출될 위험이 없고, 주변 세계의 부도덕과 좌익 사상, 사회정의와 세속성의 원리들로부터 거리를 유지하면서 보수적이고 전통주의적인 교육을 받을 수 있었다).

하루는 오렌지색 셔츠에 보라색 넥타이를 매고 학교에 갔다. 교장이 날 소환하더니 옷차림이 올바르지 않다며 집으로 돌려보냈다(얼마나 기막힌 시대였는지!). 옷차림을 본 아버지가 괴상망측하다며 불만을 나타내자(그는 다른 곳에서 이 비슷한 것을 본 적이 없었는데, 그가 일하던 공장에서는 확실히 그랬을 것이다), 아버지 못지않게 그렇게 생각했던 어머니가 그를 달랬다. “저게 고등학교에서 유행이래.” 이 말은 명백히 아무런 의미도 없었다. 그때 난 틀림없이 열세 살이나 열네 살이었다. 내가 트로츠키주의 활동가이자 지식인 지망생으로 변모하기 직전이었는데, 이는 내 존재 방식과 옷차림에 근본적인 수정을 가져왔다. 장발, 벨벳 진, 터틀넥 스웨터, 더플코트, 클락스 선 부츠… 이 차림이라고 해서 부모님이 이해할 수 있는 건 아니었지만, 색깔은 줄었다. 그리고 이는 ‘고등학교에서의 유행’에, 아니 차라리 정치 활동의 틀 속에서 나와 자주 어울리던 대학생들이 입은, 대학에서의 유행에 훨씬 부합했다.

기억들의 지루한 되새김은 분명 어머니가 나와의 감정적 연결을 유지하는 최상의, 아마도 유일한 수단이었을 것이다. “네가 어렸을 때…” “네가 열네 살이었을 때…” 내가 그토록 오래 곁에 없는 동안 어머니는 머릿속에서 조용히 그 기억들을 얼마나 곱씹어야 했을까! 심층에서 그녀는 우리가 함께 살던 순간들을 되찾으려 애썼다. 내가 떠나기 전까지 우리는 20여 년 동안 공통의 역사를 공유했다. 하지만 이 공통의 역사조차 우리가 함께 경험한 것은 아니다. 또는 어쨌든 같은 방식으로 지각한 것은 아니다. 열네댓 살 무렵부터 내게서 어머니가 본 건 실제 내 삶의 변화, 적어도 내게 삶이 지닌 의미의 변화와는 완전히 동떨어진 것뿐이었다. 내게 삶은 매일매일 그저 살기 위해 사는 것으로부터 조금씩 더 멀어져갔다. 내가 열여섯 살 때부터 적지 않은 시간을 보낸 정치투쟁 활동에 관해 어머니는 아무것도 몰랐다. 그것과 관련해 말할 수 있는 것이라고는 고작해야 그녀가 그 활동을 전혀 높이 사지 않았다는 사실이 전부다. 어머니가 보기엔 그 활동 때문에 내가 필요한 학업 성실성을 놓치고 골치 아픈 문제나 일으킬 것이었다. 하지만 그녀는 그 활동을 세세하게는 알지 못했다. 고등학교 교장은 아버지를 소환해 내 활동들을 알려주면서 그것이 불러올 수 있는 결과에 대해 경고했다. 잘못하면 내가 고등학교에서 정학이나 퇴학을 맞을 수도 있고, 바칼로레아를 본 뒤에 고등사범학교 입학시험을 치르기 위한 그랑제콜 준비반에 들어가려 해도 [지원에 필요한 서류 가운데 하나인] 생활기록부 때문에 틀림없이 부정적인 평가를 받을 거라고 말이다. 이 마지막 위협은 별 영향력이 없었는데, 아버지도 나도 그게 뭔지 몰랐기 때문이다. 이는 진짜 위기를 촉발했다. 기묘한 성별 분업의 효과였는지 아버지는 내게 한두 마디만 이야기했고, 어머니가 그들 공동의 분노를 표출하는 일을 맡았다. "학교에서 「인터내셔널가」나 부르라고 네 학비를 대는 게 아니다." 그날 저녁 어머니가 포문을 열었다. 그녀는 저주와 협박을 퍼부었다. "공부를 그만두고 일자리를 찾아야 할 거라고." 그들은 이해하지 못했다. 그들과 달리 내게는 중등교육을 받을 기회가 있었다. 그런데도 학업에 진지하게 열중하기는커녕 온통 딴짓에 시간을 허비하고 있는 것이다. 부모님은 아주 단순히 그 사실에 분개했다.

어머니는 내가 받은 중등교육에 관해 아는 것이 별로 없었고, 이후 랭스에서 이어진 초기 고등교육[대학 과정]에 관해서는 더더군다나 몰랐다. 따라서 그녀는 집 안에서 언뜻 본, 혹은 낮이나 식사 시간에 대화하면서 알게 된 몇몇 단편적인 요소들에 매달렸다. 그녀는 내 방, 내 책상 위에서 플라톤(『국가』)이나 아리스토텔레스(『형이상학』), 칸트(『순수이성비판』)의 두꺼운 책들을 보았다. 어머니는 틀림없이 이 온갖 책들이 무엇에 관한 것인지, 그것들을 읽는 일이 무슨 소용인지 자문했을 것이다. 그녀는 그 내용에 대해 결코 물어본 적이 없었다.

어머니는 내가 열일곱 살 때부터 게이들의 '만남의 장소'에서 보낸 저녁과 밤에 관해서도 전혀 몰랐다… 이 밤 생활은 비밀스러운 삶이었다. [게이라는 사실이] 들통난, 말하자면 가면이 벗겨진 사람들을 기다리는 치욕, 그것에 불가피하게 따라올 모욕과 조롱을 감내하지 않고 피하려면 모두에게 그 생활을 숨겨야만 했다. 각자 그 문제를 조심하려 애썼다. 한번은 대학 로비에서 트로츠키주의자 학생들과 공산주의자 학생들 간에 아주 열띤 논전이 벌어지자 공산주의자 학생들 가운데 한 명이 정치적 맞수를 깎아내리는 흔한 방식으로 나를 공격했다. "호모 새끼." 그는 내 주위의 무리에게 격렬한 반격을 받았다. "스탈린 비밀경찰 같은 놈!" "가톨릭 신부 같은 놈!" "반동!" "파시스트!" 등. 며칠 뒤 난 그를 '만남의 장소'에서 얼핏 보았다. 그러니까 그가 다른 사람에게 모욕의 말을 내뱉는 건 자신이 게이가 아니라고 친구들을 믿게 하려는 행동이었다. 정작 그의 친구들은 추호도 의심하지 않는데 말이다. 나로 말하면, 열아홉 살 때 가까운 사람들(이때는 공산주의 리그Ligue communiste 활동가들)에게 내가 바로 게이라고 공공연하게 떠들고 다녔다. 그러나 부모님과 가족에게는 아니었다. 난 가족에게 '커밍아웃'하겠다는 생각을 전혀 해본 적이 없다. 난 자신을 더 이상 감추지 않았고, 그게 무엇이든 간에 가족에게 애써 숨기지 않았다. 하지만 곧 가족을 안 보게 되면서, 그들에게 내 삶이 그동안 어떠했고 앞으로 어떻게 될지 말하는 일에 마음 쓰지 않았다. 그리고 동성애를 가족에게 경고해야 할 비정상성으로 간주하길 거부하면서, 그들 스스로 이해할 수 있도록 내버려두었다. 아직 이해하지 못했다면… 안된 일이라고 생각하면서 말이다.

더욱이 내 쪽에서 보자면, 내가 어머니의 삶에 관해 뭘 알았겠는가? 어머니는 자기 일에 대해 말하는 법이 좀처럼 없었고, 그 못지않게 자기 감정이나 욕망에 대해서도 그렇지 않았던가? 열일곱 살인가 열여덟 살 여름방학 때 한 달 동안 공장에서 일한 적이 있다. 그 공장에서 이미 한참 전부터 일하고 있었던 어머니에게 그곳은 20년 가까이 고단한 나날들의 무대를 구성하게 될 것이었다. 거기서 난 여성 노동자에게 일한다는 것이 무엇을 의미하는지 확인할 수 있었다. 이 시절엔 어머니에게 내 삶에 관해 아무것도 말하지 않았고, 그녀의 삶에 관해서도 거의 묻지 않았다. 어머니는 그것을 별로 이야기하고 싶어 하지 않았다. 공장에서 빠져나오면 어머니는 그 세계를 뒤에 내버려둔 채 다음 날 그곳으로 돌아가기 전까지 잊고 싶어 했다. 사실 우리는 부모에 관해 아는 것이 별로 없다. 난 어머니가 집 안에서 보내는 시간 외에는 그녀의 현재적 삶에 대해 잘 알지 못했다. 그녀의 이전 삶, 그러니까 결혼하고 아이를 갖기 전의 삶에 대해서는 더더군다나 그랬다(아버지에 관해서도 같은 이야기를 할 수 있을 것이다).

어머니는 내가 그녀에게서, 그들에게서 멀리 떠나버린 뒤 나라는 사람과 내 관심사에 관해 거의 아무것도 몰랐다. 그런 만큼 그녀는 내가 아직 그들과 함께 살았던 어린 시절과 청소년 시절에 더욱 매달렸다. 오랜 부재 이후—성가신 일이었지만—다시 보기 시작한 우리는 뮈종의 어머니 집에서 커피 한잔을 마시며 수다를 떨곤 했다. 그럴 때면 어머니는 우리가 아직 대화를 나누던 열두서너 살 때(혹은 그보다 어렸을 때) 내 존재의 어떤 요소들, 어떤 주장과 태도 들을 내게 고집스레 일깨워주고자 했다. 그 때문에 나는 나에 관한, 아니 그보다 나와 어머니에 관한 어머니의 이야기를 통해 되돌아오는 먼 옛날의 온갖 정보를 잊기 어려웠다.

루이 아라공이 이 시를 쓸 때는 아마도 완전히 다른 층위의 현실을 염두에 두었겠지만, 그는 우리가 과거에 생각하거나 내뱉은 말들이 현재의 '자아'에 행사하는 "공갈의 힘"을 아주 잘 지목했다.

> 가차 없이 난 과거를 지고 가고
> 내 옛날 모습은 영원히 내 몫으로 남아 있네
> 마치 우리가 생각하거나 내뱉은 말들이
> 언제나 공갈의 힘을 발휘하는 것처럼
> 그 힘은 날 넘어서는 이 끔찍한 특권을 말들에게 주네
> 내 손으로는 그것들을 쫓아버릴 수 없다는 특권을.[4]

어떤 면에서 어머니는 이 "공갈의 힘"을 구현했다. 그것은 과거의, 또 그보다 더 먼 과거의 말과 몸짓이 환기되는 동안 슬며시 끼어들었다. 어머니는 나를 장악했다. 자, 그 시절에 넌 이렇게 말했지, 그때 넌 이런 모습이었단다… "그렇지 않아요!" "무슨 얘기를 하시는 거예요?"라고 대답하면, 어머니는 짓궂거나 화난 어조로 주장했다. "설마 사실이 아니란 말은 아니겠지." 어머니는 적어도 생각 속에서만큼은 우리가 함께 살았던

시간으로, 내가 떠나기 이전의 시간으로, 심지어 떠남에 앞서 일어났던 멀어짐과 떨어짐 이전의 시간으로 되돌아가고자, 또 날 되돌아가게 하고자 노력했다.

어린 시절의 이야기를 제외하면 어머니가 언급한 것들은 모두 내가 변화하기 시작한 시절, 그러니까 같은 사회계층의 아이들이나 형과 달라지기 시작한 시절의 이야기였다. 어머니가 묘사한 것은 계급 탈주자로서의 여정 초기 단계이자 윤곽선이었다—이는 그녀가 당시 '별나다' '고등학교에서의 유행' 같은 표현 말고는 달리 지칭할 줄 몰랐던 것으로 표출되었다. 학업적·사회적 상승의 여정은 그 시초가 언제인가? 계급 탈주자의 궤적은 언제 그 막을 올리는가? 교육체계의 담지자이자 행위자인 개인에 의해 어느 정도 기대되고 주조되는 만큼이나—이 체계가 설계해놓은 도태를 피해 체계 안에서 잘 버티는 수준에 이르게 되면—체계 자체에 의해 생산되고 요구되는 이 변화는 어떻게 현현하는가? 그 전조는 무엇이며 언제 누구에게 감지되는가? 오렌지색 셔츠에 보라색 넥타이를 맨 열서너 살짜리 소년과 청년 지식인 행세를 시작한 열예닐곱 살짜리 소년 사이에는 외양상 단절이 있을지언정 연관성이 명확하다. 뒤의 소년은 앞의 소년이 개시한 여정을 다른 양태들에 따라 계속 추구했다. 한층 현실적이고 매력적인 모델을 제공하는 만큼 사회적으로 더욱 적절히 조정되고 정의된 외관을 갖추기 위해 앞의 소년을 포기하고 재작업하면서 말이다.

어머니는 나의 멀어짐을 어떻게 느꼈을까? 어머니의 삶에서 내 부재(어머니로서는 우리가 함께 가지고 있을 수밖에 없는 기억들로 되돌아가면서 그녀가 심층에서 메우고자 노력했던 이 모든 공백)를 말이다. 민중 계급의 부모들은 자식의 사회적 상승을 어떻게 경험하는가? 양태나 진폭은 다양할지언정 그것은 교육을 못(혹은 아주 조금) 받은 세대와 교육을 받았거나 받고 있는 세대 사이에 어떤 거리를 거의 불가피하게 만들지 않는가? 교육체계를 이용하는 데 있어 한 세대와 다른 세대 사이에 차등적인 지속 기간(앞 세대는 매우 짧고 뒤 세대는 다소간 긴)은 부모와 자식 간에 자리 잡는 상호적 불협화음과 불화, '갈등' '몰이해'의 가장 강력한 요인 가운데 하나를 구성한다. 한데 그러한 불화에 대한 정신분석학적 해석은 이토록 자명한 사회적—사회학적—근거들을 오랫동안 은폐하거나 과소평가하려 애써왔고 종종 성공하곤 했다. 사회관계들을 계급 구조 안에 다시 기입하기 위해서 그것들의 심리학화—가족 내적 관계들과 그 발전의 틀 속에까지—를 거부할 필요가 있다.[5]

어머니가 세상을 떠나자 암묵적이든 잠재적이든 어머니를 통해 유지되어온 내 과거와의 연속성이 이제 끊어져버렸다. 혹은 몹시 느슨해져버렸다. 내가 어떤 아이였는지, 어떤 청소년으로 자라났는지에 얽힌 일화들을 앞으로 누가 이야기해줄 수 있을까? 가족의 지형도, 조상의 계보도를 누가 내게 그려줄 수 있을까? 사실 어머니가 애써 상기시키고 재정립하려 했던 이 연속성 때문에 나는 자주 불편했다. 내가 더 이상—사회적으로 말해—과거의 나와 달라지기 시작한 때에 내가 어땠는지를 증언할 수 있는, 유일하지 않다면 적어도 특권적인 사람으로서 어머니의 위상은 나를 종종 난처하게 했다. 그런 내가 그 상황에 향수를 느끼고 그 부재에 괴로워한다는 점을 어떻게 설명할 것인가? 난 할 수 있는 한 머릿속에서 가족을 지우며 과거를 없애는 데 열중했다. 그것은—가족적 감정으로 경험된—내가 어머니를 돌봐야만 했던 가족적 의무의 힘에 의해 되돌아왔다. 내 젊은 시절의 기록 보관자이자 역사가는 더 이상 이야기할 수 없다.

엘렌 식수는 어머니의 죽음을 다룬 책 제목을 '호메로스는 죽었다'라고 붙였다. 식수 삶을 기억하는 증인, 나치즘에 의해 몰살되거나 흩어진 가족 분파들(유대인 대학살의 희생자가 된 가족 구성원들, 피신에 성공해 여러 국가의 망명자가 된 사람들)의 지도 제작자, 이 역사 안에 거했던 인물들의 역사적 연대기와 계보학을 재구성할 수 있었던 여성… 식수의 어머니였던 이 호메로스가 타계한 이상, 내밀한 동시에 정치적인 이

'일리아스'가 중단된 이상 딸은 어떻게 자신의 삶을, 자신의 과거를, 자신의 현재를 생각하게 될 것인가? 이 독일의 계보학, 가족의 역사, 그녀 어머니와 그녀 자신의 역사를 자꾸자꾸 되짚지 않는다면 그녀는 무엇을 쓸 수 있겠는가?[6]

물론 내 가족의 역사는 그만큼 비극적이지는 않다. 그럼에도 어머니가 돌아가신 뒤 삶에서 어떤 일이 일어나는지 이해하기 위해 이 굉장한 책의 제목을 다시 가져올 수 있을 것이다. 호메로스는 죽었다. 어머니를 계속 살아 있도록 하기 위해서 나는 그녀에 관해 말해야만 한다.

3

나는 어머니의 입에 자주 오르내리던 표현들, 억양, (센) 말투, 어조, 사투리를 더 들을 기회가 없을 것이다. 사회적 출신도, 애초 지녔던 언어적·문화적 열등성도 무엇 하나 남지 않은 누군가가 되기 위해서, 다른 누군가가 되기 위해서 이 어조, 어법을 어떻게든 버리고 싶었다. 계급을 바꾼다는 것, 사회적 환경을 바꾼다는 것은 말하는 법을 다시 배우도록, 이전까지 말하던 방식을 추방하도록 강제한다.

그런 이유로, 난 랭스 대학교 언어학 교수가 집필한 '샹파뉴 방언' 사전의 존재를 최근에 알게 되어 매우 기뻤다.[1]

내 느낌에 이 사전은 어머니에 관한 몇몇 정보를 그러모으는 데 참조할 만한 드문 자료 가운데 하나다. 마치 존재하지 않는 가족 아카이브를 대체해줄 개인 파일의 몇몇 서류를 내주기라도 하는 것처럼 말이다. 어떤 의미에서 전기의 단편들이라고나 할까. 당연히 나도 다닐로 키슈가 단편소설 「죽은 자들의 백과전서」에서 창안한 것과 같은 책을 펼칠 수 있었다면 좋았을 것이다. 소설에서 여성 화자는 사람들의 전기가 기록된 아주 두꺼운 책들이 꽂혀 있는 도서관으로 초대받는다. 거기 있는 책들에는 유명인이 아닌, 따라서 다른 백과사전에 나올 리 없는 사람들만 실릴 수 있다. 무명씨들에 관한 이 긴 이력서들은 모든 "인간관계, 풍경들…"과 "인간 삶을 이루는 수많은 세부 사실"을 기술하고 있다는 점에서 주목할 만하다. 몸짓 하나하나, 생각 하나하나, 청소년 시절 흥얼거렸던 노래… "아무것도 빠뜨리지 않았다." 인용된 역사적·정치적 사건들은 "우리가 말하는 인물에 따라" 언급되었다. 왜냐하면 이 사전의 집필자들에게 "모든 인간 창조물은 신성한 것"이기 때문이다. 여성 화자는 자기가 잘 알지 못하는 아버지의 삶에 빠져든다. 거기엔 모든 것이 있다. 각각의 장소, 매 순간, 크고 작은 각각의 사건. 병원, 죽음에 이르기까지… 그녀는 "그의 삶이 헛되지 않았다는 증거를 남기기 위해, 이 세상에는 여전히 각각의 삶에, 각각의 고통에, 각각의 인간 존재에 가치를 부여하고 그것을 기록하는 사람들이 있다는 증거를 남기기 위해 가능한 한 많은 것을" 옮겨 적는다.[2] 어머니에 관해서도 이 사전에서 볼 수 있다면 얼마나 좋겠는가! 아버지에 관해서도. 개인사가 드물게만 이야기되는 평범한 서민들에 관해서도. 아버지에 관해 난 타자기로 친 몇몇 서류를 발견했다. 아버지가 피해자였던(그는 여러 차례의 무릎 부상으로 외과 수술을 받아야 했고, 보행 능력에 손상을 입었다) 반복적 작업장 사고를 상세하게 설명한 사회복지 기관들의 편지, 1960년대 말 그가 일하던 공장에서 생산과 인력을 감축한다면서 보내온 해고 통지서("우리는 예정된 생산

중단에 따라 대기 발령 명단에 귀하를 올리게 되었습니다”). 이것이 거의 전부다. 그런데! 그의 삶을 추적하려면 이런 종류의 자료가 내게 얼마나 많이 필요하겠는가!

어머니에 관해서는 과업이 훨씬 더 까다롭다. 내게 아무것도 없기 때문이다.

『샹파뉴 방언 사전』은 어머니가 누구였는지 좀더 잘 알려줄, 당연히 부분적이겠지만 풍부한 정보를 담은 자료처럼 보였다. 사전을 구입하자마자 난 격한 감정과 흥분된 마음으로 탐색하기 시작했다. 이런저런 단어와 표현, 어원과 발음, 변이형 등을 한참씩 들여다보면서 말이다… 어머니의 목소리를 다시 듣는 것 같았다. 그녀의 목소리가 페이지 곳곳에서 울려 퍼졌다… 내가 앞으로 영원히 듣지 못할 목소리. 이런 이야기가 이상하게 들리겠지만, 마치 어머니의 세계가 내 눈앞에서 살아나는 것 같았다. 그녀의 젊음, 그녀의 과거가 어떤 모습이었는지…

이러한 형식의 ‘인정’은 늘 언어 시장에서 사회적으로 열등하고 특수한 사투리들로부터 정당한 언어—학교에서 가르치는 언어, 특히 파리의 부르주아지나 문화계에서 쓰는 언어—의 지배가 폭력적으로 빼앗은 매력, 아름다움을 부여한다.[3] 사전을 넘기면서 난 시간과 공간(지리적·사회적)을 여행했다. 랭스의 노동자 구역에서 보낸 내 유년기와 청소년기의 세계를 재발견했다. 단어들 뒤에서 가족의 대화를 들었다. 눈앞에는 내 과거의 생생한 흔적을 보존해줄 일종의 휴대용 아카이브가 있었다. 어머니가 그토록 오랫동안, 최근까지도 날 위해서 마지막 연결 고리가 되어주던 그 과거 말이다.

난 친구들과 있을 때 이 단어들을 다시 즐겨 쓴다. 비록 이제는 곧바로 이해되는 문맥에서 발화되지 않으니만큼 대개는 친구들에게 단어의 내력과 의미—"랭스에서 말하듯이"—를 명시해주어야 하지만 말이다. 이는 내가 지역적·민중적 방언을 다시 전유하려는 순간조차 거기에 따옴표를 붙이고 그로써 거리를 유지하는 방식이다. 게다가 친구들은 제각기 이런저런 단어나 관용구에 놀라서 설명을 요구하거나, 우리끼리 일상 대화 중에서 자기가 써먹거나, 자기 출신 지역의 다른 단어, 다른 표현, 상이한 동의어들과 비교한다("우리 지역에서는 이렇게 말해…" 하는 식으로 그 등가어가 나 못지않게 친구를 통해 나란히 놓인다). 그런 교환 속에서 우리는 사회적·지리적 탈주자라면 누구든 현재의 모습이 되기 위해 원초적 사회화에서, 그리고 언어라는 사회화의 핵심 요소에서 내버리고 억눌러야 했던 모든 것을 발견한다.

샹파뉴 지방, 더 구체적으로는 마른 지역의 어휘를 쓰지 않도록 숙련했다고 해서 실상 내 기억 속에서 그것이 완전히 사라진 건 결코 아니다. 많은 단어가 내 머릿속에 아직껏 현존한다. 그것들은 우리 가족 간에 흔히 쓰였다.

어머니, 삼촌들과 숙모들… 아주 오랫동안 이 단어, 어법, 억양 들은 내가 내뱉는 문장들 속에 은밀하게 미끄러져 들어갈 준비가 되어 있었다(대걸레serpillière 대신 '마포bâche,' '사레들리다avaler de travers' 대신 '각기다s'entrucher'). 이는 습득된 사회적·언어학적 초자아에 의해 금세 되잡히고 검열되는데, 초자아의 경계심이 부족한 경우는 아주 드물기 때문이다. 초기에는 나 자신을 교육하는 데 엄청난 주의와 규율이 필요했다!

사전의 「서문」에서 저자는 지역적 말투가 가족적 기억들과 연결되어 있는 한 우리는 그것과 종종 '정서적' 관계를 맺는다고 강조한다. 언어학자가 지역 주민들에게 이런저런 단어나 표현을 아는지 묻자 이런 대답이 돌아왔다. "아, 네, 어머니가 쓰셨죠." 응답자들은 알 뿐만 아니라 마찬가지로 직접 쓰기도 한다면서, 아직 지역에 거주하는 만큼 더 빈번히 쓴다고 덧붙였다. 저자가 사전에 기록한 많은 단어에 대해 나 역시 그에게 이렇게 답할 수 있었을 것이다. "아, 네, 어머니가 쓰셨죠." 하지만 나는 일찌감치 그 단어들을 더 쓰지 않고 말하기 방식을 개조하기 시작했다. 그 화법이 고등학교나 대학에서 교육 세계와 양립할 수 없었기 때문이다. 교사들은 샹파뉴 억양으로 말하지 않았고, 샹파뉴 어휘를 쓰지 않았다. 샹파뉴 방언은 비록 보급 범위는 사회적으로 훨씬 넓었지만, 무엇보다 민중 계급에서 통용되었다. 물론 학습 과정에서 글쓰기 영역에 속하는 모든 것은 '좋은 프랑스어'의 규범에 부합하지 않는 온갖 형태의 언어를 제거하는, 결과적으로 이 규범들에 굴복하지 않는 모든 이를 제거하는 무자비한 기계처럼 작동했다. 여러 해 동안 내 안에는 가정 환경에서 지배적이었던 프랑스어와 교육 환경에서 지배적이었던 프랑스어 사이에 단절이 있었다.

가족에게서 탈주한 이후, 난 랭스어—또는 그 언어에서 내게 남아 있던 것—를 더 이상 쓰지 않았다. 그 언어가 더는 내 존재의 사회적 틀을 형성한 장소(파리)와 환경(문화적인 중소 부르주아지)에 어울리지 않았던 만큼 사용 중단은 더욱더 빠르고 완전하게 이루어졌다. 거기서 '샹파뉴 방언'은 여느 방언과 다를 바 없이 이상하게 들려서 그것을 계속 쓰는 지방 출신 화자를 모두 '촌사람'이나 '시골뜨기'로 지목한다. 우리는 그것을 자기 언어의 사회적 정당성과 우월성을 확신하는 사람들이 내비치는 미심쩍은 눈빛이나 조롱조의 언급을 통해 알게 된다. 우리는 늘 쓰던 이런저런 단어가 함께 토론 중이던 사람들에게는 금시초문이라는 것, '올바른 용법'에 익숙한 그들의 귀에 거슬린다는 것을 알고 놀란다. 그리고 그 단어를 우리 어휘집에서 제거해야만 함을 깨닫는다. 지배자들의 언어는 지배 언어, 정당한 언어다. 우리는 지배자들이 느끼는 언어학적 우월감의 대표적 본보기를 『잃어버린 시간을 찾아서』에서 찾아볼 수 있다. 소설에서 화자는 자기 집안 하녀인

프랑수아즈의 프랑스어 오류들에 대해 힘주어 지적하며 희열을 느낀다.[4]

의사소통의 언어학적 상황, 사회적 조건은 모든 교환과 상호작용에서 결정적이다. 나와 이야기할 때 어머니는 내가 아주 오래전부터 쓰지 않는 단어, 표현을 썼다. 물론 나는 그 말을 알아듣고 대답했다. 문제의 단어나 표현이, 내가 아직 장악하고 있는 어휘의 대역帶域에 속한다는 의미다. 고의로 무시되고 방기된—거부되고 배척되었다는 의미에서—단어는 미지의 단어가 아니다. 이는 지역 언어, 방언, 사투리의 경우에 정말이지 더욱 그렇다(이민자 부모는 쓰지만 그 후속 세대는 방기하는 외국어가 그렇듯 말이다). 계급 탈주자들은 새로 살게 된 곳에서 출신 언어를 쓰는 일은 드물어도 항상 어느 정도는 이해하며, 전화 통화를 한다든지 또는 출신 지역이나 본가에서 체류할 때면 다시 그 언어로 말하기 시작해 몇 시간, 며칠 동안 곧잘 말할 수 있다.

어머니와 내가 (준)이중 언어bilinguisme를 구사하는 상황에 있었다고까지 말하지는 않으려 한다(어머니의 말은 외국어도 사투리도 아니었으니). 하지만 그녀는 나와는 몹시 다른 단어, 문장 표현, 문법 구성을 강한 억양, 끊어 말하기로 구사했다. 난 어머니의 말에 다가가기 위해 언어학적 대역을 바꾸게 되었다. 그녀가 쓰는 어휘와 표현을 알고 이해할 뿐만 아니라 나 역시—부분적으로—구사할 수 있었기 때문이다. 마치 언어학적 교환의 상황이 내게 그러라고 요구하자마자 모국어로, 어린 시절의 언어로 돌아온 것만 같았다. 우리는 완전히 같은 언어를 말하지 않으면서 같은 언어(프랑스어)로 말했다. 우리 둘 사이의 거리는 지리와 사회 계급에서 함께 기인했다. 어머니의 '샹파뉴식 말하기'는 랭스 지역 민중 계급의 것이었고, 나의 '파리식 말하기'는 수도의 지식인층의 것이었다. 어머니는 단지 '랭스어'로 말했을 뿐만 아니라 '노동자어'로 말했다(물론 이 '샹파뉴식 말하기'의 농촌 판본 또한 존재한다). 나는 단지 '파리어'로 말했을 뿐만 아니라 '부르주아어'로 말했다. 어머니의 화법은 사회적 하비투스와 내생적으로, 또 그녀의 신체, 신체적 태도들과 밀접히 연결되어 있었다(당연히 모든 사회 계급에서 그렇듯). 분명 어머니는 내가 자주 사용하는 어떤 단어들을 이해하지 못하거나 잘못 이해했을 것이다. 그녀는 내가 사회생활이나 친구 관계에서 쓰는 언어 대역이 복문과 복잡한 문법적 구성으로 이루어져 있어서 당황스러웠을 것이다. 내가 이전에 방기했던 이 언어로 어느 정도까지 되돌아오려 노력하지 않았다면 말이다. 나는 어머니를 기분 상하게 하거나 상처 주지 않으려 애썼다. 언어가 아주 사소하고 평범한 활용에서조차 폭력을 담을 수 있는 만큼, 스스로 열등하다고 느낄 수 있는 불편한 위치에 그녀를 놓지 않으려 애썼다. 이 암묵적 조정의 규칙에서 어긋나게 되면 어머니는 빈정거리는 투로 내게 주의를 줄 것이다(실제로 가끔씩 그랬다). "어머, 얘 말하는 것 좀 봐!" "아, 그래, 철학자 양반!" 또는 "네, 네, 교수님." 교류 중에 거의 저절로, 그러니까 그 문제를 너무 성찰하거나 판단을 내리지 않으면서도 어쨌거나 매 순간 부르주아나 할 법한 교정을 최대한 검열하기 위해 자제해가며 내 목소리, 문장, 단어를 변화시켰다… 물론 전부 개조할 수는 없었지만 말이다. 한마디로 난 어머니의 언어와 내 언어의 혼성어로 어머니와 말했다. 좀더 정확히 기술하면 내 어제의 언어, 내가 아직 알고 있는 그녀의 언어와 내 오늘의 언어 사이의 혼성어일 것이다. 어머니도 마찬가지였을까? 나와 함께 있을 때면 어머니도 자신이 상상하는 올바른 언어, 텔레비전에 나오는 사람들처럼 말해보려고 때때로 애썼지만 숙달하지는 못한 그 언어에 근접하기 위해 자신의 언어와 화법을 조정했을까? 아마도 그랬을 것이다. 하지만 어머니는 주로 언제나 말하던 대로 말했다. 마치 우리 둘 다 옛날, 아주 오래전의 시점에 이야기를 나누고 있다는 듯 말이다. 그리고 설령 우리가 만날 때 이따금 어머니가 바꿔야 한다고 느꼈다 해도, 꼭 그럴 필요는 없었다.

어머니와 같이 있을 때면 내 모든 정신적·신체적 태도는 변화했다가, 그녀와 헤어지고 나서야 평상시의 상태로 되돌아갔다. 파리로 돌아오는 버스와 기차에서 예컨대 책을 펴 들거나 전화 통화를 하면서 난 다시 사회적 '자아'가 되었다. 몇 시간 동안 내가 다소간 한쪽에 제쳐놓았던, 어머니 댁이나 요양원에 도착하기 전의 내 모습이.

분열된 하비투스는 다음과 같은 사실을 의미한다. 우리가 일단 한 계급에서 다른 계급으로 이동하고 나면 두 가지 언어학적 대역, 두 가지 신체적 에토스를 자기 안에 간직하게 된다. 우리는 어느 지점까지는 하나에서 다른 하나로 옮겨 갈 수 있는데, 어느 쪽에서든 편안함을 느끼지는 못한다. 획득된 하비투스가 오래전부터 원초적 하비투스보다 우세했기 때문이고, 시간이 갈수록 후자는 희미해지고 지워지는 경향이 있기 때문이다. 어머니의 타계는 이 지워짐을 강화하게 된다. 아니, 차라리 법적으로 확인하게 된다.

어머니와 내가 이야기를 나눌 때 언어의 '수준'은 서로 동등했다. 그녀는 자신의 '화법'이 있었고, 나 역시 나의 화법이 있었지만 그녀의 것에 다가서기 위해 나의 것을 조정하려 노력했다. 그러나 사회 세계는 통상 이렇지 않다. 언어의 대역들과 문화에 대한 (비)능통성은 강력히 위계화되어 있다. 중고등학교 및 대학의 구술 고사나 필기 고사에서, 공공기관 공채나 그랑제콜 입학시험에서, 사무직 채용 면접에서 민중 언어나 사투리를 쓰는 걸 상상할 수 있을까? (그런 일이 일어날 확률도 거의 없지만, 설령 있다 하더라도 응시자는 결코 좋은 점수를 받을 수 없을 것이다.) 민중 계급 출신의 학생이라면 학교나 대학 시험을 통과하기 위해 그가 살던 동네(거기서 계속 살고 있거나 아니면 정기적으로 왔다 갔다 하며 지낸다 하더라도)나 가족 간에 말하던 언어를 반드시 자기 뒤에, 혹은 옆에 내버려두어야 한다. 이는 출신 언어가 정당한 언어인 사람들과 커다란 차이를 빚어낸다.

민중 언어나 사투리를 쓰는 것은 신문, 라디오, 텔레비전의 저널리즘 세계에서도 역시 상상할 수 없는 일일 것이다. 예를 들면, 우리는 텔레비전에서 지역 억양이 거의 전적으로 부재한다는 것을 안다. 어떤 스포츠 종목이 특정 지역, 그리하여 특수한 억양과 연계될 때(특히 럭비와 프랑스 남부 억양) 스포츠 해설자들이—운동선수들이 그러니까 해설자들까지도—지역 억양을 드러내는 경우를 제외하면 그것은 명시적으로 금지되고 추방된다. 이는 온갖 형태의 노동자 말투, 민중 말투, 옛날식으로 말해 변두리faubourgs 억양, 오늘날의 '교외banlieus'와 '구역quartiers' 억양 등도, 이러한 지칭들이 준거 삼는 인구 범주가 무엇이든 간에 틀림없이 마찬가지다. 『존경할 만한: 계급의 경험』에서 린지 핸리는 옥스퍼드 대학교에 들어가 영문학 연구를 계속하고자 했던 자신이 입학 면접에서 대학교수에게 어떤 대우를 받았는지 이야기한다. 교수는 핸리에게 윌리엄 워즈워스의 소네트를 읽어보도록 요구한다. 그녀는 열성을 다해 아주 성실하게 각 단어를 그렇게 발음해야 한다고 믿는 대로 발음하고, 어린 시절 들었던

시 낭송 그대로 리듬을 붙인다. 아뿔싸! 버밍엄 빈민 구역의 억양과 발성법으로 인해 그녀는 입학시험에서 떨어질 수밖에 없었다. 교수는 불과 몇 초 만에 그녀를 중단시킨다. 이처럼 묘사된 장면은 폭력적이다. 계급 폭력은 아주 단순명료하면서도 잔혹하게 모습을 드러낸다. 지배 언어에 능통하지 못하다는 이유로 학교와 대학에서 얼마나 많은 학업적 실패가 비슷한 방식으로, 하지만 때로는 덜 눈에 띄는 방식으로 일어났겠는가?[5]

자기 어머니를 애도하는 것은 "자신의 어린 시절"과 "잃어버린 젊음을 애도하는 것"이라고 알베르 코엔은 쓴다.[6] 내게 이보다 더 적절한 문장은 없어 보인다. 하지만 그건 망각되거나 부인된 모종의 면모들, 구체적으로는 우리가 수치스러워했던 것들을 되찾는 일이기도 하다. "이제 모든 사람에게 당신을 소개한다." 코엔은 돌아가신 어머니에 관해 이렇게 선언한다. "당신을 자랑스러워하며, 당신의 동양식 억양을 자랑스러워하며, 당신의 프랑스어 오류를 자랑스러워하며, 고상한 예법에 대한 당신의 무지를 미치도록 자랑스러워하며." 그럼에도 불구하고 덧붙인다. "약간 뒤늦은, 이 자부심."[7] 그는 모두에게 이렇게 훈계한다. "아직 어머니가 살아 계신 아들들이여, 당신의 어머니가 유한한 존재라는 사실을 잊지 마시라. 만일 당신들 가운데 한 명이라도 내 죽음의 노래를 읽고 어느 날 저녁 어머니에게 더 부드럽게 대한다면, 나와 내 어머니 때문에 그렇게 한다면, 내 글쓰기는 헛되지 않을 것이다. […] 내가 당신에게 건네는 이 말들은, 아직 어머니가 살아 계신 아들들이여, 내가 나 자신에게 표할 수 있는 유일한 조의다. 아들들이여, 시간이 있는 동안, 어머니가 아직 살아 계시는 동안이다, 서두르시라. […] 하지만 난 당신들을 안다. 그 어떤 것도 어머니가 살아 계시는 한 오래도록 당신들의 그 끔찍한 무관심을 없애지 못할 것이다. 어떤 아들도 그의 어머니가 돌아가시리라는 것을 진정으로 알지 못한다. 아들들은 모두 어머니에게 화를 내고 짜증을 부리며, 이 바보들은 곧 벌을 받는다."[8]

4

어머니는 아침부터 저녁까지 높은 볼륨으로 텔레비전을 켜놓고 그 앞에 하루 종일 앉아 있었다. 내가 함께 오후를 보내러 왔을 때마저 그랬다. 마침내 소음을 견디지 못하고 화가 나서 어머니에게 요구해야만 했다. "정말 그 텔레비전 좀 안 끄실 거예요?" 어머니는 내가 마치 엉뚱한 요청이라도 한 것처럼 한숨을 쉬며 리모컨을 집어 들고 소리만 죽였다. 대체로 어머니는 자신이 좋아하는 프로그램을 계속 시청했다. 어머니는 차마 그것까지 포기하지는 못했다.

부모님이 텔레비전을 산 1960년대부터 항상 그랬다. 그들은 매일 저녁 (일찍) 식사를 마치고 (역시 일찍) 자러 가기 전까지 텔레비전을 시청했다. 어머니가 은퇴한 뒤로, 더더군다나 집에서 거의 움직이지 않게 된 뒤로는 그녀의 유일한 오락거리였을 뿐만 아니라, 어쩌면 유일한 일거리였는지도 모르겠다. 어머니가 달리 무엇을 할 수 있었겠는가? 그런데 이는 난처한 상황을 만들었다. 어머니가 자신이 본 것을 평하면서 마음 놓고 인종주의적 감정을 표출할 때면 말이다. 한 버라이어티 프로그램에서 초대 손님으로 왕년에 테니스 선수였던 가수가 나왔는데, 이날 오후 방송에서 자기 친구들을 불러 모으도록 요청받았을까? 어머니는 이렇게

평했다. "그 사람이 그래도 흑인들만 초대할 필요는 없었는데 말이야." 조심스럽게 다음 말을 덧붙이면서 말이다. "너도 알다시피 난 인종주의자는 아니지만, 저기 저 사람은 좀 과해." 어머니가 이런 부연 설명을 한 건, 아주 거친 인종주의적 발언에는 약간 주의를 곁들여야 한다는 의무감을 느꼈기 때문일 테다. 동조하기 힘들었던 어머니의 발언들이 과거 우리 사이에 거리가 확고해진 이유 가운데 하나였다는 내용을 그녀가 『랭스로 되돌아가다』에서 읽은 이래로는 그런 식이었다. 어머니를 두세 달에 한 번씩 보러 오면서 그녀와 논쟁을 벌이고 싶지 않았다. 어쨌든 그런다고 해서 어머니가 세계를 지각하고 사태를 느끼는 방식에는 아무런 변화도 없을 것이기 때문이었다. 그래서 난 반대 의견을 내는 데 만족했다. "하지만 제가 이해한 게 맞다면, 프로그램의 취지가 자기 친구들을 초대하는 거잖아요?" 어머니는 단념하지 않았다. "그렇더라도 그 사람한테 흑인 친구들만 있지는 않을 텐데 말이다." 약간 부조리한 이 대화 속에서 서로 맞선 것은 세계와 자기에 대한 두 가지 시각이었다. 난 예능 프로그램에서 백인들만 보지 않아도 되는 이 상황이 기뻤다. 비록 이 경우에 흑인들은 프로그램의 틀에만 한정된 채, 유명한 친구에게 가수나 스포츠 선수로서 단체로 초대받았지만 말이다. 초대자는 자신의 존재와 동시에 그들의 존재를 확연히 눈에 띄게 만들었다. 어머니는 자신이 보호받는 개인적 공간—

거실의 텔레비전—에 자신이 좋아하지 않는 사람들이 침입했다고 여기며 언짢아했다. 프로그램에서 하는 일도 딱히 없어 보이는 그들이 왜 나왔는지도 잘 모르겠는데, 더욱이 떼로 나온 것이다. 한 명이라면 괜찮았을 것이다. 그녀가 내게 족히 십수 번은 되풀이해 말한 것처럼, '그 사람'은 좋아하지만 여러 사람—그의 친구들—이 무리 지어 나와서는 안 되는 것이었다![1]

난 그 얼마 전에 '유색인'이라는 제목이 붙은 헨리 루이스 게이츠 주니어의 자서전을 읽었다. 거기서 그는 자신이 어렸던 1950년대엔 "주님이 아시듯, 우리는 텔레비전을 보면서 유색인이 되는 법을 배우지는 못할 것이었다"라고 이야기한다. 텔레비전 화면에서 흑인을 보는 것은 자주 있는 일이 아니었다. 또한 흑인들에게 어떤 프로그램이나 시리즈에 흑인이 나오는 것은 일종의 사건이었다.
텔레비전을 시청 중이던 이가 소리친다. "유색인, 유색인 나와, 2번 채널에!" 사람들은 가족과 친구들에게 알리러 전화통으로 달려가고, 이웃들에게 알리러 집 문턱을 넘는다. 희귀한 만큼이나 귀중한 순간을 아무도 놓치지 않도록 말이다.[2]

우리는 안다. 다양한 소수자들 모두에게 자신의 공적 이미지를—텔레비전에서, 영화에서, 문학에서, 정치에서…—가지는 것은 이 이미지가 심지어 자신을 왜곡하고 폄훼할 때조차 상당한 중요성을 띤다는 사실을.

스스로를 보고 동일시할 수 있는 단순한 가능성, 나아가 우리 자신이 되는, 그러니까 그렇게 주조하는 법을 배우기 위해 자기 자신을 있는 그대로 생각할 수 있는 가능성은 개인적이고 집합적인 정체성의 구축에 결정적 요인으로 작용한다. 예를 들면, 게이츠는 열다섯의 나이에 제임스 볼드윈의 책 『원주민 아들의 노트*Notes of Native Son*』에 열광했다.[3] 우리는 책들 속에서 자기 자신을 찾는다. 우리의 고유한 현재를 과거와, 역사와, 우리보다 앞서거나 동시대를 함께하는 또 다른 우리와 연결하며 이해하고자 노력한다. 지배받고 낙인찍힌 소수자 집단은 모두… 책에, 도서관에, 이미지에, 가용한 재현에 호소한다.

아마도 내가 열일곱 살 때였을 것이다. 라디오 채널에서 동성애에 관한 프로그램이 방송 예정이라는 정보를 보거나 들은 것으로 기억한다. 난 고등학교에서 수업을 받느라 방송을 청취할 수 없었다. 인터넷이 없던 시절이었으니, 시차를 두고 나중에 방송을 들을 수도 없었다. 오래 망설인 끝에 난 방송 진행자에게 녹음본을 보내달라는 편지를 쓰기로 결심했다. 내게 녹음기가 있었기 때문이다. 라디오에서 동성애에 관해 말한다는 것은 곧 나에 관해, 내가 누군지에 관해 말한다는 것이고, 더 정확히는 내가 그렇게 될 방편을 찾길 열렬히 욕망하면서도 감히 그럴 수 없는 것에 관해 말한다는 것이었다. 이는 내 안에 혼돈과 희망이 뒤섞인 현기증의 기묘한 감정을 불러일으켰다. 난 얼마 지나지 않아 답장을 받았다. 그들은 프로그램의 녹음본을 보내지 않는다고 했다. 먼저 그런 답을 예상했어야 했을 것이다. 어떻게 모든 요청에 응해 방송 녹음본을 보내겠는가? 하지만 난 순진했고 그런 것들에 통 무지했다. 엄청나게 실망한 나는 마음 깊이 슬퍼했다(동시에 어머니가 우편물 꾸러미에서 그런 봉투를 우연히 발견해 내게 주기 전에 열어 보거나 그 안에 뭐가 들었는지 물어볼지도 모른다는 두려움이 덕분에 가라앉기도 했다). 난 고립되어 있었다. 혼자나 다름없었다. 주변에 다른 사람들이라고는 막 그 존재를 알게 된 '만남의 장소'나 공원 등지에서 저녁이나 밤에 은밀히 옮겨 다니는 실루엣만 보일 뿐이었다. 어쨌거나 난 혼자라고 느꼈다. 그리고 내가 혼자가 아니라는 것을 알게 해줄, 혹은 내가 누군지, 나와 같은 사람들은 누군지 정보를 줄 수 있는 온갖 흔적과 기호를 찾았다. 어느 날 난 같은 라디오의 저녁 뉴스에서 동성애자들의 시위가 밀라노에서 벌어졌다는 소식을 들었다. 시위대는 수십 명에 달한다고 했다. 한동안 어안이 벙벙했다. 그렇게 공개적으로 자신을 드러내 보이는 일이 어떻게 가능했을까? 생각할 수도 없고, 생각해서도 안 되는 것, 모욕과 폭력에 노출되지 않으려면 비밀로 남아 있어야 하는 것을 말하는 일이 어떻게? 치욕에 과감히 맞설 용기를 내는 일이 어떻게? 나라면 절대로 그렇게 할 수 없을 거라고 확신했다. 이제야 난 안다. 그때는 어려웠던 그 일을 누군가 했기에 다른 이들도 뒤따라 할 수 있었음을. 덕분에 그 일이 훨씬 덜 어려워졌음을. 당시 처음에 느낀 경악에는 불확실성과 아마도 불안의 감정이 뒤섞여 있었을 것이다. 내게 그런 정보는 무엇을 의미했는가? 그 후로는 들킬지도 모른다는 내 지속적인 두려움에 어떤 사람들은 더 이상 감추지 않고 살 수 있다는 강박관념이 더해졌다. 다양한 채널을 통해 우리에게 알려진 공공 영역에서의 이 현존들은 촉매제로 작용했다. 우리는 그 채널들이 발하는 빛을 통해, 그것들이 우리에게 내미는 거울을 통해, 그것들이 알리는 가능성을 통해 우리 자신을 본다. 내게 게이 친구들이 있었더라면, 그들이 이 순간을 놓치지 않도록 전화를 돌렸을 것이다. "유럽1 채널에 호모 나와! 유럽1 채널에 호모 나온다구!" 이 시절 내겐 그런 사건을 전화로 알릴 만한 친구가 없었다. 책들이 내 구원자였다. 장 주네의 소설들, 사르트르가 주네에 관해 쓴 저작이(처음 읽으면서 어떤 열기에 휩싸인 이후로 한참 세월이 지났는데도 난 이 책을 늘 인생에서 가장 중요했던 책, 살면서 읽은 가장 위대한 책 가운데 하나로 꼽는다).

그런데 차별받거나 낙인찍힌, 그때까지 공론장에서 가시성이 없다시피 한 상태를 감수하던 소수자들의 가시성이 증가할 때, 특히나 새로운 재현이 더 이상 열등성의 부여, 고정관념의 유지에 부합하지 않을 때 이는 자신들의 헤게모니가 반격을 입고 불안정해졌다고 느끼는 다수자들, 지배자들 쪽의 적대감 어린 반응을 유발한다. 1990년대에 "우리는 게이들에게 잠식당했습니다"라고 개탄했던 프랑스의 반동적 여성 정치인이 있었다. 동성 커플의 법적 인정에 관한 논쟁이 벌어지던 때였다. 어머니도 흑인에 대해 근본적으로 유사한 감정을 표출했나. 그녀 역시 '잠식'당했다고 느꼈다. 그녀의 발언은 게이츠 가족에게서 들려오던 외침("2번 채널에 유색인이 나와!")과 대립되는 관점에서 말해졌을 뿐 아주 멀리 있지는 않다. 어머니가 그날 내게 말한 것과 그 말을 할 때의 어조는 동일한 외침으로 요약될 수 있을 것이다. "프랑스2 채널에 흑인! 프랑스2 채널에 흑인이 나와!" 그러나 어머니에게 그 외침은 기뻐하기 위한 것이 아니라, 불평하고 심지어 분개하기 위한 것이었다.

따라서 어머니는 여기서 내가 '판결verdicts'이라고 이름 붙인 것의 기능 양태 가운데 하나를 구현한다. 소재지 없는, 아니 어쩌면 언제 어디에나 소재지를 둔 법정에서 내린 선고의 재생산이 그녀를 통해 표현되는 것이다. 그것은 특정 범주의 사람들을 대상으로 한 모욕적 언사의 인용적 반복réitération citationnelle에 의한 낙인찍기이자, 평가절하하는 시선의 영속화다. 그런데 이로써 어머니는 판결의 작동에서 평범한 만큼이나

기이한 또 다른 양태를 구현한다. 다차원적이면서도 언제나 관계적인 특성 말이다. 사랑받지 못한 '사생아'이자 생모에게 버림받은 아이였던 어머니는 열네 살에 부르주아 가정에 들어가 '무슨 일이든 하는 하녀'가 되었다가 나중에 가정부가, 또 공장노동자가 되었다. 그녀는 평생 엄청나게 고되고 소모적인 일에 시달렸다. 그토록 부당한 폭력적 사회질서의 희생자였다. 수없는 굴욕을 감내하며 늘 경멸받고 있다고 느꼈다. 그랬던 그녀가 어떻게 다른 식으로 낙인찍히고 열등화된 범주들[인구 집단들]에 대한 증오를 걸핏하면 표출하기에 이르렀을까? (비록 사적인 틀을 벗어나지 않았다고는 해도, 그 범주들에 대한 낙인찍기와 열등화에 그녀 역시 항상 이바지했는데, 이 사적 인종주의는 일반적 인종주의, 사회적 인종주의, 공적 인종주의, 정치적 인종주의에 양분을 주는 요소이기 때문이다.) 그렇게 어머니는 백인으로서 자부심을 느꼈다. 사실 어머니는 진정한 백인은 아니었는데, 그녀 자신의 이야기에 따르면 그녀의 생물학적 아버지는 안달루시아의 "집시"였기 때문이다. '집시'는 어머니가 자신의 생부에 관해 말할 때 쓰던 단어로, 따라서 그는 '백인'이 아니었다. 그렇다면 어머니나 나나 백인은 아니었던 셈이다. 청소년 시절의 내게 어머니가 틈만 나면 빼먹지 않고 했던 말이 예컨대 내가 "깜둥이"를 닮았다는 것이었다. "길모퉁이에 있는 널 보고 깜둥이인 줄 알았다" 같은 식이었다—나와 비교하는 이 집단에 대한 그녀의 혐오를 고려하면 입에 올리는 일 자체가 놀라운 문장이었다. 한편으로는 자신을 백인 아닌 쪽에 정렬시키는 조상을 긍정하면서(태어나기도 전에 생부에게 버림받고 아직 아이였을 때 생모에게마저 버림받은 '사생아'였다는 점을 매우 슬퍼하고 수치스러워하는 동시에, 확실히 '안달루시아'나 '집시'라는 기원이 부여하는 듯 보이는 소설적 아우라 때문에 매우 자랑스러워했다), 다른 한편으로는 단지 피부색이 그녀보다 더 짙을 뿐인 비非백인들을 그토록 공격적인 용어로 비방하는 일이 어머니에게 어떻게 가능했을까? 어머니의 피부색은 그녀가 알지 못해 너무도 애석해했던 생부에게 물려받아 스스로 규정하듯 '아주 거무스레'했고, 생부는 틀림없이 피부가 그녀보다 더 '거무스레한,' 훨씬 짙은 갈색 피부를 가졌을 텐데 말이다.

한데 어머니는 사회적으로는 여러 면에서 게이츠의 어머니와 매우 가까웠다. 이 여성은 주인에게 학대받는 신세를 한탄하면서도 내 집 마련을 꿈꾸던 가정부였는데, 끝내 세입자 처지를 벗어날 수 없었다.[4] 어머니도 마찬가지였다. 그녀는 오랫동안 가정부 일을 하며 언제나 자기 집을 갖길 소망했으나 결국 그럴 만한 형편이 못 되어 평생을 공공 주택의 세입자로 머물렀다. 텔레비전 앞에서 비슷한 장면을 보고 소리치던 이 두 여성은 같은 사회 계급에 속해 있었지만, 피부색이 그들을 갈라놓았다. 그리고 그들을 갈라놓은 요인은 그들을 가깝게 한 요인보다 더 큰 힘을 발휘했다.

어머니에게 내가 부재하다시피 했던, 우리의 대화도 실질적으로 전무했던 오랜 세월 이후 어머니와의 관계를 회복하자, 고통에 빠져 있던 이 늙은 여성은 내게 연민과 심지어 다정함(이것이 적절한 단어인지 확신은 없지만, 다른 어떤 단어가 적합하겠는가?)을 자아냈다. 예나 지금이나 줄곧 우리를 갈라놓는 모든 것에도 불구하고 말이다. 어머니의 강박적 인종주의는 날 아연실색하게 했지만, 갈등 분위기의 조성을 피하기 위해 난 이민자의 딸이기도 한 어머니가 '외국인들'을 향해 습관적으로 독설을 내뱉을 때마다 그저 부드럽게만 이의를 제기했다. 어머니는 '자기네 나라'를 놔두고 '우리 나라'에 온("우린 더 이상 우리 나라에 있는 게 아니야." "뭐든 그놈들에게만 있고, 우리한테는 아무 권리도 없어") '외국인들,' 그러니까 '아랍인' '흑인' '중국인'(어머니의 숱한 혐오 대상을 이루는 이 사람들에 관해 말하기 위해 그녀는 훨씬 거칠고 모욕적인 어휘를 자주 끄집어냈다) 탓을 끊임없이 해댔다. 내가 그녀를 더 보지 않았던 것도, 가족과 환경으로부터 탈주했던 것도 부분적으로는 그런 담론을 더 이상 듣고 싶지 않았기 때문이다. 난 대화 내내 되풀이되는 신랄한 장광설을 참을 수 없었다. 이 모든 시간이 지나고도 변한 건 없었다. 이 점이나 다른 여러 점에서 어머니는 옛날과 그대로였다. 그런데도 어머니를 다시 보겠다면—난 그랬고, 하여튼 그래야만 했다—그녀의 모습을 있는 그대로 받아들여야 했다. 어머니는 변하지 않을 것이다! “제발요, 그런 말씀 좀 하지 마세요. 제가 그런 이야기 안 좋아하는 거 잘 아시잖아요.” 내가 짜증을 내면서 이 말을 감히 입 밖에 내자 어머니는 공격적이라고 할 만큼 단호한 어조로 대꾸했다. “난 내가 하고 싶은 말을 한다. 여긴 내 집이야. 네가 나한테 이래라저래라 명령할 수는 없다.” 따라서 난 그녀를 이해하기 위해 노력해야만 했다. 자연스러운 내 경악의 반응을 한쪽에 제쳐두고서 그녀가 어떤 사람인지, 왜 어떻게 그런 사람이 되었는지 이해하기 위해 말이다. 이렇게 생각해도 될까? 어머니가 사는 동안 내내 감수했던 사회적 폭력과 열등화, 굴종이 기묘한 사회심리학적 연금술의 효과로 인해, 그녀가 경멸할 권리가 있다고 느끼는 사람들에 대한 지칠 줄 모르는 언어폭력으로 탈바꿈했다고. 부르디외는 ‘사회적 폭력 보존의 법칙’을 기술한 바 있다.* 폭력이 있었던 곳에 폭력이 있을

* 아마도 부르디외의 다음 글을 참조한 것으로 보인다. “성찰거리를 제공하기 위해 다만 이런 말을 하고자 한다. 폭력 보존의 법칙이 있으며, 우리가 가장 가시적인 폭력 범죄, 절도, 강간, 심지어 테러까지도 을 진정으로 줄이기를 원한다면, (어쨌든 중심의 또는 지배적인 장소들에서부터) 비가시적인 폭력을 총체적으로 줄이기 위해 노력해야 한다고. 그런 [비가시적인] 폭력은 가족, 공장, 작업장, 경찰서, 감옥 또는 병원이나 학교에서조차 날마다 어지럽게 자행되는데, 이는 경제 및 사회구조의 ‘타성적 폭력violence inerte’과 이를 재생산하는 데 이바지하는 무자비한 메커니즘들의 산물

것이다. 폭력의 희생자였던 사람들이 다른 사람들을 대상으로 폭력을 재생산할 것이다. 어머니가 텔레비전을 보며 화면에 나온 사람들에게 욕설을 퍼부으면서 드러낸 격렬함은, 내가 보기엔 다음과 같은 의미만을 가질 따름이다. 영원히 열등한 위치에 있던 어머니는 자신에게 사회적으로 유일하게 허용된 우월감을 혐오라는 매개를 통해 스스로 부여했다. 어머니 같은 사람조차 나서서 배척하고 모욕할 정도로 낙인찍혔거나 낙인찍힐 만한 범주들에 어머니 자신은 속하지는 않는다는 애처롭게 차별적인 존엄성. 어머니 자신에게도 모욕할 능력이 있다고 느끼는 것—허구적이고 그녀 자신만을 위한 것이며 텔레비전 화면을 통해서일지라도—이 마치, 아주 오래전부터 모욕당하는 쪽에 속했던 자신의 복수라도 되는 것처럼. 그런 상황들에서 어머니의 격렬한 언어는 듣기 고통스러울 뿐만 아니라 이해하기조차 어려웠다. 왜 그렇게까지 증오하는가? 이 사람들이 대체 무슨 잘못, 무슨 위해를 저질렀기에, 어머니가 그토록 독설을 즐겨 내뱉는 대상이 되었을까? 이유도, 근거도 없는 악의 속에서 어머니는 어떤 쾌감을 느꼈을까? 만일 어머니가 분노해서 그런 거라면, 왜 그 분노는 그녀가 표적으로

이다."[Pierre Bourdieu, "Sciences sociales et démocratie"(version modifiée), in Pascale Combemale & Jean-Paul Piriou(eds.), *Nouveau manuel de sciences économiques et sociales*, Paris: La Découverte, 1995, pp. 673~74]

삶은 사람들보다 그녀의 삶을 힘들게 만드는 데 훨씬 더 책임이 큰 다른 사람, 집단 또는 제도 들을 향하지 않았을까? 어머니의 유일한 청자가 나였던 이 발언들은 그녀의 고유한 정신 경제économie psychique 속에서 어떤 기능을 수행했을까? 그녀는 왜 이 모든 것을 내게 말했을까? 자신의 격노를 그렇게 텔레비전 앞에서 시위하면서 그녀는 어떤 억누를 수 없는 욕구를 충족시켰을까?

사회질서의 이 포착할 수 없는 심연들을 설명하기란 결코 쉽지 않다.

5

어머니의 인종주의는 그녀와의 사이를 그르치지 않으려 내가 각오한 관용의 경계를 자주 넘어섰다. 그러나 진실은, 우리 사이가 틀어지지 않았다는 것이다. 마치 텔레비전의 배경 소음과 마찬가지로, 그것은 내가 그녀와 시간을 보내는 동안 감내해야 하는 불쾌한 일이었다. 예를 들면, 당시 아프리카에 정착한 동생이 새 반려자인 기니 여성과 함께 어머니 집에서 며칠 지냈다. 그리고 늘 그렇듯 동생과 어머니는 함께 있는 동안 대개 매우 격렬하게 말다툼을 벌였다. 말이 나온 김에 덧붙여두자면, 통상 '가족애sentiment familial'로 결속되어 있다고들 말하는 가족이 어떤 식으로 작동하는지 보는 것은 언제나 놀라운 일이다. 사실 『랭스로 되돌아가다』를 읽고서 아주 맹렬하게 반발했던 사람이 이 동생이었다. 그는 내게 모욕적인 장문의 메시지를 보냈다. 그는 나더러 가족이 뭔지도 모른다면서, 내게 맞서 형제들이 뭉치면—여느 때처럼 그 밑에 깔린 의미가 명백히 동성애 혐오의 기분 나쁜 냄새를 풍겼는데—곧 알게 될 거라고 말했다. '가족에 대한 중상모략'으로 소송을 걸 예정이라고 협박하면서 말이다. 내가 이 메시지에 관해 변호사에게 상의하자 그는 웃으며 법적 관점에서 그런 건 존재하지 않는다고 알려주었다. 게다가 어머니도 다른 두 형제도 그를 따라 절차를 밟길 원하지 않았다. 예전에는 그가 아버지나 형과 한방에 있기만 하면 그들 사이에 긴장감이 감돌다 기어이 서로 치고받는 지경에 이르곤 했다— 그들이 하는 짓을 보다 못한 어머니는 마치 이탈리아 네오리얼리즘 영화의 한 장면처럼 소리를 질러댔다(내게 이 이야기를 해준 사람이 어머니였다). "여기서 이러지 마. 다 깨부수겠어. 밖에 나가서들 싸우라고!"(에두아르 루이는 『누가 내 아버지를 죽였나*Qui a tué mon père*』에서 자기 형과 아버지 사이에서 벌어진 비슷한 장면을 그린다.) 마찬가지로 어머니 집에 도착하기가 무섭게 동생의 목소리 톤이 올라갔고, 간간이 언성을 높이는 말다툼이 그들 대화의 주요 대역 가운데 하나로 자리 잡았다. 동생은 성깔이 나빠서 걸핏하면 화를 냈다. 특히 그는 남자가 집안일을 해서는 안 된다는 관념을 철저하게 내면화했다. "오늘 아침에 세탁한 빨래는 어디 있어요?" 그가 묻자 어머니가 대답했다. "아직 세탁기에 있다." 그는 격분했다. "좀 꺼내서 널 수 없어요?" 임신한 그의 반려자는 소파에 누워 쉬고 있었는데, 어머니가 그녀를 손가락으로 가리키며 끔찍한 말대꾸를 날렸다. "쟤는? 쟤도 할 수 있지 않니? 이제 세상이 완전히 거꾸로야. 백인이 흑인을 위해서 일해야 하니 말이야."

아직도 분이 풀리지 않은 목소리로 내게 이 장면을 전화로 이야기하면서 어머니는 자신의 재치 있는 임기응변을 자랑스러워했다—그녀는 자신이 호락호락하지 않다는 걸 보여주고자 했는데, 이는 자신이 보기에 스스로 가치 있는 역할을 맡은 일화들의 반복되는 모티브를 구성했다. 난 얼이 빠질 정도로 너무 놀라서 처음엔 어머니가 자기 이야기를 과장하고 있다고 생각했다. "설마 정말 그렇게 말씀하신 건 아니죠?" 하지만 정말 그랬다! 그녀는 이 점을 강조했고, 내게 두세 차례 그 악랄한 문장을 되풀이했다. 어머니는 진짜 그렇게 말했던 것이다. "어머니, 그런 말씀 하시면 안 돼요." "하지만 걔는 소파에 떡하니 늘어져서 공주처럼 편히 쉬고 있는데, 걷기도 힘든 내가 빨래를 널었어야 하는 거니?" "그래도 제수씨에게 모욕을 주는 대신에 머저리 같은 엄마 아들한테 세탁기에서 네 빨래는 네가 꺼내라고 말씀하시면 됐잖아요."

여기에는 사회적 지배가 체화된 형태들의 기묘한 착종이 있다. 내 동생은 관습적으로 규정된 남성성의 요구에 얽매여 그것을 한순간도 거부하지 못했다. 나이 들고 신체적으로 쇠약한 내 어머니는 남성 중심적이고 장애인 차별적인 헛소리에 맞설 수단이 고작 자기 특유의 인종주의적 헛소리밖에 없었다… 이 모든 대화가 날 얼마나 의기소침한 상태로 몰고 갔는지 묘사할 단어를 찾기도 어렵다. 대학생 시절 이래로 나는 유년기와 청소년기 내내 일상적으로 들어온 이런 종류의 이야기에 다시는 노출되지 않도록 내 삶을 쌓아 올렸다. 그런데 그들이 이제 예전보다 더 거칠어져서 다시 나타났고,

거기서 난 빠져나갈 수 없었다. 어머니는 인종주의자 노인이었다. 난 그녀의 모습을 있는 그대로 받아들여야만 했다.

서서히 진행된 어머니의 단계적 쇠약에 리듬을 부여한 이 에피소드들을 이야기하자니 슬픔과 부끄러움이 나를 감싼다. 그렇지만 이야기해야 한다. 난 교훈적인 채색 삽화나 초상화가 아니라 현실의 그림을 제시하고 싶은 것이다. 시간이 갈수록 어머니가 인종주의를 드러내는 정도가 더 심해졌다고 해서 그 자체를 고령 탓으로 돌릴 수는 없다. 내가 기억하는 아주 오래전부터 인종주의는 언제나 그녀에게 현존했다. 또한 상기해보건대, 인종주의는 별다른 반박 없이 표출될 수 있었다. 그런 발언은 언제나 듣는 사람들의 동의를 얻었다. 그들이 인종주의를 공유하고 있다는 난순한 이유에서였다. 그것은 백인 노동자 공동체를 세계와, 그리고 타자와 맺는 관계 속에서 결속시켜주는 것처럼 보였다.

이는 또 다음과 같은 사실을 의미한다. 1970년대 혹은 1980년대에 어머니는 파업에 동참하고 노조의 지령에 따르며 대중 동원에 참여하는 여성 노동자였다. 어떤 면에서 그런 식으로 어머니는 노동운동의 오랜 역사 속에 기입되어 있었다. 마르크스라면 '프랑스에서의 계급투쟁'이라고 말했을 연대기를 구획 짓는 중요한 시기들뿐만 아니라, 더 조촐한 저항 행동과 일상적 활동으로 구성되는 역사. 한데 그때도 어머니는 [여성 노동자인 동시에] 언제나 그랬으며 앞으로도 그렇듯 여성 인종주의자였다. 이 시기에는 인종주의가 표출되지 않거나 덜하긴 했지만 말이다. 파업이나 대중 동원은 인종주의적 감정 표현에 대해 일종의 방음기 효과를 발휘했다. 그 결과, 파업이나 투쟁을 지지할 때 우리는 거기 참여하는 사람들, 착취의 폭력에 있는 힘껏 저항하는 사람들, 동원이나 운동을 가능케 하는 이 사람들의 진영에 자리 잡는다. 하지만 그렇다고 해서 반드시 이들이 개인적으로(또는 집합적으로) 생각하고 말하고 느끼는 모든 걸 지지해야 하는 건 아니다. 우리는 우파건 좌파건 상관없이 수많은 지각에 스며들어 있는 노동자주의의 신화와 단절해야 한다. 그런 지각으로 한편에는 '건강하고' '도덕적이고' '정숙하고' '선량한 민중'이 있는가 하면(우파 또는 극우파의 판본), 다른 한편에는 억압적 현실에 대한 자생적 의식을 갖춘, 계급투쟁의 영광스러운 프롤레타리아, '강철의 사나이' '용감한 어머니'가 있다(좌파의 판본). 반동이나 부르주아지의 편으로 몰리고 싶지 않다면, 어떠한 결함이나 결점이 있어도 이들을 탓할 수 없다. 민중 계급에 아주 강력하고 의미심장하게 현존하는 인종주의, 동성애 혐오homophobie에 관해 말하는 것은 '계급 경멸'이나 '프롤레타리아 혐오prolophobie'로 비난받을 위험이 있다. 또는 "부르지아지 내에서도 인종주의와 동성애 혐오가 있다"라는 반대의 목소리를 들을 수도 있다. 마치 그것이 부르주아와는 다른 환경에 놓인 자신의 유년기와 청소년기를 기술하는 작가라든지, 그가 함께 사는 내내 어머니가 지속해온 발언들을 이야기하는 누군가에게 진지한 반론이라도 되는 것처럼 말이다. 동일한 차별적 충동이 여타 사회 공간들에도 마찬가지로 존재한다는 핑계를 대가며 우리가 [민중 계급의 환경에서] 본 것, 들은 것, 겪은 것에 침묵해야 하는가? 민중 계급에 인종주의와 동성애 혐오가 있다고 말하는 것은 다른 계급들에는 그런 것이 없다는 말이 아니라, 그저 단순히 민중 계급에 그런 것이 있다는 말일 뿐이다.

앞서 언급한 것 같은 대화를 난 열 개, 스무 개, 백 개도 들 수 있다… 자신이 인종주의자가 아니라며 날 설득하려 할 때조차 어머니는 여전히 인종주의자였다. 언젠가 막냇손주(내 동생과 제수씨—몇 년 전 어머니가 모욕을 주었던—의 아들)에 관해 그녀는 이렇게 말했다. "걔는 흑인이지만 다른 손주들이나 마찬가지로 생각한다. 난 차이를 두지 않아." 또 어머니가 랭스에 다시 정착하고 나서 집 근처 의사를 찾아야 했을 때 난 물어보았다. "새 의사 선생님은 괜찮아 보이세요?" "그래, 내가 문을 열어 보고 깜짝 놀랐지 뭐냐. 왜냐하면… 그러니까 흑인이더라구… 근데 아주 잘해." "하지만 어머니, 제가 그 사람이 백인인지 흑인인지 여쭤본 게 아니잖아요.

그냥 잘하는 분인지 여쭤본 거죠.” 그녀는 논쟁할 마음은 없지만 물러설 의향 또한 없음을 고집스레 드러내고자 할 때 즐겨 취하는, 나이 든 소녀의 반은 완고하고 반은 빈정거리는 어조로 대답했다. “그래, 그래, 그래, 그 사람 잘한다고 내가 막 얘기하지 않았니… 어쨌든… 좀 이상했다는 거지…”

어머니가 아직 거동할 수 있었을 때, 프랑스 남부에 사는 내 동생을 보러 여행한 적이 있었다. 파리에서 환승하려고 RER(급행 전철)를 탄 그녀는 방향을 착각하는 바람에 교외 지역까지 가게 되었다. 전철에서 내린 그녀는 승강장에서 기다리던 승객들에게 말을 걸었고, 그들은 필요한 안내를 해주었다. 나중에 어머니가 말했다. “흑인들밖에 없어서 아주 안심이 되진 않았다. 그래도 다들 아주 친절하더구나.” 내가 대답했다. “도대체 그 사람들이 어머니한테 친절하지 않을 이유가 뭐가 있겠어요?” 어머니가 말했다. “오, 너도 알잖니, 텔레비전에서 보면 온갖 일이 다 벌어지는데!” 하루 종일 텔레비전을 본다는 건, 어머니가 편향된 재현의 흐름을 흡수한다는 것 또한 의미했다. 그런 흐름은 그녀가 거의 알지 못하는 어떤 세계(파리의 RER, 교외 지역의 코뮌과 그곳 주민들)에 대해 이미 가지고 있던 적대적 성향을 배양하고 강화하기에 이른다.

이런 불쾌한 장면들에도 불구하고 텔레비전 시청은

우리가 함께 시간을 보내는 한 방법이었음을 시인해야겠다. 건강이나 가족 관련 화제, 몇몇 추억, 새롭거나 아니면 백번은 얘기한 몇몇 일화가 일단 소진되고 나면 애써 대화 주제를 찾을 필요가 없었다. 우리는 서로 아무 말 없이, 또는 눈앞에 펼쳐지는 이미지(과학, 역사, 지리, 동물 등의 다큐멘터리, 이런저런 연예인을 재조명하는 프로그램…)를 평하는 말을 몇 마디 주고받으며 나란히 앉은 채 가만있을 수 있었다. 요컨대 한 사람이 다른 사람 곁에 아무 말 없이 함께 있는 건, 가까운 사람들(특히 그중에서도 가장 가까운 사람들)과 맺는 특권적 관계 양태 가운데 하나이기도 하다. 그것이 아주 높은 수준의 친밀성, 암묵적 동조를 요구하기 때문이다. 따라서 난 대화를 '채우려고' 노력할 필요가 없었다. 우리는 그런 식으로 좋았다. 게다가 이는 긴장을 피할 수 있다는 장점이 있었다.

어머니에게는 포뮬러1 경주에 대한 열정이 있었다. 자동차 경주장을 쏜살같이 돌며 달리는 차들을 몇 시간이고 따라 볼 수 있었다. 그럴 때면 흠뻑 매료된 어머니는 화면에 시선을 고정시킨 채 내가 옆에 있다는 사실조차 잊어버릴 지경이었다. 나는 깜짝 놀랐다. "그게 그렇게 재미있으세요?" 그녀가 말했다. "아, 그럼! 나도 카레이서가 되었더라면 좋았을 텐데." 내가 다른 의견을 냈다. "여성 카레이서는 별로 많지 않을 거고, 아마 어머니가 젊은 시절에는 더 그랬을 거예요." 그녀는 웃으며 어깨를 으쓱였다. “나도 안다… 어쨌거나…” 그렇다. 어쨌거나 여성 카레이서가 있었다 하더라도 민중 계급 여성은 아니었을 것이다. 자동차 경주는 부유층, 그것도 대단한 부유층에게만 한정되는 각별히 많은 비용이 드는 스포츠다.

어머니는 자신이 갖지 못한 모든 기회, 가난한 소녀였던 그녀에게 가로막힌 모든 경로를 그저 공상할 수밖에 없었다. 아마도 그 시대에는 한순간이라도 해볼 엄두조차 내지 못했을 것이다. 그것이 그녀의 사회적인, 따라서 정신적인 지평에서 배제되어 있었기 때문이다. 어머니는 법관, 변호사, 의사, 엔지니어, 건축가가 될 수 있다는 상상도 해본 적이 없었다(그런 직업들은 당시 여성들이 갖기 어려웠을 뿐만 아니라 민중 계급에 완전히 차단되어 있었다. 이 중 후자의 상황은 거의 변하지 않았다). 어머니는 교사가 되었더라면 좋았을 것이다. 이 희망조차 비현실적으로 여겨졌다. 어쨌든 이루어질 수 없었다. 그러니 어차피 공상할 바에는, 더구나 회고적으로 공상할 바에는 가장 개연성 없고 가능성도 없는 꿈을 꾸는 편이 낫다. 무엇 하나 진지하게 고려되지 않았고 고려될 수도 없었으며, 여하튼 있을 수 없는 일이기 때문이다. 그러므로 포뮬러1의 카레이서가 되는 것, 또는 어머니가 가끔 언급했듯 파일럿이 되는 것은, 곰곰이 생각해보면 다른 직업을 갖는 것보다 딱히 더 비현실적이지도 않았다. 한데 이는 선택이 아니라 불가피한 운명이었고, 불가능한 것, 구상할 수 없는 것의 대양과도 같았던 과거 어머니의 삶 속에서 적어도 한 가지 장점이 있었다. 가장 뜨겁게 타오르는 자신의 엉뚱한 욕망이 자유롭게 펼쳐질 수 있는 영역 속으로 그녀를 데려간다는 것이다. 이렇게 어머니는 스스로에게 자유롭고 독립적이며 대담한 여성의 이미지를 부여했다. 그것은 사회 세계가 과거(그리고 지금) 그렇지 않았더라면, 그녀가 제일 하급 노동자인 공장의 수공 노동자와 스무 살에 결혼한 가정부가 아니었더라면 그토록 되길 원했던 여성의 이미지였다. 이는 인간 실존의 변함없는 법칙이다. 우리는 과거를 지우지 못한다. 과거는 그랬던 그대로 남아 있다. 우리는 기껏해야 현재의 상황과 미래로의 자기 투사projection de soi를 통해 과거의 의미를 변형시킬 수 있을 따름이다(이 문장이 아주 사르트르-보부아르적이라는 점을 나 역시 잘 알고 있다). 또 현재와 미래는 변화 가능한 영역이어야만 한다. 그런데 그 나이에 그런 신체적 조건을 지닌 어머니에게, 과거의 의미는 더 이상 실제 세계 안에서 달라지지 않았다. 사회적 조건과 신체적 조건은 서로를 응집하고 강화하면서 줄곧 불가능했던 것을 한층 불가능하게 만들거나, 차라리 이 불가능성을 불변하는 결정적인 것으로 만들었다. 우리는 종종 『희망』에 나오는 앙드레 말로의 문장을 인용한다. "죽음의 비극은 그것이 삶을 운명으로 변화시킨다는 데 있다." 우리는 삶이 막바지에 이르러 차츰 운명으로 변화하는 단계인 고령에 대해서도 비슷한 언명을 내놓을 수 있지 않을까? 그러니 텔레비전은 몽상, 아니 차라리 환영의 기계로 작동하면서 머릿속에서 실제와 상상, 참과 거짓, 과거와 현재의 온갖 구분을 중지시켰다. 그것은 계급, 젠더, 연령의 무자비한 결정 논리를 도외시했다… 실존의 되돌릴 수 없는, 정해진 방향으로서의 운명을 소거했다. 더 이상 미래로 자신을 투사할 수 없었기에 어머니는 상상적 과거로 자신을 투사했다. 또 다른 과거가 가능해졌고, 그와 함께 다른 삶들, 다른 경험들, 다른 감흥들이 가능해졌다. 그녀는 화면의 매개만이 일시적으로 접근을 허용하는 상황과 세계 속으로 이동했다. 어쨌든 그녀는 자기 집에서 거의 움직일 수 없었기에 그것만으로도 충분했다. 어머니는 더 이상 사회적 편입도 사회생활도 없이 점점 더 모든 것과 모든 사람에게서 단절되었기에, 자신이 열광과 정열 속에 뒤쫓는 경주용 자동차의 광적인 움직임에서 피난처를 발견했다. 손에는 리모컨을 쥐고 소파 안에서 꼼짝 않은 채, 경주용 자동차의 운전석에서 핸들을 잡고 있었다.

6

지방 일간지를 읽으면서 어머니는 지역 정보들을 탐독하느라 다양한 섹션을 종횡무진 오갔다. 그 가운데는 '뷰티와 건강' '음식과 요리' '실용적 조언' '인테리어 디자인,' 그녀는 집수리를 안 했고 정원도 없었지만 '집수리와 정원 가꾸기,' 오래전부터 더 이상 여행을 안 다녔지만 '여행과 관광' 등이 있었다. 하지만 결국 우리는 각자 신문에서 직접적으로 아무런 유용성도 없는 지면을 들여다본다. 우리는 추천 명소의 사진과 함께 앞으로 결코 갈 일 없을 지역의 맛집을 소개하는 여행 섹션의 부록을 참고하며 언제나 즐거움을 경험한다. 어머니는 한 지역신문을 '내 신문'이라 부르며 구독해 우편함에 받아 보았다. 그러다 구독료가 너무 비싸다면서 신문을 이틀에 한 번씩만 받겠다고 요구하는 때가 왔다. 난 구독료를 대신 내겠다고 제안했다. '그녀의' 신문을 매일 아침 읽을 수 있는 것이 어머니에게 중요했기 때문이다. 하지만 그녀는 단호하게 거절했다. "그건 네가 낼 게 아니다." 난 고집을 부렸지만 어머니는 이미 거절한 일로 재차 입씨름하길 원치 않았다. 그녀는 또 큰 글자로 인쇄된, 사랑 이야기를 다루는 감상적인 소설들을 읽었다. 표지는 항상 젊고 잘생긴 남자가 역시 젊고 예쁜 여자를 끌어안고 있는 관능적인(물론 이성애적인) 장면들로 채워져 있어서, 감상적인 데서 뭔가 좀더 나간 줄거리를 추측하게 했다. 어머니가 그 책들을 어떻게 구했는지 궁금했지만, 이런 장르의 책들을 어디서 살 수 있는지 아무 곳도 떠오르지 않았다(이 책의 집필 준비 노트에 난 이렇게 썼다. "그녀가 읽은 소설들을 언급할 것. 그 책들을 어떻게 구했는지에 관해서는 전혀 알지 못함"). 왜 그녀에게 한 번도 물어보지 않았던가? 따라서 그것은 내게 미스터리로 남아 있었다. 미스터리가 풀린 것은 어머니가 돌아가신 후 한 영화를 보면서였다. 아니 에르노의 소설을 각색한 영화에서 작가를 연기한 배우의 손에 같은—정확히 같은—책들이 들려 있는 장면이 나왔던 것이다. 거기서 그녀는 집 근처 대형 슈퍼마켓에서 책을 몇 권 사는 중이었다. 문학에서의 모든 까다로운 관계를 거부하면서 성적이고 감상적인 열정에 대한 상투적 암시를 즐기기 위해 말이다.[1]

소파 테이블에 놓인 책들 가운데 한 권을 호기심에 집어 들자 어머니는 마치 내가 자기를 평가하기라도 할까 봐 겁내듯 과장된 웃음을 지으며 내게 말했다. "아, 그건 건드리지 마라. 네가 볼 만한 책들이 아니야… 나도 그게 헛소리들이란 걸 잘 안다… 그래도 난 좋아한단다." 지금은 마음 깊이 그 책들을 한두 권 읽고 싶다. 거기 담긴 '헛소리들'이 무엇인지 알기 위해서. 이제는 어머니가 아직 거동할 수 있을 때 장을 보러 간 김에 그 책들을 구입해 비축해 두었다는 걸 안다. 하지만 나는 대형 슈퍼마켓들에 전혀 가지 않는데 어디서 그 책들을 살 수 있을까?[2]

언젠가 어머니가 내게 찾아달라고 부탁한 서류를 꺼내려고 그녀가 아끼는 골동품 비슷한 스타일의 나무 서랍장을 연 일이 있다. 그녀가 탐독하고 나서 소중하게 보관한 소설들이 꽂혀 있는 서랍 칸 중간에 과거 내 것이었던 책 몇 권이 있는 것을 보았다. 내가 열아홉에 가족의 아파트를 떠나면서 다 챙겨 가지 못하고 일부 남겨둔 것이 분명했다. 갈리마르 폴리오 시리즈 포켓판인 카뮈의 『이방인』과 사르트르의 『말』, 그리고 조합주의에 관한 마르크스와 엥겔스의 텍스트를 모아놓은 마스페로 출판사의 문고판 총서였다.[3] 난 탄성을 질렀다. "아, 제 책들이네요!" 어머니는 책들을 쳐다보고는 대답했다. "어, 그래! 어쨌든 내가 그런 걸 읽진 않지!" "가져가도 되죠?" 내가 덧붙이자 어머니가 히죽거리며 날 바라보았다. "그래, 그 책들은 네 거잖아. 내가 그걸로 뭘 하길 바라는 거니?"

겉으로 평범해 보이는 이 대화들은 사회문화적 의미들로 빽빽이 차 있다. 어머니 집에서 이렇게 나란히 놓여 발견된 책들, 내 과거의 책들과 그녀의 현재의 책들은 서로 직접적인 대립 관계 속으로 들어갔다. 내 청소년 시절 우리가 살던 HLM 주택단지의 아파트에 잊힌 채 있었던 마르크스·엥겔스 책 두 권은 하나는 빨간색, 다른 하나는 보라색의 아주 간소한 표지에,

출간일은 1972년 1월로 되어 있었다(책 마지막 면에 초판 발행 부수가 1만 5천 부로 적혀 있는데, 이 인상적인 수치는 당시 그런 책들의 출간이 많은 관심을 불러일으켰음을 증명한다). 그러니까 난 그 책들을 가족을 떠나 도심의 작은 방에 세 들기 직전에 샀다. 그것은 '탈주'의 첫번째 단계였고, 이는 금세 나를 파리로 이끌었다. 책들은 비록 색은 약간 바랬을지 몰라도 이 시절 벌써 [나와 가족 간에] 파인 균열의 찬란한 상징처럼 빛을 발했다. 탁자 위에 놓인 채로, 우리 사이에 자리 잡기 시작했던 문화적 거리를 표상했다. 그 거리는 이후에 점점 더 커져만 가는 사회적 거리로 변화할 것이었다(사실 문화적 거리는 이미 그 전부터 사회적 거리였는데, 부모님은 공장노동자였고 나는 학생이었기 때문이다).

어머니는 자신이 읽는 책과 이런 장르 문학 취향이 갖는 문화적 비정당성illégitimité culturelle에 아주 강한 감정을 느끼고 있었다. 내가 이 주제로 말도 꺼내기 전부터 어머니 스스로 이런 감정을 표현했다. 자신이 읽는 책들은 내가 읽을 책이 아니라거나, 자신도 그것들이 '헛소리'임을 잘 알고 있다고 표명하거나, 역으로 마르크스와 엥겔스의 책들은 자신을 위한 책이 아니라고 하면서 말이다. 어머니는 그런 책들을 읽은 적이 없고, 결코 읽을 수도 없었을 것이다. 열네 살에 학교를 떠난 어머니는 필요한 교육을 받지 않았다. 그녀는 예컨대 문학 고전이라든지 조합주의에 관한 텍스트에 내가 흥미를 느꼈듯 그녀도 흥미를 느끼게 해줄 '문화적' 성향도 '지적' 성향도 획득할 수 없었다. 어머니는 마르크스, 엥겔스는 고사하고 당연히 카뮈의 소설이나 사르트르의 자서전도 펼쳐본 적이 없으며, 앞으로도 전혀 없을 것이었다… 그녀는 그런 교육적, 문화적 '능력'을 결여하고 있었다. 보편적인 것도 태생적인 것도 아닌 그 능력을 지배계급에서는 가족적·사회적으로 문화자본을 전수받고, 이후에는 교육체계에서 특정 계열(육체노동이나 기술직의 수련에 한정되지 않는 계열)에 다니면서 이미 어린 시절부터 계급적 특권으로 획득한다. 아버지도 어머니도 우리 가족 그 누구도 마르크스를 읽지 않았다. 이는 강조해봐야 쓸데없는 일인데, 너무도 자명하기 때문이다!

내가 한참 뒤에야 서랍장 안에서 다시 찾아 테이블 위 어머니가 읽은 책들 곁에 놓은 이 책들은 넘어설 수 없는 역설을 드러낸다. 공장에서 노동한 사람은 어머니고, 노동운동의 역사와 조합주의 이론에 흥미를 가진 사람은 나였다(1972년 어머니는 이미 공장노동자였고, 나는 막 대학에 들어간 신입생이었다). 내가 조합주의 이론, 계급사회학, 정치철학에 관심을 갖게 한 조건은, 어머니가 여전히 몸담고 있던 내 어린 시절의 노동자 세계로부터 나를 멀어지게 했다. 노동자였기에 그녀는 '헛소리들'을 읽었고, 노동자가 아니었기에 난 마르크스와 사르트르, 부르디외를 읽었다…

마르크스와 엥겔스의 책들은 우리 사이에 정초된 거리를 표현하는 한편, 그 반대 의미 역시 동시에 띠고 있었다. 내 출신인 노동계급에 대한 지적·정치적 충실성이 그것이다. 마르크스를 읽으면서 노동계급을 사회적으로, 문화적으로 떠난 시기에 정치적으로는 자신을 노동계급 쪽에 위치시키며, 난 더 이상 함께 살 수 없었던 어머니, 가족과 다시 합류했다. 그것은 언제나 불가피하게 모종의 배반을 함축하는 탈주자의 여정 초기에 그들을 배반하지 않으려는 내 나름의 방식이었다('계급 탈주자들의 배반 테마'라는 제목의 논문이나 선집을 꾸릴 수 있을 정도로 많은 작가가 이 문제에 관한 글을 쓴 바 있다). 그리고 이런 관점에서, 정치적 관점에서 난 그들을 결코 배반한 적 없다고 단언할 수 있다.

요양원에 입소하기 전까지 뮈종과 탱큐에서 살던 어머니를 보러 집에 갈 때면 매번, 내가 개념화하는 식의 정치는 대개 어머니의 관심 밖이라는 걸 확인할 수 있었다. 그녀를 반응하게끔 하는 것은 『피플』 유의 대중지나 사건·사고 기사의 층위에 속해 있었다. "너도 봤지, 아주 끔찍한 일이 일어났던데?" 어느 날, 어머니 집에 도착해 현관문을 열기가 무섭게 어머니가 아연실색한 목소리로 말했다. "아뇨, 뭔데요?" 내가 물었다. "못 봤어? 관광객들이 탄 차가 도랑에서 굴렀대. 사망자들도 나왔단다." 그녀의 삶은 텔레비전

뉴스가 알려주는 이런 시사 문제actualité를 따라 리듬이 만들어졌다. 사건·사고 기사, 교통사고나 유명인들의 가십… 지역신문은 그녀에게 동요하고 분개하며 때로는 훨씬 드물긴 하지만 즐거워할 수 있는 다른 많은 기회를 주었다. 아주 사소한 지역 뉴스, 도시에서 일어난 강도, 폭행, 범죄라든지 지역에서의 예외적 악천후 등은 그녀가 보기에 먼 나라나 국제 무대에서 벌어지는 사건에 비해 훨씬 더 중요했다. 게다가 가까운 나라에서 일어나는 일에 대해서조차 그녀는 통 관심을 기울이지 않았다. 부르디외는 『텔레비전에 대하여』에서 "사건·사고 기사는 주의를 분산시키는 사실들이기도 하다"라고 강조한다. 어머니를 만날 때마다 이 문장이 얼마나 적절한지 생각하지 않을 수 없었다.[4] 어머니가 이 영구 필터를 통해 지각하는 모든 '시사 문제들'—미디어가 가로채고 여과한 세계의 실재—은 그녀 안에서 거의 전부 정동의 층위에서 나오는 반응을 촉발했다. 어머니는 공감에서 분노로, 슬픔에서 열광으로 갑작스럽게 옮겨 갔고, 자신의 정서를 항상 강렬한 감정이나 격렬한 언어와 함께 표출했는데, 이는 매번 날 놀라게 했다. 우리는 그것이 근본적으로 [미디어라는] 이 필터를 활성화하고 작동시키는 사람들이 추구하고 달성한 목표라고 생각할 수 있다. 정동—무엇보다 부정적이고 울분 어린 정동—을 동원하고 그것을 사건·사고 기사들로 향하게 함으로써 넓은 의미에서 더 '정치적인,' 더 핵심적인 쟁점들에 잠재적으로 주어질 수 있는 관심을 다른 곳으로 돌리기.

어머니는 항상 투표했고, 좀처럼 빼먹는 일이 없었다. 그녀가 기권한 것은 무관심의 결과가 아니라, 불신과 거부의 의도적이고 집합적인 몸짓이었다. 당시 자신이 살던 뛰종의 마을에 관해 이야기하면서 어머니는 언젠가 내게 이렇게 말했다. “내일 투표 안 할 거다. 여긴 아무도 투표하러 안 가. 전부 기권이야. 다 지긋지긋해.” 참여의 거부—이 현상은 그 후 증폭되어가기만 했다—는 어머니의 의견을 표현하는 한 방식이었다. 선택해야 하는 후보자들에게서, 더 나아가 선거 게임 자체에서 자신을 알아볼 수 없었기 때문이다. 그러니 게임에서 벗어나 거리를 두어야 했다. 어머니에게 이러한 철회가 아주 확고하지 않았던 것은 나이, 즉 세대(여성이 투표권을 획득했을 때 그녀는 열다섯 살이었다) 탓이었을까? 이어진 선거에서 어머니는 다시 계속해서 투표했다.

더 이상 어머니는 정치적 의견을 정련할 수 있는 집합적 틀에 접속되어 있지 않고, 외부 세계와도 거의 접촉하지 않았다. 그녀의 [대통령] 후보 선택은 가변적이고 때로는 이해하기 어려운 범주들에 따라 이루어졌다. 그녀는 [기성 정치권을] ‘심판하길’ 원한다는 이유로 [극우파] 장-마리 르펜을 지지했다.* 과거 ‘노동계급’이었던 사람들 사이에 국민전선Front

National에 대한 지지 투표가 뿌리내리고 번성하기 시작할 무렵이었다. 그다음엔 (그녀가 특히나 싫어했던) 사회당 후보 세골렌 루아얄에 맞서 매우 반동적인 니콜라 사르코지를 지지하더니, 다시 사회당 후보 프랑수아 올랑드에 맞서 사르코지를 지지했다(이는 아주 확실하진 않다). 그리고 마침내 1차 투표에서부터 에마뉘엘 마크롱을 지지했다. 이 전직 투자은행가는 20~30년 전이라면 어머니가 들고 일어났을 모든 것을 구현했는데, 내가 이의를 제기하자 그에 대한 응답으로 어머니는 당황스러운 주장을 내세웠다. "나도 안다. 그래도 그 사람은 젊지 않니." 더 어처구니없게는, "그래, 하지만 잘생겼잖아." 이후 이 신자유주의적이고 권위주의적인 정치인이 선출되고 노동자 권익에 반하는 첫번째 조치를 선포하자마자 격분한 어머니는 자신의 선택을 씁쓸하게 후회하며, [극우파] 마린 르펜에게 투표할 걸 그랬다면서 다음번에는 그렇게 할 것이라고 암시했다.

어머니는 대체로 좌파에 대항하기만 한다면 덮어놓고 아무에게나 투표할 준비가 되어 있다고 할 만큼 '좌파'가 환기하는 모든 것, '좌파'와 관계된 모든 것에 대한 혐오가 너무나도 컸다. 따라서 그녀는 기초단체장

* 프랑스의 대통령 선거는 1차 투표와 결선 투표로 이루어진다. 결선 투표는 1차 투표에서 최다 득표한 두 후보자를 대상으로 한다. 따라서 유권자들은 1차 투표를 특정 정당에 대한 자신의 지지를 드러내는 기회로 삼는다.

선거, 광역단체장 선거, 유럽의회 선거, 국회의원 선거, 대통령 선거에서 (내가 식별하고 설명하기 힘든 몇몇 사례를 제외하면) 우파 또는 극우파 후보자들에게 자주 투표했다.

전직 공장노동자이자 어머니가 사랑에 빠졌던 남자는 한층 더 우파였다. 내가 보기에 그는 심지어 진정한 파시스트—이는 완곡어법이다—같았다. 언젠가 내가 어머니 집을 방문하던 중에 그가 온 적이 있다. 그가 이런 말을 쏟아냈다. "이 나라엔 더 이상 제대로 된 게 아무것도 없어… 우리에겐 새로운 히틀러가 필요해." 내 시선이 그에게로 향했다. 그가 만족스러운 웃음을 지어 보였다. 자신의 문장에 흡족한 듯했다. 그는 정말 그렇게 생각했을까? 아니면 그냥 그의 눈에 파리의 좌파 지식인—파리, '엘리트' '시스템,' 좌파 등 그가 혐오하는 모든 것을 표상하는—으로 비친 나에 대한 도발이었을까? 난 어떤 반응도 안 하는 쪽을 택했다. 더 이상 알려고도 하지 않았다. 그가 한 말을 이해하지 못한 척하며 어머니에게 아무 관련 없는 질문을 했다. "간호사는 내일 몇 시에 와요?" 같은, 혹은 다른 평범한 질문이었을 것이다. 그런 질문들은 어머니의 말을 못 견디겠을 때 대화의 화제를 전환해주었다. 어머니는 내게 인종주의적 발언이나 정치적으로 듣기 괴로운 발언을 끊임없이 해대면서 확실히 자제할 능력이나 생각조차 전혀 없었다. 어머니 집에서 난 어머니가 산증인이라 할 수 있는 사회 계급과 '계급의식' 간 분리의 스펙터클을 눈앞에서 실시간으로 본 것 아니었을까? 어머니는 과거에도 그것을 입증한 적이 있다. 난 어머니 집 거실에서, 장소가 장소이니만큼 인종주의자 여성에다 네오파시스트 친나치 남성까지 함께 있었다. 두 사람은 왕년에 노동자였다. 예전에는 좌파 유권자, 좌파 정당의 사회적 기반을 대표했던 그 노동자 말이다.

어머니가 정치와 맺는 관계, 더 정확히는 정치에 대한 어머니의 관심은 자신이 중요성을 부여하는 선거의 차원을 넘어서지 않는 듯했다. 그녀가 더 젊었더라면 더 정치화되었을까? 가정부였던 기간, 그러니까 혼자서 가정부 일을 하며 고립되어 있던 동안에는 분명 아니었을 것이다(어머니는 다른 임노동자들과 함께 큰 호텔이나 사무실에서 일한 게 아니라 가정집에서 일했기 때문에 조합에 가입할 수도, 단체 행동을 할 수도 없었다. 누구와 더불어, 누구에게 맞서서 그러겠는가? 어머니는 고용주들에게 반항하지 않았다. 그녀의 평에 따르면, 그들은 대개 그녀에게 잘해주었다. 난 심지어 그녀가 고용주 가운데 한 명과 내연 관계에 있었다고 확신한다. 어린 형과 나를 정원에 내버려둔 일을 기억하기 때문이다. 우리가 학교에 가지 않은 날, 어머니는 일하는 집에 우리를 데리고 가서는 집 안으로 들어오지 말고 정원에 있으라고 한 뒤 한 시간 넘게 집 안으로 사라졌다). 하지만 공장노동자가 되고 나서는 확실히 정치화되었다. 이 시기에 그녀는 언제나 파업 명령에 따르고, 조업 중단과 공장 앞 집회에 참여할 의향이 있었다. 그녀는 때로 공장 동료들을 조롱했다. 노조 대표가 조업 중단이나 저항 행동을 위해 다음 날 아침 [공장의] 입구 철제문에서 만나자고 하면 많은 동료가 우렁찬 목소리로 동의하지만 정작 실제로 오는 사람들은 훨씬 적다는 것이었다. "아, 말로는 많은데 말이야, 거기 와야만 할 때는 아무도 없어. 전부 다 겁쟁이들이야." 어머니는 정치화된 환경에서 살았다. 모든 가족—그녀의 남동생과 그 아내, 내 아버지와 그 동생들…—이 좌파에 속한다고, 나아가 '좌파 그 자체'라고 확언하며, 경제적·사회적 의미는 물론 정치적 의미에서 스스로 '노동자' 세계에 속한다고 생각했다. '우리, 노동자들'은 정치적 범주이자, 정치적 자기 인식을 명명하는 방식이었다… 1960년대에 우리는 단순히 체제의 개량만을 원하는 [노동당 정치인으로 총리를 두 차례 역임한] 해럴드 윌슨과 영국 노동당 좌파를 비하했다(그런데 그들의 프로그램과 프로젝트가 오늘날 영국과 프랑스를 비롯한 유럽 전역의 주류 저널리즘의 시선에는 '급진적' '극단주의적'으로 비칠 거라는 점을 지적해두어야 한다). 1970년대에 우리는 반복해서 말했다. "우리는 '공동 프로그램'이다." 그것은 공산당이 사회당과 함께 서명한 선거공약 관련 합의 사항들을 뜻한다. 우리는 사회주의자들을 아주 강하게 불신해서, 그들이 노동계급을 언제나 재빨리 배신할 준비가 되어 있는 건 알고 있었지만 말이다…

1981년, 어머니는 정치권과 언론의 프로파간다에 너무도 취약했던 공장 동료들이 "미테랑이 당선되면 우리들 집을 몰수할 거야"라며 대통령 선거에서 좌파의 승리를 두려워한다고 비아냥거렸다. 당시에는 (25~30년간 빚을 지면서) '개인 주택'을 '건축하도록 장려'하는 취지에서 우대 조치와 은행 대출을 확대하는 국가정책이 시행되었다. 그 결과, 많은 수의 노동자 세대(특히 남성보다 덜 정치화되고 노조 가입률이 낮았던 여성의 경우)가 '사회주의적 집단주의'에 대한 우파의 비난에 쉽게 영향을 받았다. 좌파 정부의 일차적 관심사가 자기들의 작고 보잘것없는 주택을 몰수하는 데 있을지도 모른다고 진지하게 상상하면서 말이다. "그 여자들은 정말 멍청해!" 어머니는 자기 동료들에 관해 이렇게 말했다. 어쨌거나 '개인적인 것'(집)과 그에 연계된 사적 행복에 대한 열망은 '집합적인 것'의 관념과 '집합적인 것'—하나의 '계급,' 즉 '노동계급'이라고 부르는 편이 적절했을—에 대한 소속감 사이의 분리에 이바지했다. 이런 현상들은 이후 수십 년간 더 두드러져갔다.

그럼에도 어머니는 노조 자체 내지 노조 활동가들에 대한 모종의 불신을 거두지 못했다. "그 사람들이 좋아하는 건 다른 사람들에게 일을 지시하는 거야." "자기들은 아무런 위험도 무릅쓰지 않아." "위험을 감수하는 건 다른 사람들이야." "그 작자들은 좋은 자리를 얻으려고 그러는 거야." 이런 식으로 어머니는 자신이 뭔가 알고 있다고 생각했다. 실제로도 아주 활동적이던 노조 대표가 기업에서 내부 승진하면서 결국 무력화되는 사례가 없지 않았다. "그는 팔린 몸이야." "매수당했어." 사람들은 그렇게 말했다(내 삼촌들 중 한 명도 그런 경우였는데, 우리 가족은 그에 관해 준엄하고 냉소적인 판단을 내리면서도 너그러운 언급으로 미묘한 차이를 주었다. 분명 그는 '고용주 쪽으로' 옮겨 간 '배신자'였지만, 더 나은 일자리를 얻는 문제가 걸려 있었다면 어떻게 그에게 돌을 던지겠는가?).

이 '계급의식,' 또는 적어도—앞의 것과 완전히 동일하지는 않은데—한 계급에 속하며 공통의 조건에 연관된 공통의 이해관계와 노동조건을 갖고 있다는 자의식conscience de soi('우리 노동자들')은 실존의 물리적 틀(공장, 동네)과 이 사회적 입지에 의미를 부여하는 노조, 정당 같은 조직 형태(우리가 꼭 가입되어 있지는 않더라도 모두가 아는 지각과 표상을 전파하며, 따라서 자기에 대한 사유 방식을 확산시키는) 속에서 정박점을 발견한다. 연대는 공허한 단어가 아니었다. 난 1968년 5월과 6월 운동에 참여했다는 이유로 임금을 받지 못한 고모와 고모부, 또 다른 가족들이 부모님 집에 와서 저녁 식사를 한 일을 똑똑히 기억한다. 어머니는 커다란 오믈렛을 준비했다. 파업에 그녀가 이바지하는 방식이었다(어머니는 아직 노동자가 아니었다. 난 투쟁 중인 이 사람들을 모두 먹일 수 있는 돈—수수한 식사였으니 확실히 적은 액수이긴

했을 것이다—을 어머니가 어떻게 재주껏 마련했는지 알지 못한다). 삼촌—공산당원 노동자—은 이 시기에 시내 중심가를 정기적으로 누비던 대규모 행진에 날 데리고 갔다. 내가 참여한 첫 시위였다. 난 일찍 시작했다.

1970년대와 1980년대 어머니가 일했던 공장에는 1,700명의 남녀 노동자가 있었다. 그 가운데 500명이 CGT 조합원들이었다. 이는 지지자나 다른 노조 가입자들은 계산하지 않은 숫자였다. CGT는 당시 강력했던 공산당과도 가까운 노조였다(공산당의 '전도 벨트'라고도 불렸다). 이들은 단기간에 동원되는, 혹은 필요시 동원 가능한 주요 세력을 구성했다. 1977년에는 13개월[에 대한 선급금], 노동조건 개선, 공장 입구에서 정치 전단을 배포했다는 이유로 해고당한 노동자 두 명의 복직을 요구하는 파업이 터졌다. 이해 초, 랭스의 시장 선거에서 공산당 시장이 선출된 이래로 지역 고용주와 노동조합들 사이의 분위기는 매우 팽팽한 긴장 상태였다. 대규모 파업 운동이 잇따르는 동안, 잠긴 철문 앞에는 [노조 측에서 내보내는] 파업 감시대가 있었다. 어느 날 밤, 자동차를 타고 온 고용주 측 민병대원들이 현장에 있던 노조원들에게 총을 몇 발 발사했다. 조합원 한 명이 부상으로 결국 살아나지 못했다. 어머니는 이 극적 순간을 아주 잘 기억했다. 그녀도 파업에 참여하고 있었지만 공격 당시엔 현장에 없었다(아마도 야간 보초를 서던 집단 내에 여성은 별로 없었을 것이다). 이 시절 노동 대중의 동원은 대단했고, 그것을 깨부수려는 탄압 시도 역시 빠지지 않았다. 이 살해 사건으로 도시 전체에서 조업 중단, 저항과 연대 운동이 일어났으며, 살해당한 노동자의 장례식에는 수천 명이 참석했다.[5]

10년 뒤, 공장은 사정이 별로 좋지 않아 망하기 직전까지 내몰렸다. 그곳에서 일하는 사람들의 수는 줄어들었다. 도시의 다른 대형 유리 제품 공장들처럼. 지역의 거의 모든 공장처럼. 인원 감축이 단행되면서 어머니처럼 조기 퇴직하는 노동자, 부분 실업 상태의 노동자 또는 아예 실직해 구직 중인 노동자가 나왔다… 그리고 공장은 문을 닫았다. 이미 아주 오래전부터긴 하지만, 건물들은 여전히 거기 있다. 버려지고 폐쇄되어 텅 빈 채로. 그것들은 19세기로부터, 자본주의의 폭력으로부터, 냉혹한 직무로부터 벗어난 듯한 이 작업장들이 어떠했는지를 증언한다. 조직적 저항의 공간들이 어떠했는지도 함께 말이다.

노동자들은 어디에 있는가? 대부분은 세상을 떠났다. 그들의 자식과 손주들은? 아마도 기나긴 실업 기간을 보내고 있지 않다면 틀림없이 불안정한 임시직을 맡고 있을 것이다. 그들은 물류직으로 고용되어 창고 안에서 노동한다. 그곳에는 지속적 감시 아래서 힘겨운 노동조건에 복속된 새로운 노동계급이 집결한다. CGT 가입증들은 어디에 있는가? 어머니 세대와 같은 집합적인 세력은 어디로 갔는가?

어머니가 돌아가시기 얼마 전에 공장을 다시 보러 갔다. 외벽은 국민전선의 포스터와 그라피티로 뒤덮여 있었다. 내부는 모든 것이 황폐한 인상을 주었다. 유리창은 깨져 있었고, 바닥엔 짙은 녹색의 깨진 병 조각들, 유리 파편들이 널려 있었다… 병 뚜껑을 고정하기 위해 여성 노동자들이 금속 링을 거는 빨간 고무 패킹들 또한 오렌지색으로 바랜 채 흩어져 있었다. 이 황량한 무대를 두고 나는 어머니의 것이었던 세계에서 어머니의 실존이 어떠했을지 생각했다. 오늘날 바람이 쓸고 간 텅 빈 공간을 한때 가득 채웠던 유기체들에게는 숨 막힐 정도로 격렬했을, 물론 [유리 제품] 제조용 가마들에서 내뿜던 열기에 대해. 지옥같이 참기 어려운 소음에 대해, 온갖 직무의 극단적인 난도에 대해, 자재들에서 나오는 분진의 위험성에 대해, 때로는 심각했을 숱한 노동 재해에 대해… 지나간 과거에 대해 생각했다. 어머니를 기다리는 요양원에 대해서도. 이제 난 어머니가 그곳에 정착할 수 있도록 도와야 할 것이다. 자, 난 생각했다. 자, 이것이 어느 서민 여성의 삶이었고, 자, 이것이 그녀의 노년이다. 난 그렇게나 빨리 세번째 단어를 덧붙여야만 하게 될 줄은 알지 못했다.*

* 세번째 단어는 '삶' '노년'에 이은 '죽음'을 가리킨다.

♦ 우리는 늘 HLM에서 살았다. 어렸을 때는 직원들이 매달 월세를 징수하러 건물에 다녀갔고, 기억이 아주 잘 나진 않지만 가스와 전기 요금 고지서도 마찬가지였다. 이런 종류의 일 처리는 항상 여성에게 돌아오는데, 어머니가 돈을 내지 못하는 때가 종종 있었다. 돈이 모자라기 일쑤였던 우리가 납기일에 맞춰 내기란 쉽지 않은 일이었다. 멋진 관용어구를 빌려오면, 우리는 '악마의 꼬리라도 붙잡고 늘어졌다'[생활이 궁했다]. 그런데 어머니가 자주 쓰던 이 표현이 가리키는 현실은 그다지 유쾌하지 않았다. 운명의 날이 다가오면 어머니는 사회주택기구나 EDF(프랑스 전력회사) 직원이 오는지 동정을 살폈다. 그 사람을 길에서 보는 날엔 방 안에 틀어박혀 아무런 인기척도 내지 않으려 애쓰면서, 초인종 소리가 나면 우리에게 현관문을 통해 대답하도록 요구했다. "엄마는 안 계세요." 이 장면은 며칠 연이어 되풀이될 수 있었다. 몇 달에 걸쳐 그런 적도 자주 있었다.

♦ 어머니가 아직 어렸을 때(열대여섯 살) '가사도우미'로 일하던 집의 부인은 다른 이들에 비해 훨씬 섬세하고 관대했다. 부인은 어머니가 비서가 될 수 있도록 속기

타이피스트 강좌의 수강료를 대주었다. 이는 그녀에게 전례 없는 기회를 의미했다. "난 재능이 있었단다." 어머니가 이야기했다. 그런데 '자선구제원'(고아나 버려진 아이들을 열네 살이 될 때까지 돌봐주는 기관)에서 나온 여자아이들의 '배치'를 담당하는 행정 기구는 아이들을 같은 고용주 밑에 오래 두지 않고 이내 또 다른 고용주에게 보냈다. 어머니는 강좌를 포기해야 했고, 비서가 되지 못했다. 그녀는 계속 가사도우미로 지내다가 가정부가 되었다.

♦ 새 학년이 시작되기 전[9월] 형과 내가 '다시 옷을 입어야 하는' 시기가 되면, 빼먹을 수 없는 여름 막바지의 의례를 수행하기 위해 어머니가 우리를 데려간 곳이 있다. 시내 중심가의 두 부르주아지 거리 사이에 위치한 아케이드였다. 다른 사람들의 시선으로부터 비교적 자유로웠던 그 상점가에서 어머니는 우리에게 필요한 옷을 '외상'으로 살 것이었다. 어머니는 이후 몇 달에 걸쳐, 내 생각엔 아주 높은 이자를 쳐서 '외상'을 갚았다. 하지만 달리 무슨 뾰족한 수가 있었겠는가? 가난하다는 것은 돈이 많이 드는 일이다. 차용금을 갚느라 정해진 지출 한도보다 좀더 많은 것을 우리가 요구하면 어머니는 화를 내기 시작했다. "더 이상 그런 식으로 졸라대지 마… 이건 다 너희 거고, 내 것이라곤 아무것도 사지 않았다고… 그러니까 너희가 산 것에 그냥 만족해." 사실

그녀는 자기 옷을 사는 데는 거의 돈을 쓰지 않았고, 평생 '주의했다.' 시내 중심가의 백화점에서 살 때도 있었지만, 보통은 예산에 비해 너무 비싸다고 생각해 대개 집 근처 상점들에서 샀다. 어머니는 치마, 블라우스, 조끼, 아버지의 셔츠와 바지를 우편 판매 회사의 카탈로그를 보고 주문하는 일이 잦았다(그 회사 이름은—내가 알기론 아직도 그런데—라 르두트 아 루베La Redoute à Roubaix였다. 가족 모두 그곳에서 주문했으니 가족끼리 대화할 때 많이 나오는 이름이었다).

♦ 난 어머니에 대한, 그녀의 분노에 대한 또 다른 기억을 간직하고 있다. 어머니가 공장 노동을 시작하기 전이었다. 난 열네 살이나 열다섯 살이었을 것이다. 어머니가 푼돈이라도 벌 생각으로 작은 '일거리'를 구했다. 우편함에 광고 전단을 투입하는 일이었다. 어머니에게는 담당 구역과 함께 엄청난 전단 뭉치가 주어졌다. 그녀는 혼자 감당하기 어려울 정도로 무거운 가방을 들고서 광고지를 한 장 한 장, 거리마다 집집마다 건물마다 우편함에 넣으러 다녔다. 그러다 내게 수업이 없는 날에는 함께 다니며 일을 거들라고 요구했다. 내가 그 일을 싫어했다는 건 두말할 나위가 없다(어머니 역시 내가 싫어한 것 이상으로 훨씬 더 그 일을 싫어했다는 건 말할 필요조차 없다). 어느 날, 어머니가 내 고등학교 바로 인근 구역을 배정받았다. 난 학생들, 같은 반

친구들, 선생님들이 날 발견하고 알아볼 수도 있다는 생각에 겁을 집어먹었다… 온몸이, 온 존재가 이 상황을 거부했다. (사회적인) 수치는 근본적으로 시선에 앞서 그것을 예기하고 두려워한다. 날 위협하는 이 잠재적 '시선'을 피하기 위해 난 한껏 몸을 움츠리면서 가급적 다른 사람 눈에 띄지 않으려 애썼다. 우리는 효율성을 높이기 위해 그동안 해오던 대로 거리를 나눠서 맡았기에, 난 어머니가 안 보는 틈을 타 큰 전단 뭉치 하나를 쓰레기통에 던져 버렸다. 몇 분 뒤 내가 한 짓을 알아챈 어머니는 평소의 익숙한 분노 상태에 돌입했다. "너 때문에 일거리를 잃게 생겼다. 그러고 나면 끼니는 어떻게 할래? 학교엔 어떻게 다닐 거냐구?" 그녀의 언어는 훨씬 원색적이고 노골적이었으나, 당시 발화된 그대로 여기에 복원한다면 민중적 화법을 낙인찍는다는 비난을 살지도 모른다. 하지만 어머니의 과거 모습을 가급적 정확히 기술하려면 그래야만 할 것이다.

어쨌든 난 목격당하고 평가받고 조롱당할(적어도 난 그렇게 생각했다) 수 있다는 두려움이라는 이 수치심의 형태에 사로잡혔다. 그렇다. 난 수치스러웠다. 나 자신에 대해, 어머니에 대해, 우리의 모습에 대해, 우리가 해야만 했던 일에 대해—언젠가 매우 추운 날이었는데, 우리는 전단을 낱장으로 하나씩 잘 집을 수 있게끔 털장갑의 손끝을 잘라서 끼었다. 반 친구들 누구도 겪지 않고 알지도 못하는 가난에 대한 수치심이었다. 오전이나 오후 시간에 전단을 배포하러 함께 출발해야 할 때면 매번 반감과 불만을 드러냈고, 어머니는 내게 화를 냈다. 우리 삶의 이 에피소드들과 나에 대한 어머니의 분노를 다시 떠올리자니 그녀가 틀림없이 상처받았겠다는 생각이 뚜렷이 든다. 어머니가 이런 종류의 과업에 인생을 바치는 사이, 나는 다른 것을 열망했다. 우리의 말다툼은 우리 사이에 이미 간극이 자리 잡기 시작했다는 자명한 사실을 표현했다. 그녀는 별로 만족스럽지 않은 현실에 영원히 갇혀 있었다. 나는 다른 것을, 떠나는 것을, 벗어나는 것을 꿈꾸었다. 그걸 어머니가 아예 모르지는 않았다. 적어도 어머니는 예감했다. 그리고 이는 그녀를 한층 더 모질게 만들었다. 어머니는 내가 그녀와 멀어질 수 있게 광고 전단을 배포했다. 난 광고 전단을 배포하고 싶지 않았다. 내 방에서 책을 읽고 싶었기 때문이고, 내가 이미 어머니에게서, 그들에게서, 가족에게서, 내 환경에서 멀어졌기 때문이고, 다른 사람이 되려면 탈주해야 했기 때문이다.[1]

그 일은 어머니의 어깨와 등을 망가뜨렸다. 공장에서 사정은 더 나빠졌다. 그녀의 몸은 평생 노동하는 동안, 은퇴할 때까지 고통받았다.

♦ 내가 대학 입학 직전 여름방학 동안 어머니가 일하던 공장에서 일했을 때도 마찬가지였다. 얼마 전 다시 찾은 급여 명세서에 적힌 대로, 난 '수공 노동자'였다. 역시

임시직으로 고용된 다른 대학생과 함께 이를테면, 다른 사람들이 작업장으로 나를 수 있도록 트럭에서 나무판을 내리는 작업을 해야 했다. 아주 무더웠던 어느 날, 우리가 트럭을 막 다 비운 참이었다. 조금이나마 기운을 차리려고 벽에 등을 기대고 있었는데, 금세 작업반장이 나타나더니 욕설을 퍼붓기 시작했다. “뭐 하는 거야? 일해! 당장!”

난 그에게 가차 없이 응수했다. “우리는 노예가 아니에요. 2분 정도 휴식을 취할 권리는 있잖아요.” 그는 날 직원 사무실로 데려갔고, 난 거기서 즉시 해고당했다. 내게는 지난 4주 치 임금이 지급되었다(거기서 난 한 달 반 동안 일하기로 되어 있었다). 난 내 자신이 자랑스러웠다. 노동자들을 감시하고 통제할 책임을 지는, 그 시절의 내 말버릇대로라면 ‘사장의 짭새’에게 항변했기 때문이다. 그에게 이런 일은 자주 일어나지 않았을 것이다. 게다가 그는 내 태도에 아연실색한 것처럼 보였다. 그날 저녁, 이 사실을 안 어머니는 분노를 숨기지 않았다. 공장에서 작업 라인의 리듬을 감시하고 여성 노동자들의 몸짓과 행동을 통제하는 역할을 맡은 이 끔찍한 소두목의 난폭성에 내가 항변했다는 사실에 어머니는 즐거워하거나 흡족해하기는커녕 걱정을 드러냈다. “내가 너 때문에 일자리를 잃으면 어쩌니?” 그런데 난 그녀가 특히 심층적인 불공정성의 감정을 표출했음을 간파했다. 그녀는 작업반장에게 감히 내가 한 것처럼 대응할 수 없었다. 공장에서는 복종하지 않으면 쫓겨난다. 그녀는 자기 몸을 망가뜨리는 작업 조건에 맞서 저항할 마음이 들 때조차 침묵해야만 했다. 어머니는 이 공장에서 15년 넘게 버텼다. 15년 넘는 기간 동안 '일자리를 지키기' 위해 자신의 반응을 억압해야만 했던 것이다.

♦ 집을 떠난 지 얼마 지나지 않아 내가 아직 부모님을 때때로 방문하던 시절의 일이다. 무슨 계기였는지는 모르겠지만(어머니 생신이었던가?), 부모님이 계속 살던 도시 북쪽 HLM 주택단지를 다시 찾으면서 어머니에게 겔랑Guerlain의 샬리마Shalimar 향수를 한 병 선물한 적이 있었다. 얼마나 바보 같은 생각이었는지! 어머니는 공장에서 일하고 있었고, 이런 유의 고급 향수를 쓰지 않았다. 몇 달 뒤, 난 선반 위에 놓인 향수병을 발견했다. 개봉되지도 않은 상태였다. 그녀는 값싼 화장수를 사서 썼고, 그녀에게 틀림없이 무례하게 비쳤을 이 선물을 거들떠보지도 않았다. 어머니는 그것을 우리 사이의 계급적 거리를 은밀하게 알리는 방식으로 인지했을까? 분명 그건 내 (최소한 의식적인) 의도와 달랐다. 그런데 생각의 끝에, 이 겔랑 향수병을 '쓰레기 투입구'(부모님 집과 같은 건물들에 존재하는 것으로, 온갖 폐기물을 지하에 있는 거대한 쓰레기장으로 곧장 보낼 수 있는 장치)가 있는 벽장으로 던져 넣는 상상을 하면서, 난 다음과 같이 자문해본다. 어머니에게 그렇게나 비싼 향수를

선물하면서, 난 그녀를 기쁘게 해주겠다는 핑계로 그녀의 것이 아니었던 세계—게다가 그 세계는 나의 것도 아니었다—에 그녀를 상상적으로 떠밀려 한 것은 아닌가 하고 말이다. 또 그녀는 이러한 몸짓을 곰곰이 따져보거나 결정할 필요도 없이 무시해버린 것은 아닌가 하고 말이다(이상한 일인데, 오늘날 내게 자명한 만큼이나 포착하고 규정하기 어려운 모든 것이 글로 적히는 순간 거짓이 되어버리는 것 같다. 이는 차라리 글쓰기가 포착할 여지를 주지 않는 '거의 아무것도 아닌 것' '내가 알 수 없는 것'의 영역에 속한다. 그것을 복원할 능력이 중요할 테지만, 난 그 수준에 미치지 못한다).

♦ 어느 날 저녁, 아버지가 과음 상태로 오토바이를 몰다가 정차해 있던 트럭에 부딪혔다. 그는 가벼운 부상만 입었고, 법정에 출두해야 했다. 그가 어떤 형을 받았는지 난 모른다. 아마 벌금형만 받았을 것이다. 2년간 시민권을 박탈당하게 되었다는 점을 제외하면. 이는 그가 이 기간 동안 투표를 할 수 없게 되었다는 의미였다. 어머니는 민중 계급이 제도와 정치와 맺는 관계에서 나타나는 아주 전형적인 반응을 보이며 이렇게 말했다. "나였으면, 나중에 권리를 돌려받더라도 아예 다시는 투표하러 가지 않을 텐데." 어머니 눈에는 판사와 교통사고에 대한 법원 판결, 정치와 선거 등 이 모든 것이 동일한 총체, 동일한 시스템의 일부였다(피지배자들,

어머니나 우리와 같은 사람들 위에 선 힘 있는 자들, 지배자들의 권력이라고 부를 수 있을 것이다). 이 문장을 쓰면서 난 혹시 어머니가 이런 견지에서 생각한 것이 옳았던 것 아닌지 자문해보게 된다. 하지만 제재 대상은 어머니가 아니었기에, 그녀는 언제나 그렇게 해왔듯, 계속 투표장에 갔다.

♦ 열네 살 때는 큰 검은색 우산을 사고 싶었다. 다른 사람들 눈에 띄기 위한 수법이었다. 아직 내가 속해 있었던 환경에서 남자들은 절대 우산을 쓰지 않았다. 그것은 남성성의 규칙들을 위반하는 행동이었다. 여자들(어머니, 숙모들)은 화려한 색깔(빨강색, 분홍색, 오렌지색, 하늘색, 초록색…)의 접이식 우산을 거의 매일 가방에 넣고 다녔다.

비가 올 때면 난 버스를 타고 고등학교에 갔다(시내 중심가에서 한 번 갈아타야 했는데, 우리는 외곽에 살았고 학교까지는 멀었다). 처음 몇 년은 날씨가 괜찮을 때 자전거로 등교하다가 나중에는 [솔렉스사의 유명한 모터 달린 자전거] 벨로솔렉스Vélosolex를 타고 다녔다. 솔렉스는 차별성을 띠어서, 내가 고등학생임을 알려주었다. 그 구역 청년 노동자나 도제들은 오토바이를 가지고 있었다. 비가 올 때의 버스도 솔렉스만큼이나 차별성을 띠었다. 난 우리 온 가족이 조롱조로 '샹베를랭Chamberlain'이라고 부르던 유의 우산을 가진 유일한 사람이었다. ‘샹베를랭’은 1930년대 말 영국 총리의 이름인 네빌 체임벌린Neville Chamberlain에서 왔다. 그는 자신의 옷차림에서 이 [우산이라는] 요소를 빼놓지 않았고, 그것은 상표가 되었다가 보통명사가 되었다. 내 우산은 금세 온 가족의 화젯거리가 되었다. 난 확실히 유별난 괴짜였다. 나는 내일 비가 오지 않을까 싶어 끊임없이 창밖을 내다보았다. 눈치 빠른 어머니가 빈정거렸다. “넌 네 비받이로 성모마리아상 꼴을 할 수 있을지 알고 싶어서 날씨가 어떨지 보는구나?” 그녀는 ‘우산parapluie’이란 단어를 드물게만 썼고, 거의 언제나 ‘비받이pébroc’라고 했다.

♦ 난 어머니에게 작은 전축을 하나 사달라고 부탁했다. 지역신문 부록으로 딸려 오던 상품권을 써서 클래식 음반을 비싸지 않은 가격에 주문할 수 있었다. 내가 클래식 음악에 입문하기로 결심했기 때문이다. 차이콥스키 교향곡, 라벨의 「볼레로」, 버르토크 벨러의 「관현악을 위한 협주곡」… 내 취향은 암중모색의 단계였다. 참조점이 없었다. 난 이 신문이 제공하는 광고용 증정품들에 좌우되었다.

어머니는 나에 관해 이렇게 말했다. “걔는 이제 대단한 음악을 들어. 미사에라도 와 있는 것 같아.”

♦ 매일 저녁 공장에서 돌아오면 어머니는 소파에 파묻혀

15분 정도 잠을 잤다. 이 시절에 관해 말할 때 어머니가 내게 일깨워주었다. "절대로 그 이상은 안 잤지." 어머니는 주장했다. "그걸로 기운을 차리는 데 충분했어. 그러고 나면 쌩쌩해졌지." 그러고 나면 그녀의 두번째 일과가 시작되었다. 장 보기, 요리하기, 설거지하기…

♦ 그녀는 주방에서 트랜지스터라디오(한참 뒤에는 미니 스테레오 시스템)를 들으며 선 채로 온 가족의 빨래를 다림질했다. 프로그램은 무엇보다 게임이나 버라이어티 방송으로 구성되었는데, 광고 시간대가 끊임없이 이어졌다. 그녀는 결코 트랜지스터를 끄지 않았고, 이 배경음에 방해받지 않는 것처럼 보였다. 난 늘 그 소음을 참기 힘들었는데, 어머니가 라디오를 그저 건성으로만 들은 게 틀림없다.

♦ 언젠가 어머니는 뜨개질 기계를 샀다. 위에 금속 격자가 있고 양쪽으로 왔다 갔다 하는 이동대가 달린, 다림판과 흡사한 기계였다. 어머니는 끔찍한 소음을 내는 이 이상한 기계 앞에 몇 시간씩 앉아 있었다. 그녀는 신문에서 오려낸 옷본을 따라 스웨터, 조끼, 숄 등을 우리와 자신을 위해 만들었다. 결과가 언제나 성공적이었던 것은 아니다. 유연성이라고는 전혀 없었던 기계가 뜨개 옷자락 부분을 잘라버리면, 어머니가 다시 봉합해야 했다. 하지만 공장 노동이 어머니의 손가락

관절을 망가뜨리는 바람에 어머니가 예전에 숙달했던 그런 부류의 활동도 상당히 어려워져서, 뜨개질 기계를 이용하는 편이 바늘로 손뜨개질하는 것보다 훨씬 빨랐다.

♦ 아직 부모님과 함께 살던 어느 날, 난 텔레비전에서 여성들의 처지에 관한 시몬 드 보부아르의 인터뷰를 시청했다. 어머니가 집안일을 하다가 잠시 멈추고 나와 함께 텔레비전을 보며 "아, 저 여자 말은 사실이야. 저 여자가 맞아"라고 평하고는 다시 집안일을 하러 되돌아갔다. 그렇다고 그녀가 물론 『제2의 성』을 읽는 데까지 나아간 것은 아니다. 그녀는 그 책 이야기를 들어본 적도 없었고, 더더군다나 페미니스트를 자처할 일도 전혀 없었다. 지나가는 김에 말해두자면, 이것이 텔레비전 방송—인물, 인터뷰, 다큐멘터리 등—의 중요성이다… 물론 내가 마침 그 순간에 그 프로그램을 시청하지 않았더라면, 그녀가 이 방송에 대해 아무것도 모르고 아무것도 보지 못했을 것이라는 점을 밝혀두어야 한다.

♦ 어머니는 드라마(요즘에는 시리즈로 불리는)와 텔레비전에서 틀어주는 영화를 언제나 즐겨 시청했다. 그녀의 선호 대상은 프랑스 영화였다. 외국영화는 프랑스어로 더빙되어 있을 때만 시청했다. 그녀에게 외국영화를 자막이 달린 오리지널판으로 보는 일은

불가능했다. 그럴 때면 그녀는 일찌감치 시청을 중단하고 채널을 돌리며 투덜거렸다. “아, 프랑스어가 아니잖아!” 그녀는 영화를 보러 영화관에 가지 않았다. 적어도 결혼 후엔 그랬다. 그녀가 젊었을 때는 여동생과 함께 때때로 영화관에 갔던 듯싶다. 어느 날 저녁, 공포 영화를 보고 나온 어머니가 너무 무서워서 집 현관 앞에 도착할 때까지 거리를 내달렸다는 이야기를 해준 적이 있기 때문이다. 그녀는 범죄물을 선호했다. 그리고 알랭 들롱을 열렬히 좋아했다. 이 배우가 나오는 영화가 저녁 방송 프로그램으로 편성되면 어머니는 ‘나의 알랭’이라고 거듭 되뇌며 “나의 알랭은 잘생겼어. 그를 사랑해”라고 말했다. 이는 아버지의 격노를 불러왔는데, 아마도 어머니는 그런 효과를 일부러 노렸을 것이다.

♦ 아버지가 돌아가신 뒤 어머니를 다시 보게 되면서, 이번에는 훨씬 늦게 아주 평범한 대화가 우리 사이에 문화적 거리를 다시 끌어들였다(이는 물론 결코 사라지지는 않았지만, 소리 없이 있을 수 있었다). 우리는 뭐종의 작은 집 주방 식탁에 앉아 커피를 마셨다. 어머니가 창밖을 뚫어져라 바라보는데, 무엇이 그 정도로 어머니의 주의를 끌었는지 알 수 없었다.

“뭘 그렇게 쳐다보세요?”

“나무들. 이파리가 떨어지네. 느낌이 좀 이상하구나.”

내가 어리석게도 대답했다. “그걸 계절이라고 하죠.”

어머니가 정색했다. "뭐야? 나도 생각할 줄 안다."

어머니는 두세 번을 반복해가며 자신은 '바보가 아니며' 형이상학적(비록 이 단어를 그녀가 모를지라도) 수준의 질문을 제기할 줄 안다는 것을 내게 보여주고 싶어 했다.

사실 그녀가 옳았다. 가만 생각해보면, 낙엽이 지는 것은 이상한 일이다. 계절은 이상한 것이다… 이는 꽤나 굉장한 질문들이다. 인간 이해력의 한계를 주장했던 칸트는, 답을 구할 수 없는 궁극적인 질문들엔 뛰어들 것 없이 피해야만 한다는 점을 누구보다 잘 알았다. 그렇다고 해서 우리가 때때로 그런 주제에 관해 전혀 명상하지 않게 되는 것은 아니다. 난 어머니의 의견에 전적으로 동의하면서 이렇게 말했어야 했다. "그래요. 어머니 말씀이 맞아요." 어머니는 그런 수긍에 만족스러워했을 것이다.

♦ 매년 5월의 성 디디에Saint-Didier 축일*이나 7월의 내 생일이 되면 어머니는 마음에 드는 선물을 사라고 수표를 보내주었다. 난 어머니에게 불쾌감을 주지 않으려고 돈을 받았는데, 액수는 항상 20유로였다. 우리 형제와 손주들에게도 같은 기회에 같은 액수의 돈을 보냈을 거라 짐작한다. 요컨대 어머니에게는

* 주교이자 순교자인 성 데시데리오Desiderius 축일을 가리킨다.

상당한 액수를 의미했을 것이다. 난 언제나 매우 감동받았으나, 다른 한편으론 매우 난처했다. 내가 20유로를 가지고 뭔가 대단한 것을 살 수 있을 거라고 그녀가 상상할 정도로 우리는 확실히 서로 다른 행성에 살고 있었던 것이다. 물론 중요한 것은 그런 [선물의] 몸짓 자체였다… 하지만 그 돈은 나보다 그녀에게 훨씬 더 필요한 것이었다. 어쨌거나 그 액수는 책 한 권 값은 되었다. 난 곧장 책을 한 권 사서 어머니에게 이렇게 말할 수도 있었을 것이다. "감사합니다! 제가 예전부터 읽고 싶었던 책을 샀어요…"

♦ 어머니는 연극을 보러 간 적이 없었다. 음악회도 마찬가지였다. 그랬던 그녀가 말년에 연극의 등장인물이 될 일이 생겼다. 『랭스로 되돌아가다』를 각색한 오스터마이어가 어머니와 내가 사진을 들여다보는 책 앞부분의 장면을 영상으로 담길 원했다. 처음에 난 이 제안을 거절했는데, 유럽 전역에서 극장 관객들이 어머니의 모습을 대형 스크린으로 보고 듣길 조금도 바라지 않았기 때문이다. 오스터마이어는 단념하지 않고 이렇게 털어놓았다. "사실 저도 그래요. 저도 어머니가 부끄러웠어요. 제 연극 시사회에 어머니를 한 번도 초대한 적이 없어요. 사람들이 '저기 저 이상한 아주머니는 누구야?'라고 물어볼까 봐 겁이 나서요."

조프루아*가 말했다. "넌 스스로 급진적인

사람이라면서 어머니에 대해 수치심을 느끼게 될까 봐 어머니의 영화 출연을 원하지 않는 거야???"

그의 말이 맞았다. 결국 나는 승낙했다.

어쨌거나 어머니가 거절할 줄 알았다. 내 책을 좋아하지 않았기 때문이다. 그것이 할 수 있는 최소한의 말이다. 그런데 어머니의 의사를 묻자 그녀는 거절하기는커녕 탄성을 질렀다. "아, 그럼, 나도 아주 기쁠 거다!" 그리고 웃으며 덧붙였다. "세상에나, 이 나이에 영화배우가 되다니!"

오스터마이어는 스태프와 함께 와서 우리를 한 시간 넘게 촬영했다. 친절함이 몸에 밴 그는 떠나기 전에 어머니에게 말했다. "부인, 베를린에서 첫 시사회를 할 때 모시러 오겠습니다." 그 후 몇 달간 그녀는 내게 여러 차례 되풀이해서 물었다. "네 친구가 아직도 날 데리러 오겠다니?" 난 대답했다. "그럼요, 물론이죠… 그 친구가 직접 오는 것은 아니지만, 어머니 여행을 도와줄 사람을 보낼 거예요. 자기 연극이 상연되는 극장에서 어머니를 맞아줄 거고요." 어머니가 비행기에서 내리면서 "집으로 돌아갈란다. 여기서 머무르고 싶지 않아!" 하고 소리라도 지를까 봐 난 처음으로 어머니에게 경고했다. "베를린인 거 아시죠. 독일인들을 그렇게 싫어하시는데, 어머니에겐

* 정치철학자이자 에리봉의 법적 생활동반자인 조프루아 드 라가느리Geoffroy de Lagasnerie를 가리킨다.

힘드실지도 몰라요…" 그녀는 이 반대를 떨쳐냈다. "오, 하지만 그 사람들 잘못은 아니잖아… 심지어 네 친구들은 거기서 태어난 것도 아니잖니."

안타깝게도 공연이 시작했을 때 어머니는 요양원 침대에 꼼짝 못 한 채 누워 있었다. 그녀는 '영화배우'가 된 자신의 모습을 볼 수 없었다(실제로는 연극 작품 속의 몇 분짜리 영상물이었다). 내게는 촬영 날 찍어둔 그녀의 이미지들이 남아 있다. 거기서 난 그녀와 함께 수다를 떨고 있으며, 우리는 웃는다.

♦ 그녀는 내게 자주 말했다. "내가 여행하고 싶은 나라는 미국이야. 난 늘 뉴욕에 가는 게 꿈이었어." 그 꿈은 결국 이루어지지 않았다.

♦ 파트리크 샤무아조가 자기 어머니에 관해 쓴 책 『부재의 질료』에 나오는 다음 문장은 내 어머니에게도 적용될 수 있을 것이다.

> 그 많은 새벽 기상, 그 많은 세탁, 그 많은 장보기와 요리, 그 많은 생활과 생존 전략, 그 많은 속에 삭인 수치심과 덧없는 자부심, 그 많은 실패와 그 많은 성공… 하루의 아우성 속에서 심지어 칭찬받지도 못한! 누가 그것을 기억하겠는가?[2]

♦ 이젠 내가 지금과 같은 사람이 된 것이 '그녀였는데도'인

동시에 '그녀 덕분에'라는 점을 잘 안다. 내 정신 속에서는 '그녀였는데도'가 '그녀 덕분에'를 오랫동안 능가해왔다. 물론 오래전부터 내 이기심과 배은망덕이 부끄럽다. 이기심과 배은망덕이 어머니에게 가져다준 고통 때문에 고통스럽다. 하지만 『내 어머니의 책』의 알베르 코엔이라면 이렇게 말할 것이다. 이 죄책감은 "조금 늦었다"라고.

4부

1

어머니가 요양원에 입소한 다음 날, 어머니의 곁을 떠나면서 두 권의 책을 다시 읽어야겠다고 마음먹었다. 시몬 드 보부아르의 『노년』과 노르베르트 엘리아스의 『죽어가는 자의 고독』이 그것이다. 둘 다 내가 잘 아는 책들로, 그것들이 당시 일어나고 있었던 일을 이해할 수 있게 도와줄 것이라고 직관적으로 느꼈다. 모든 일이 순식간에 벌어져서, 난 어머니가 돌아가신 후에야 그 책들을 다시 읽을 수 있었다.

1987년 엘리아스 책의 프랑스어판이 번역 출간되었을 때 그 텍스트의 아름다움에 매료되었다. 그 시기에 난 한 프랑스 주간지에 기고하고 있었는데, 언론계에서 말하는 '인물' 기사를 쓰기 위해 엘리아스를 만나러 갔다. 엘리아스는 암스테르담에 살고 있었다. 그날 그를 처음 만난 건 아니었다. 그를 오랫동안 추앙했던 난 청년 저널리스트로 일하던 경력 초기에도 다른 신문에 실을 인터뷰 기사를 위해 독일 북부 빌레펠트에 간 적이 있다. 그는 거기서 '체류 연구자'로 있었다. 대학에서 그의 경력은 늘 혼란스럽고 주변적이었다. 알다시피 대학은 독립적이고 혁신적인 지성을 별로 환대하지 않는다. 대학은 그러한 지성을 생전에 인정하지 않으려 들던 것도 잊어버린 채 사후에야 예찬한다. 암스테르담에서 엘리아스는 주택 2층에 살고 있었다. 그의 거처는 그가 꽤 오랫동안 가르치던 가나에서 가져온 아프리카산 작은 조각상으로 가득했다. 아흔의 나이임에도 그는 내게 밤 10시에 만나자고 했다. 전화 통화 중에 그가 영어로 "내일 10시 어때요?"라고 물었을 때 난 "오전 10시요?"라고 되물었고, 그는 "아뇨, 아뇨, 밤 10시요"라고 대답했다. 우리는 밤늦게까지 오랜 시간 이야기를 나눴다. 물론 그가 갖고 있는 책에 관해서, 또 그의 삶과 저작에 관해서, 그리고 부르디외에 관해서. 엘리아스는 동시대 저자 중에서 드물게 부르디외의 저작에 흥미를 보여서, 두 사람은 서신을 통해 학문적으로 교류하기도 했다.

당시 난 미셸 푸코가 1982년 독일어로 출간된 이 책의 번역을 고려했다는 사실을 몰랐다—아니면 잊고 있었다. 조금도 놀라운 일은 아니다. 그는 당연히 엘리아스의 저작에 큰 흥미를 느꼈다. 『문명화 과정』이 프랑스어로 뒤늦게 번역되었을 때 푸코는 『감시와 처벌』을 집필 중이었기 때문이다. [엘리아스 책에 나오는] 특정한 시기의 문화가 요구하고 배치하는 '규율'과 사회적 통제의 내면화 과정에 대한 역사적 서술은 푸코의 주의를 끌 수밖에 없었다.[1]

권력작용의 연속적 모델을 구분하는 푸코의 접근법은 분명 장기 지속에서의 진화 과정을 기술하는 엘리아스의 접근법과 매우 달랐다. 하지만 엘리아스처럼 푸코 역시 [권력의] 사회-역사적 변형, 또한 주입되고 내면화된 품행의 형태로 개인이 권력을 체화하는 과정에 관심을 기울였다. 엘리아스에게는 사회구조가 신체 속에 각인된다면, 푸코에게는 권력이 신체를 경유하고 관통하며 주조한다. 두 경우 모두 우리는 '규율된' 신체에 관해 말할 수 있다. 비록 양쪽에서 말하는 규율의 메커니즘이 동일하지는 않다고 해도 말이다. 이후 푸코는 어쩌면 자신이 겪고 있었던 것에 대한 일종의 희미한 예감 혹은 반향의 효과로 인해 늙음과 죽음에 관한 책에 끌린 것이 아닐까? 같은 시기에 이루어진, 고대의 수양에서 '자기 배려'에 관한 그의 연구가 질병과 다가오는 죽음 앞에서 철학적 평온을 추구한 일지로 읽힐 수 있는 것처럼 말이다.

어쨌거나 난 푸코가 『죽어가는 자의 고독』에 쏟았던 관심을 모른 채—또는 더 이상 기억하지 못한 채—내가 쓴 푸코 전기의 1989년 초판본에 엘리아스의 문장을 제사로 넣었다.[2] "죽음은 어떤 신비도 간직하지 않는다. 어떤 문도 열지 않는다. 그것은 한 인간 존재의 종말이다. 그 뒤에 살아남는 것은 그가 다른 인간 존재들에게 주었던 것, 그들의 기억 속에 남아 있는 것이다."

여기서 다음 문장을 인용해도 좋겠다. "아마도 우리는 더 공개적이고 더 명확하게 죽음에 관해 말해야 할 것이다. 이를테면, 그것을 더 이상 신비한 것으로 제시하지 않으면서 말이다."

이 책은 죽음에 관해 아주 탁월한 내용을 담고 있지만, '늙는다는 것' 또는 '늙음에 관하여'라는 제목이 붙을 수도 있었을 것이다. 과학이 '생리적 과정'과 그 의학적 결과에 대해서는 많은 연구를 했지만, "노화 경험 자체"[3]를 논한 작업은 훨씬 적다고 엘리아스가 언급하기 때문이다. 그런데 후자는 노화 경험이 사람들의 행동, 존재 양식, 정신 현상을 어떻게 변화시키는지 이해하기 위해 필수 불가결할 것이다.

사실 엘리아스는 노화가 세계와 타자, 사회적 삶과 사회규범 등에 대한 관계에 가져오는 모든 변화를 진정으로 이해하기 위해 스스로 노화의 효과, 신체적·정신적 역량의 감퇴 효과를 경험해보아야 했다고 강조한다. 그는 사람들이 앉으라고 권한 아주 낮은 소파에서 어처구니없게도 몸을 일으켜 세우느라 애를 먹는 바람에 웃음을 유발한 노인의 사례를 들면서, "노화 과정이 종종 한 사람의 사회적 위치, 그리고 타인과 맺고 있는 모든 관계에서 근본적인 변화를 가져온다는 점을 이해하지 못한다면 노화 경험은 결코 이해될 수 없을 것"이라고 주장한다. 그리고 이렇게 역설한다. "이제 나 자신이 나이 들고 늙었기 때문에, 젊은 사람들이나 중년에 이른 사람들이 나이 든 사람들의 상황과 체험을 이해하는 것이 얼마나 어려울지, 말하자면 장벽의 반대편에서 바라볼 수 있게 되었다." 노인들에 대한 '공감'의 결여, 기력이 쇠퇴하고 자율적인 운동 능력이 저하된 이들의 감정과 상황에 대한 젊고 건강한 사람들의 '상상' 불능은 언제 어디에나 있다. 엘리아스가 쓴 이 말을 틀렸다고 하기란 불가능하다. "아직도 활기차고 가끔은 기분 좋은 느낌으로 가득한 자신의 몸이 느릿해지고 쉬 피로하며 어둔해질 수 있다는 것을 상상하기란 쉽지 않은 일이다. […] 다시 말해 노인들, 죽어가는 사람들과의 동일시는 다른 연령층의 사람들에게 매우 어려운 일이다. 의식적으로든 무의식적으로든 사람들은 자신이 늙고 죽을 것이라는 관념을 극구 부정하려 하며 그에 저항한다."[4]

여기서 엘리아스가 스스로를 "장벽의 반대편"으로 넘어간 노인으로 제시하면서도 줄곧 젊은이와 건강한 사람의 관점에서 말한다는 점을 지적하고자 한다. 더 이상 젊지도 건강하지도 않다는 사실이, 그런 질문들을 그가 제기할 수 있게 한다고—부과한다고—강조하면서도 말이다. 실제로 그는 시선을 전도시킬 필요성을 역설한다. 신체적 자율성과 이동성이 감퇴하고 위축된 사람들이 세계를 대하는 태도를 분석의 출발점으로 삼아야 한다는 것이다.

우리는 시몬 드 보부아르에게서도 유사한 언급들을 발견한다. "옛날에 나는 노인들을 신경 쓰지 않았다. 그들을 다리가 아직 움직이는 시체들로 여겼다. 이제 난 그들을 본다. 남자들, 여자들, 나보다 그저 약간 더 나이 든 사람들."[5] 그녀는 1967년 소설 [『위기의 여자』에 실린] 「분별의 나이」에서 이렇게 썼다. 자전적 성격이 매우 강한 이 텍스트에서 보부아르는 노화가 다가오는 전조들, 혹은 곧 다가올 것이라는 예감이 끈질기게 안에 자리 잡는 것을 느낄 때 자신이 보인 반응을 일깨운다.

보부아르가 1970년 『노년』이라는 기념비적 저작의 집필을 시작한 것도 바로 이때였다. 무슨 이유로 그녀는 이 책을 쓰고자 했는가? 보부아르는 비망록에서 이렇게 설명한다. "나는 나 자신의 조건을 그 일반성 속에서 인식할 필요를 느낀다. 여성, 난 여성의 조건이 무엇인지 규명하기를 원했다. 노화에 대한 접근들, 난 노인들의 조건이 어떻게 규정되는지 알고 싶었다."[6]

우리는 여기서 지적 접근이 개인의 생애사에 뿌리내리고 있다고 명시적으로 가정하는 셈이다. 엘리아스와 보부아르의 책은 그들의 삶에서 무언가 흔들린 순간, 혹은 흔들리려 한 순간 태동했다. 그들을 둘러싼 세계에 대한 그들의 시선 전체가 변화한 것이다. 그들은 사람과 사물을 다르게 경험하기 때문에 다르게 본다.

그런데 조금 전 인용한 [보부아르의] 발언이 갖는 효력의 범위를 확장하는 편이 적절하겠다. 거기에 해당하는 건 단지 우리가 고령자를 가까이 느끼게 되면서 일상생활에서 마주하는 고령자들의 느릿느릿하고 둔하고 자유롭지 못한 행동이라든지, 고령자들에게 영향을 끼치는 노쇠와 신체적·인지적 감퇴에 대해 우리가 갖는 예민한 의식만이 아니다. 보부아르 못지않게 엘리아스 또한 역설하듯, 더 일반적으로 노화에 대한 사회적·문화적 지각도 있다. 마찬가지로 사유와 글쓰기도 있다. 노화, 노년, 고령에 관해 생각하고 쓰려는 이들은 대개 나이 들거나 스스로 '늙어간다고' 느끼는 저자들이다. 아니, 이렇게 말해야 했을 것이다. 노년과 고령에 관해 쓰고자 생각하는 이들은 그러도록 이끌리고 불렸다고 느끼는 이들이라고. 물론 부모나 가까운 친척, 아니면 이야기에 꼭 필요한 등장인물로 구현되어 나타나는 소설이나 자서전을 제외하고 말이다. 수많은 문학 텍스트가 전체적으로나 부분적으로 부모의 노년이나 죽음을 다룬다. 실제 사례들은 숱하게 존재하며, 난 앞에서 몇몇 사례를 인용하기도 했다(보부아르는 『노년』에서 몇 세기를 가로지르며 이 광대한 영역을 탐구한다).

이 경우에 문학은 이론보다 훨씬 더 많은 것을 보고 보여줄 뿐만 아니라, 철학(넓은 의미의)보다도 훨씬 더 많이, 더 잘 생각한다. 이론은 대부분 신체적·정신적 수단을 충분히 갖춘, 따라서 이 점에서는 '지배자' '특권층' 편에 속하는 사람들이 쓴다. 엘리아스의 표현을 가져오자면, 그들은 '장벽'의 좋은 쪽에 있는 셈이다. 그들의 경제적, 사회적, 정치적, 문화적, 젠더적, 성적,

인종적 열등화 혹은 취약성의 양태가 무엇이든, 또 그런 층위에서 그들의 비판적 관여가 어떠하든 말이다.

따라서 늙음이라는 문제는 철학적 개념화와 정치 이론이 이해 영역의 바깥에 내버려둔 것에 관해, 한층 근본적으로는 그들 개념의 타당성의 장을 구성하기 위해 간과해온 것에 관해 질문할 수 있게 해준다. 어떤 현실의 배제는 개념의 정의와 그 조작적 확장에 불가피하게 따르는 내생적 조건처럼 보인다. 하나의 문제를 사유한다는 것은 필연적으로 다른 문제들을 사유하지 않는 것이기도 하다. 이 경우엔 마치 고령이 개념적인 것의 층위에서 벗어나는 것처럼, 마치 철학이나 정치 이론의 개념 대부분이 노년이나 고령자들을 보지 못하거나 보길 원하지 않는 것처럼 말이다. 여러 면에서 늙음은 사회적으로 내몰려 있을 뿐만 아니라, 개념적으로도 어둠에 가려져 있다. 기껏해야 감각과 정동의 편에 암묵적으로 되돌려지면서, 철학적인 것의 영역에 좀처럼 자리를 얻지 못하고 이론적 정련의 가시권 안에 아주 드물게만 들어갈 따름이다.

이 비판에 나 자신을 끌어들일 한 가지 예를 들어보자. 나는 『성 주네*Saint Genet*』에서 사르트르의 문장을 발췌해 『랭스로 되돌아가다』에 인용한 바 있다. 그 문장은 학생이었던 내게 큰 감명을 주었고, 심지어 어떤 계시까지 받은 난 다소 순진하게도 그 문장을 삶의 지침으로 삼았다. "중요한 것은 사람들이 우리에게 행한 것이 아니라, 사람들이 우리에게 행한 것을 가지고서 우리가 스스로 하는 것이다." 우리를 흥분시키는 멋진 문장 아닌가! 그것은 온갖 자명한 한계—사회적, 문화적, 인종적, 젠더적—에도 아랑곳 않고 해방적 힘의 아우라를 띠며 나아간다. 사실 그 문장은 우리에게 한계를 해체하거나 파괴하라고 요구하는 순간마저 그것을 정식화 속에서 실어 나른다. 옛날에는 내가 모르는 척했고, 지금은 알고 있는 것처럼.

그런데 한 가지는 확실하다. 우리는 이 문장을 시간이 펼쳐져 있을 때만 자신의 실존을 안내하는 금언으로 받아들일 수 있다는 것이다. 우리 자신을 변화시키기 위해서, 우리가 될 모습을 선택하기 위해서, 우리를 재발명하기 위해서 우리를 형성한 역사적·사회적 구조들에 대해 어느 정도까지는 자유롭게 작용할 수 있어야 하는데, 이를 실현하려면 열린 미래가 필요한 셈이다. 이 문장이 어떤 의미를 지니려면 자기 앞의 생la vie이 있어야만 한다. 그 단어들이 날 열광시켰을 때 난 스무 살도 채 되지 않았다! 아니면 적어도 자기 앞에 아직 남은 생une vie이 있어야만 한다. 나는 어머니의 경우가 그랬다고 말하고 싶어진다. 여든 살에 어머니는 다른 현재, 다른 미래를 위해 사회적인 제약과 구조가 자신에게 행한 모든 것을 허물어버리고 사랑의 기획에 투신했다. 하지만 어머니보다 나이가 많거나 타인에게 의존해야 하는 사람이었다면? 하물며 자기 방에서, 침대에서, 노인 병원이나 요양원에서 거의 움직이지 못하는 사람이었다면(여든일곱의 어머니가 그랬듯이). 사르트르의 언명은 더 이상 무엇에도 부합하지 않는다. 이미 만들어진 우리 자신은 고사하고, 심지어 하루하루 일어나는 일조차 우리가 아무것도 바꿀 수 없는 상황인 것이다. 시간은 응고되어 있다. 더 이상 미래로, 아니 당장 코앞의 미래로마저 자기 투사가 불가능하다. 그렇다고 사르트르의 문장이 가지는 의미가, 그 아름다움이 지워지는 것은 아니다. 단지 타당성의 범위를 크게 제한받을 따름이다. 그 문장은 의존적인 고령자들을 배제한다.

이 밖에도 사르트르의 중심 개념들을 예로 들어보자. 『존재와 무』(1943)에 나오는 '자유'라든지, 『변증법적 이성 비판』(1960)에 나오는 '융화 집단groupe en fusion'과 '서약serment' 등 말이다. 이 개념들은 모종의 신체적, 정신적 역량을 가진 사람들에게만 가치를 지닐 수 있다. 첫번째 책에서는 자신을 '기투projet' '무화néantisation'로 구성할 수 있는(미래로 향하는 자기의 기투로써 기존하는 것ce qui est을 '무화'하기 위해, 기존하는 것에서 자신을 빼낼 수 있는) 역량이 전제된다. 마르크스주의와 대화하는 두번째 책에서는 실천*praxis*에 관여할 수 있는 역량이 전제되는데, 그 실천은 자신의 결연함을 확인하고 행동하는 집합체collectif로서 자의식을 가지고 동원되는 총체ensemble의 일부를 이룬다.

사르트르 철학의 어휘 목록에서 '존재'는 '내재성immanence' '사실성facticité' '즉자 존재en-soi'(혹은 훨씬 나중에는 '실천적 타성태practico-inerte')이고, '무néant'는 '초월성transcendance' '자유' '대자 존재pour-soi'(혹은 훨씬 나중에는 '실천' '융화 집단')다.

사르트르 사유의 이 두 계기[즉 『존재와 무』와 『변증법적 이성 비판』] 안에서는 동일한 관념이 철학적 체계의 중심 장소를 구성한다. 즉 개인이 스스로를 자기의 지양이자 도래할 실존으로 규정하기 위해 과거와 현재, '존재' 혹은 '실천적 타성태'로부터 빠져나온다는 것이다. 그리고 두 책 모두에서 이 개념들은 필연적으로 시간성의 개념들과 접합되어 있다. 여기서 원리로 작용하며 그 자체로 수제가 되는 전제는 열린 시간성에 대한, 개인적이거나 집합적인 '기투'의 가능성에 대한—개인적 혹은 집합적—의식의 관계다.

자유로부터 도피하는 것, 자신의 자유로부터 도피하는 것은 비진정성 속으로, '자기기만mauvaise foi' 속으로 침몰하는 것이다. 하지만 우리가 요양원에 있다면, 더 이상 침대를 떠날 수 없다면 도래할 것à venir의 어떤 가능성이 남아 있겠는가? 의존적인 고령자들은 자유로부터 도피하지 않는다. 그들에게는 더 이상 자유가 없다. 선택지가 없다. 그러므로 이 철학에서 늙음의 자리는 없다.

보부아르의 철학에서도, 그녀가 '늙은이들'(그녀가 쓴 단어다)에 관해 책을 쓰기 전에는 아주 놀랍게 마찬가지 문제가 있었다. 이를 보려면 『제2의 성』의 「서문」만 참조해도 충분하다. 이 저작은 아주 뒤늦게 『노년』에서 그녀가 관심을 가지게 될 사람들에게는 거의 적용될 수 없을 이론화의 틀 속에서 펼쳐진다.

> 우리가 채택하는 관점은 실존주의적 도덕이다. 모든 주체는 기투를 통하여 초월성으로서 구체적으로 확립된다. 주체는 다른 자유를 향한 부단한 지양에 의해서만 자기의 자유를 완성한다. 무한히 열려 있는 미래를 향하여 발전을 도모하는 것 외에는 현존하는 실존을 정당화하는 길은 없다.

이 문장은 물론이고 뒤에 이어지는 문장을 보면, 별로 길게 숙고할 필요도 없이, 보부아르가 고령자들을 아직 염두에 두지 않았음을 알 수 있다.

> 초월성이 내재성으로 다시 떨어질 때마다 실존은 '즉자 존재'로, 자유는 사실성으로 타락한다. 만약 그것에 주체가 동의했다면, 이런 전락은 하나의 도덕적인 허물이다. 만약 이 전락이 주체에 의해 강제된다면, 좌절과 압박의 형태를 취한다. 그것은 두 가지 경우 모두 절대악이다.[7]

보부아르는 자신의 '조건'에 '동조하는' 여성들의 상황을 기술하기 위해 "도덕적인 허물"이라는 용어를 쓴다.
적어도 이는 여성 열등화의 역사와 현재를 탐구하는 데 전체를 할애한 책의 서두로는 이상해 보인다. 우리는 그보다 사회적·성적 층위의 구조들이 개인에게 체화되는 방식을 규명하는 데 보부아르가 어떻게 전념하는지를 기대할 것이다.

극단까지 밀어붙인 사르트르식 주관주의는 여기서 여성 지식인의 도덕주의로 변모한다. 늙음의 문제와 대결하면서 그녀는 자신의 사유 범주들을 심층적으로 다시 손질하도록 이끌릴 것이다.

사실 고령자라고 해서 초월성이 다시 떨어지는 것도, '대자 존재'가 '즉자 존재'로 타락하는 것도 아니다. 더 이상 '열린 미래'도, '열린 미래'의 가능성도 없는 것이다. 더 이상 초월성도, 초월성의 가능성도 없다. '대자 존재'는 점점 더 결정적인 방식으로 퇴적하는 '즉자 존재'에 의해 가차 없이 부식당하고 침식당한다.
메를로-퐁티에 관해서도 같은 이야기를 할 수 있다. 그는 『지각의 현상학』에서 인간 주체를 각자 시공간 속 신체의 관여를 통해, 감각 세계의 탐색을 통해 자신의 신체로써 겪는 경험으로 정의한다. 따라서 인간 자유가 공간성이자 시간성으로서—공간화이자 시간화로서—[스스로를] 세계-내-존재être-dans-le-monde로 표명하는 가운데 전개된다면, 이는 '정상인들'의 공간과 시간 바깥에 위치한 사람들에 대해 최소한 암묵적 배제를 거친다. 여기서 이 '정상인들'은 젊은이들, 건강한 사람들, 공간 안에서 이동하고 시간 속에 스스로를 기투하는 데 어려움이 없는 사람들을 가리킨다. 신체, 공간, 운동성, 시간, 타자, 자유… 메를로-퐁티 저작은 모든 장이 자율적이고 건강하고 기동력 있는 사람들의 세계를 대상으로 한다.[8]

현상학과 실존주의 철학이 늙음이라는 문제를 은폐한다는 점은 내가 방금 인용한 저작들에서 명백하다. 그런데 엘리아스가 일상생활의 태도로 권유한 바를 다양한 철학에 일반적으로 확장한다면 어떨까? 철학을 고령자의 관점에서 재검토하는 것 말이다. 혹은 보부아르 자신이 1970년 저작에서 수행한 비판으로부터 출발해 철학 담론들을 다시 검토한다면? 늙음이라는 문제를 단순히 환기하는 것만으로도 우리는 철학의 근본 개념 대부분이 갖는 타당성과 관여성의 장에 관해서 무언가 배우게 되지 않을까? 이는 특히 정치철학에서 두드러지지 않을까? '사회계약' '일반의지' '인민 결사' '공공 영역' '숙의' '합리적 토론' '합의' '불화' '행위 역량' '해방' '발언' '정치 행동' '집합 의견' '동원' '거리의 정치' '반란' '시민 불복종' '저항' 등등. 거기에 고령, 신체적 무능력, 장애, 인지능력 감퇴의 차원—실효적 현실—을 넣기란 매우 어려운 일이다. 이론이 한쪽에 제쳐둔 것은 단순히 이런저런 현상을 이해하는 과정에서 관심을 거둔 부분이 아니며, 모든 이론적 접근이나 개념적 세공에 불가피하게 따르기 마련인 성찰의 맹점도 아니다. 그렇지 않다! 문제는 훨씬 더 근본적으로 개념과 그것을 작동시키는 이론에 내재한 내적 한계로 출현한다. 이론 또는 개념이 포함시킬 수 없는 것 말이다. 늙음을 환기하는 것은 대부분의 이론이 자기 개념들을 조작적opératoire으로 만들기 위해 그늘 속에 내버려두어야 했던 모든 것을 나타나게 만든다. 어떤 개념이 주어지고 고안되며 지정된 자리를 차지하려면 고려될 수 없고, 고려되어선 안 되는 모든 것 말이다. 하지만 억압된 것의 귀환이 뚜렷해져서 이론적 재구성을 요구받는 순간은 언제나 오기 마련이다… 만일 이 실존적 현실들이 이론과 개념 내부에서 고려되지 않으며 그럴 수도 없다면, 이 이론과 개념 들은 보부아르가 낸 길을 따라 외부에서 비판적 문제 제기의 대상이 되어야만 한다. 그것들이 정련되기 위해서 망각하고 배제한 것, 그래야만 했던 것이 무엇인지 질문해야 한다. 보부아르의 1970년 저작은 자기비판(그녀 자신과 사르트르에 대한)인 동시에 철학 일반에 대한 비판으로 읽힐 수 있다.

'신체' 개념은 일상적 실존과 세계에서의 현존을, 혹은 정치 행동을 사유하기 위해 노화, 신체적 취약성, 질병 등을 지각 영역 바깥에 두어야 했을 것이다. 그로써 이 개념은 고령자들이나 자율성을 잃은 사람들을 거의 완전한 비가시성의 상태로 몰아넣었다. 이론에 그들을 위한 자리는 없는 것이다. 그들은 이론적 시선에 의해 부재하게 되었다. 정치적 신체로서의 신체 이론들, 공공 영역에서 신체의 현존으로서 정치 이론들은—유명한 프랑스어 표현을 빌리자면—더 이상 '거리로 내려올' 수 없는 모든 여성과 남성을, 이렇게 설정된 정치적 행위 출현의 틀 바깥으로 밀어냈다.

난 개념이 실재적인 것을 복제하거나 반영하지 않으며, 실재적인 것을 이해하고 그것에 의미를 부여할 수 있게 해준다는 점을 잘 안다. 추상적인 관념은 구체적인 실재의 분신이 아니다. 그런 관념은 실재를 지각하고 이해할 수 있도록 실재를 구성할 수 있게 해준다고까지 주장할 수 있을 것이다. 개념은 분산된 경험적 실재들을 의미 있는 방식으로 정렬하기 위해 조직한다. 사유하는 것은 분류하는 것이다.

루이 알튀세르는 경험 영역에 대해 이론 영역이 갖는 특수성을 강조하기 위해 그가 스피노자의 정식으로 잘못 돌린, "개라는 개념은 짖지 않는다"라는 말을 즐겨 했다. 이 말을 부인할 수 없다. 개념은 짖지 않는다! 사실 스피노자는 『지성교정론』에서 원과 원이라는 관념을 구분했다. 원이라는 관념은 중심점도, 원주도 갖지 않는다. 신체와 신체의 관념도 마찬가지다. 신체의 관념은 신체 그 자체가 아니다. 스피노자의 말을 인용하면 다음과 같다. “참된 관념(우리는 참된 관념을 가지고 있기에)은 그 대상과 구별되는 무엇이다. 사실 원과 원의 관념은 별개다. 원의 관념은 원처럼 원주, 중심점을 갖는 무언가가 아니며, 신체의 관념도 신체 그 자체가 아니기 때문이다.”[9] 그런데 원의 관념이 중심점과 원주를 빼먹고 포함하지 않은 채 정의된다면 그 정의는 일단 불완전할 것이다. 알튀세르의 언명을 다시 가져오자면, 아무리 관념적이고 개념적일지라도 짖지 않는 개를 어떻게 상상할 것인가? 개의 개념이 짖기, 또는 짖을 가능성을 포함하지 않는다면 그 적절성은 어떻겠는가? 이는 나이, 노화, 자율성의 상실 등을 포함하지 않는 신체 개념도 마찬가지일 것이다.

그런데 철학 개념들은 거의 일반적으로, 엘리아스가 제시한 예화처럼, 모든 사람이 극히 낮은 소파에서도 어려움 없이 다시 일어설 수 있다고 전제한다. 분명 신체는 피로하고 허약하며 취약하고 병들 수 있다. 소수화되고 열등해지고 불안정해질 수도 있다… 그럼에도 정치 이론에는 서 있는 신체, 아니면 어쨌든 서고 움직이고 행동할 수 있는 신체가 있다.

오해하지 말아야 한다. 이론적 접근법들에서 일종의 결여나 부재를 강조한다고 해서—무조건—고발,

비난으로 읽혀서는 안 되며, 더더군다나 이런저런 사상이나 이론적 원리들의 총체에 대한 유죄판결로 읽혀서는 안 된다. 한 질문에 접근하기 위해 이론적 분석을 정교화하고 개념을 주조하려는 시도는 여타의 많은 질문을 한쪽에 제쳐두는 불가피한 결과를 낳는다. 한 번에 모든 주제에 관해 글을 쓸 수는 없다. 스테판 말라르메가 꿈꾸었던 총체적인 책livre total이 불가능하듯, 그 못지않게 절대적인 이론도 존재하지 않으며 존재할 수 없다. 비록 헤겔이나 사르트르는 그것을 구축했다고 믿었지만 말이다. 더 나아가 한 실재에 시선을 보내는 동안 다른 실재들에 시선을 보낼 수 없다는 점은 넘어설 수 없는 조건이자 피할 수 없는 결과다. 그 실재들이 서로 밀접하게 연계되어 있더라도 마찬가지다. 개념은 언제나 부분적이고 특수하며 제한적이고 잠정적이다. 그렇지 않다면서 일반성과 전체성에 대한 야심을 드러낼 때조차 그렇다. 또한 우리는 아직 질문으로 구성되지 않은 질문들이 계속 남아 있으리라는 것을 안다. 질문들은 사회운동과 정치 운동 혹은 지적 개입이 실어 나르면서 점차 부과된다. 또는 부과되었다([사회운동 및 정치 운동과 지적 개입의] 두 수준은 서로 연결되어 있는데, 운동은 항상 이론적 성찰의 총체를 수반하며 역사적, 사회학적, 문화적, 문학적 연구들의 개화를 자극하기 때문이다). 이때 질문들은 역사뿐만 아니라—『서인도제도 담론』에서 에두아르 글리상은 식민지 세계에서 자신의 자리를 발견할 수 없는데도 역사적 서사가 보편적이라고 자임하는 데 의문을 제기하면서 "내가 역사와 벌인 논쟁"이라고 말한다*—현재 작동 중인 이론과 개념, 더불어 그것들을 기초하고 지지하는 문화 전체를 다시 심문하는 데까지 이른다.

* Édouard Glissant, *Le Discours antillais*, Paris: Gallimard, ‹Folio›, 1997.

2

그래서 난 노년에 관한 보부아르의 책을 광기에 관한 푸코의 책과 연계시키고 싶은 유혹을 느낀다. 두 책의 시간적 간격은 고작 10년 정도다. 『광기의 역사』는 1961년, 『노년』('노년의 역사'라는 제목을 달 수도 있었을 것이다)은 1970년 출간되었다. 우리는 두 책을 동시대적이라 간주할 수 있다. 서로를 구별 짓는 모든 것—특히 성찰과 개입의 영역, 이론적 틀(보부아르에게는 실존주의 철학, 푸코에게는 구조적 방법), 역사적 시대구분, 참고문헌들, 글쓰기 스타일 등—에도 불구하고 두 책은 놀랍도록 닮아 있다. 두 책 모두 문제는 문화의 복합적인 지층들을 탐색함으로써 어디서 어떻게 분할partages이 일어나고, 경계가 어떻게 정초되며, 배제와 추방이 어떻게 작동하는지 보는 것이다.

우리는 이를 일컬어 두 권의 두꺼운 책 속에 기입된 문화의 두 고고학archéologies으로 규정할 수 있을 것이다. 푸코에게는 굴착 작업을 잘 해내는 데 600쪽이, 보부아르에게는 약 700쪽이 필요했다. 푸코는 '침묵의 고고학'을 수행하고자 했는데, 놀랍게도 보부아르 역시 노년과 관련해 유사한 어휘에 도움을 청했다. 그녀는 「서론」에서 선언한다. "자, 내가 이 책을 쓰는 이유는 바로 이런 침묵의 공모를 깨버리기 위해서다."[1]

그러므로 문화의 두 '고고학,' 두 '현재사histoires du présent'이기도 하다. 두 책 모두 '인류학적'(우리의 문화에 대한 인류학 하기, 우리에게 친숙한 지반을 구성하는 지층들의 연쇄를 굴착함으로써 탐사하기)인 동시에 '계보학적'(우리가 더 이상 문제 제기하지 않을 정도로 사회적 풍경에서 '자연스러워진' 제도들의 '탄생'을 재발견하고 분석하기)이라고 말할 수 있는 탐구로써 오늘날 우리가 사는 세계를 이해하고자 하는 시도이기 때문이다.[2]

『광기의 역사』에서 푸코는 데카르트가 코기토*Cogito*('나는 생각한다')를 정초하며 철학적 접근을 전개한 가운데 17세기 사회문화적 삶의 모든 수준에서 정립된 이성과 비이성의 거대한 분할에 상징적인 행위 하나를 읽어낸다. 데카르트는 『제일철학에 관한 성찰』 맨 앞부분에서 의식이 자기 안에서 발견하는 확실성과 진실을 의심할 수 있는 담론에 관해 자문한다. 사실 그는 "뇌에 정말 착란이 와서 […] 아주 가난한데도 끊임없이 자기가 왕이라고 단언하는 정신이상자insensés"를 언급한다. 그러나 다음과 같이 외치면서 이 반박을 차단한다. "뭐라고? 그들은 광인들이야."[3] 이 대목에서 푸코는 광기에 대한 배제의 패러다임적 몸짓 한 가지를 판독하고, 이 철학적 배제를 같은 시기에 개입한 구빈원Hôpital général의 창설과 연결한다. 구빈원 안에는 아주 이질적인 인구 집단이 강제로 수용되었다. "정신이상자"뿐만 아니라 "성병 환자,

방탕한 사람, 낭비벽 있는 사람, 동성애자, 신성모독자, 연금술사, 난봉꾼," 또 "매음부"와 "가난한 불구자, 빈곤층 노인, 거지, 만성 실업자, [⋯] 간단히 말해서 이성, 도덕 그리고 사회질서에 비추어볼 때 '문란'의 신호를 보이는 모든 사람"[4]이 감금당한 것이다. 따라서 푸코에게는 『광기의 역사』에서 형이상학적 텍스트와 정치적-행정적 문서를 서로 연결하는 '응집성의 원리'를 규명하는 일이 문제였다. 두 요소, 두 사건, 아니 차라리 동일한 사건의 두 '양상'은 상이한 영역에서, "사변의 층위와 제도의 층위에서, 담론과 법령에서" 함께 새로운 '도덕적 감수성'의 배치를 표현 또는 번역한다. 이는 모든 수준에서 "기호를 지니는 요소가 우리에게 언어의 가치를 띨 수 있는 도처에서" 일어난다.[5]

푸코의 분석을 이 책의 관건이 되는 질문들로 옮겨놓으면서, 서양철학 전통의 큰 부분이 유사한 배제 행위의 정초와 반복 위에서 구성되어 현재까지 계속 그러하다는 아이디어를 밀어붙일 수 있을까? "뭐라고? 그들은 노인들이야." 수많은 철학서가 은밀하게, 은연중에 이런 말을 되풀이하는 듯 보인다. 그 책들의 구획선은 이제 이성과 비이성 사이가 아니라 젊음과 늙음, 건강과 신체적 무능력, 건장한 몸과 의존적인 몸 사이를 지날 것이다. 그리고 담론과 이론의 층위에서 노년에 대한 배제는 구조적 유비 혹은 구조적 동형성isomorphie structurale의 동일 원리에 따라 문화적 지형의 일반적 양상 가운데 하나로 기술될 수 있을 것이다. 고령자들의 제도적 추방은 그 지형의 또 다른 측면일 테다.

물론 노년에 대한 거부는 직접적으로 언명되지 않는다. 광기에 반대한 데카르트 철학 역시 그렇다고 푸코가 우리에게 알려주듯이 말이다. 거부는 대개 암묵적이고 잠재적으로 있으며, 어쩌면 그것을 읽는 사람 못지않게 언명하는 사람의 눈에도 감지되지 않은 채 지나간다. 하지만 우리가 질문을 제기하고 가까이 들여다보자마자, 노년에 대한 거부는 푸코의 분석에서 '비이성'을 강타하는 거부만큼이나 확실하고 선명하며 대대적이고 효율적이라는 사실을 부인할 길이 없다. 마치 심층에서 철학 체계들이 노년과 고령, 신체적 자율성 상실의 세계를 무시하거나 혹은 시선 바깥으로 밀어냄으로써 그 근본 개념들의 획정을 제한하는 것처럼 모든 일이 일어난다… 개념적 건축들은 이러한 배제 위에 쌓아 올려진다. 배제가 그 자체로 주제화되지 않았더라도 말이다. 우리가 이를 돌려보낼 지점은 '집합적 무의식'이 아니다. 추방 과정은 푸코라면 "경험의 역사적 두께"[6]라고 불렀을 무언가에 닻을 내리고 있다. 여기서 근본적인 문제는, 그의 정식 하나를 끌어오자면 "한 문화가 그 자체로 배제한 것과 맺는 관계,"[7] 그것이 자기의 "외부Extérieur"로 구성한 것과 맺는 관계다.

푸코가 문화의 고고학에 착수하며 제안한

접근법에서 내게 특히 중요해 보이는 점은, 문제는 그저 개념 분석을 수행하는 데 있지 않다고 그가 역설한다는 사실이다. 반대로 그는 개념과 이른바 과학적 가공물(이 경우 정신의학, 심리학, 정신분석)을, 광기의 배제가 작동하는 경험의 상이한 형태를 통치하는 역사적 구조 속에 다시 기입하고자 시도한다. 정신의학은 일단 추방이 완수되면서 가능해졌다. 개념은 자신을 가능하게 한 추방에 접합된다.

따라서 푸코는 광기의 질식된 목소리를 문학과 예술 속에서 재발견한다. 고야, 반 고흐, 아르토… 니체의 저작엔 별도의 자리가 주어진다. 푸코에게 이는 합리주의 전통이 배제한 '광인 철학자의 가능성'을 내세우기 위해 니체적 형상을 소환하는 문제였다. 보부아르도 침묵으로 되돌려진 목소리들을 들리게 하려는 의지 속에서 예술과 문학에 기댄다. 그녀에게 문제는 노년을 향한 옛날과 오늘날의 시선을 연구하는 것만이 아니라, 나이 든 철학자—여기서는 나이 든(혹은 한창 나이 들어가는) 여성 철학자—의 가능성을 자전적인 주장의 몸짓 속에서 확인하는 것이기도 했다. 나이 든 여성 철학자는 세계를 다르게 경험하며, 노년이라는 특수하고 핵심적인 차원과 자기만의 노년을, 이 도정에서 그녀를 앞서간 사람들에 대해 생겨난 흥미를 자신의 사유 속에 통합한다. 그녀는 단순히 나이에 관해, 나이를 주제로 글을 쓸 뿐만 아니라 나이로부터, 더 정확하게는 나이 안에서, 노년의 시작

혹은 예고 속에서 글을 쓴다. 보부아르의 책보다는 훨씬 짧지만 그녀의 권유에 호응하듯 책을 쓴 엘리아스가 그랬고, 장 아메리도 '저항과 체념' 사이에서 늙어감, 그 자신의 늙어감이라는 문제를 다루었다.[8]

만약 철학과 정치 이론이 고령자들에게 어떠한 자리도 공간도 주지 않는, 심층적으로는 어떠한 자리도 공간도 부여할 수 없는 개념들을 정련함으로써 노년의 배제, 고령자들의 추방이라는 성격을 띤다면, 우리는 여기서 일련의 근본적인 질문을 제기하는 데 이른다. 그것은 [노년과 고령자라는] 이 부재항을 사유의 영역과 행동의 영역에 재통합하기 위한 두 가지 원칙적 언명으로 요약 가능하다. 첫째, 비판적이며 해방적이고자 하는 모든 사회 이론, 정치 이론은 자문해야 한다. 고령자들은 말할 수 있는가? 둘째, 만일 그렇지 못하다면, 말하지 않는 그들을 듣기 위해 우리는 무엇을 할 수 있고 또 해야 하는가?

3

보부아르는 회고록에서 『노년』의 집필 계기를 떠올리며 "고령자들을 건드리는, 『제2의 성』과 대칭을 이룰" 에세이를 쓰고 싶었다고 토로한다.[1] 우리는 이 두 저작의 '대칭'이 무엇인지 즉각 감지한다. 접근법은 비슷하다. 사회 세계에서 하위의, '부차적인' 자리를 부여받은 열등화된 범주의 상황을 기술하고 분석하는 것이다. 그런데 각기 서두에서 규정된 대로라면 두 책 사이에는 뚜렷한 차이점이 있다. 『제2의 성』 앞부분에서 보부아르는 1949년 당시 여성들이 왜 '우리nous'라고 말하지 않는지 몇 쪽에 걸쳐 자문한다. 프롤레타리아, 미국 흑인들(둘 다 그녀가 드는 사례다)은 아주 오래전부터 그렇게 해왔는데 말이다. 질문에 답하기 위해 그녀는 정치·사회운동의 지리적, 공간적 정박성을 부각한다. 같은 구역, 같은 작업장에서 함께 있음으로써 집합적 주체의 형성, 일인칭 복수형의 발화parole 형성이 가능해진다는 것이다. 한데 보부아르에 따르면, 여성이 '여성들'을 말하는 문제는 훨씬 복잡하다. "그녀들은 남자들 사이에 흩어져 살기 때문이다." 마찬가지로 그녀는 다음 사실이 핵심적이라고 강조한다. 즉 여성 노동자가 더 큰 연대감을 느낄 쪽은 부르주아 여성보다 자신의 노동자 남편일 것이고, 흑인 여성이 더 큰 연대감을 느낄 쪽은 백인 여성보다 자신의 흑인 남편일 것이다(물론 반대로 부르주아 여성과 백인 여성 또한 그럴 것이다). '우리'를 구성하고 '우리'로 살 수 있을 사람들을 제각기 떼어놓는 데 온갖 요인이 이바지할 때, '우리'를 어떻게 구축할 수 있는가?[2] 이는 명백히 상이한 범주들로의 사회 세계의 분할découpage 및 가능한 '우리'들의 병치, 그들 간 경쟁과 나아가 갈등이라는 상당한 문제를 제기한다. 어떤 '우리'의 출현은 그 존재와 정당성을 정초하는 고유한 지각과 범주화의 원리를 부과하기 위해 다른 '우리'들에 대한, '우리'들에 맞선 단절 속에서 스스로를 확인해야 하기 때문이다.

결과적으로 보부아르의 책은 이러한 질문을 통해 전체가 활성화된다. (사회 세계 내에서 그들의 위치가 어떻든 간에) '종속된' 지위에 갇혀 현재 남성들의 시선과 담론의 대상에 불과한 여성들은 이런 지위에 어떻게 이의를 제기하고, 그들 고유의 시선과 담론의 주체가 될 수 있을 것인가?

머리말에서 제기된 이 질문에 대해, 실제로 1천 페이지에 달하는 두 권 분량의 탐구가 끝날 때까지 보부아르는 답하지 않는다. 다만 그녀는 상당히 서정적인 용어로 자유의 지평의 출현을 환기한다(비록 그녀가 일깨우는 관점들이, 자유의 집합적이기보다는 개인적인 구현을 가리키지만 말이다). 우리는 책의 마지막 부 제목이 표명하듯 의심의 여지 없이 '해방을 향해' 나아간다.

결론에 앞서 마지막 부는 단 한 장만 포함하는데, 그 장의 제목은 바로 '독립적인 여성'이다.

그런데 보부아르가 고령자에게는 이런 식으로 관심을 갖지 않았다. '늙은이들'에 관해 그녀는 이렇게 쓴다. "나는 진정으로 이 [인도의 카스트제도에도 못 드는 최하층 천민인] 파리아들parias의 조건과 그들이 그 조건을 살아가는 방식을 기술하고자 했다." 하지만 대칭성은 여기서 멈춘다. 보부아르는 자신이 '늙은이'라고 부르는 이들이 왜 '우리'라고 말하지 않는지 자문하지 않는다. 그녀는 쇠약해지고 의존적인 고령자들이 어떻게 자기들만의 말, 자기들만의 시선, 자기들만의 삶의 주체가 될 수 있을지 자문하지 않는다. 이유는 간단하다. 고령자들이 그럴 수 없다는 사실을 잘 알기 때문이다. 바로 거기에 보부아르 책의 모든 쟁점이 있다. 노쇠한 이들, 자율성의 상당한 상실과 때로는 인지능력의 쇠퇴로 자주 시달리는 이 사람들은 하나의 '우리'를 구성하고 일인칭 복수형 담론의 집합적 주체가 될 수 있을까? 그들에게 '집렬성'(서로 옆에 있지만 따로 떨어져 있는 병치된 개인들)에서 '집단'(동원되고 결집된 개인들)으로의 이행은 신체적으로, 정신적으로, 또한 물리적으로 불가능하다. 그래서 보부아르는 결연히 선언한다. "나는 그들의 목소리를 들리게 하고 싶다."[3]

당연한 말이지만, [『노년』에서] 이전 저작[『제2의 성』]과 동일한 질문을 제기하지 않고 이런 근본적 차이점을 성찰하는 데 주의를 기울이지 않았다는 지적을 통해 보부아르를 비난하려는 것은 전혀 아니다. 『노년』은 이 문제가 관심을 기울일 만한 것으로 구성되기 전, 지식 장과 정치 장 안에 행해진 주요한 개입이었다. 보부아르는 새로운 질문들을 창안했으며, 우리는 그녀의 대담한 혁신에 경탄하지 않을 수 없다. 그런데 나는 이 지점에서 그녀의 책에 토론을 걸어보고자 한다. 그 책이 사회운동과 정치적 동원을 둘러싼 일련의 쟁점을 끌어들이기 때문이다. 정치적 대표성의 문제 역시 그렇다. 누군가 고령자들의 목소리를 듣게 해야 한다면, 그건 고령자들이 스스로 그렇게 할 수 없기 때문이다. 자신을 위해서 말할 수 없는 집단, 그리하여 누군가 그들을 위해 말하지 않는다면 말하지 않을 집단, 누군가 그들을 위해 말하고 그로써 그들을 말을 부여받은 집단으로 구성하지 않는다면 말하지 못할 집단은 무엇인가? 우리가 대변인porte-parole의 관점에 선다면 문제는 훨씬 복잡해진다. 우리가 그들을 위해, 즉 그들 입장에서 그들에게 우호적으로 말하지 않는다면 말하지 않을 일군의 개인을 위해 말한다는 것은 무엇인가? 여기에서 아주 명백하게 나타나는 대변인 기능의 속성은 무엇인가?

여성 노동자 시절에 조합의 명령을 따르고 작업 중단이나 파업에 참여했을 때, 선거에서 좌파 후보에게 지지표를 던졌을 때, 혹은 기권하기로 했을 때 어머니는 정치적 주체였다. 우파를 위해, 극우파를 위해 투표하기 시작했을 때도 물론 여전히 정치적 주체였다. 각각의 지형 속에서 어머니는 집합적 의견을 참조했고, 집합적 추이의 일부를 이루었다. 어머니는 언제나 '우리'라고 말했다. '우리'의 내용과 의미가 세월에 따라 변화할 수 있다고는 해도, 그녀는 항상 일인칭 복수형으로 자신을 표현했다(그녀는 [인칭대명사 주어의 대용으로] '사람들on'도 썼는데, 이는 일상적인 프랑스어 대화에서 '우리'를 대체한다. "내일은 모두 다 기권이야. **사람들이** 지긋지긋해해"). 정치적 주체란 다원적인 양태에 따라, 또 다양한 준거들과 더불어 집합적인 정치적 주체의 일부가 된다는 것이다. 어머니가 자신의 판단과 발언을 의지한 이 집합적 주체는 대개 정당이거나 노조 조직이었다. '우리'는 자생적으로 형성되지 않았다. 그것은 무無에서 생겨나지 않았다. 요양원 입소, 뒤이어 신체적 자율성의 상실과 함께 사라져버린 것은 '우리'라고 말할 수 있는 가능성이다. 그리하여 그녀는 행동할 가능성은 물론이고, 다른 이들과 결집하고 숙의하며 발언할 가능성도 없이 집렬적 총체의 타성으로 이끌려갔다.

어머니는 요양원 침대에 홀로 누워 저항하고 분노를 토로했다. 하지만 어머니의 외침은 나 혼자(또는 어머니가 틀림없이 내게 그랬듯 전화했을 내 형제들까지 센다면 아마도 네 사람)에게만 향했다. 대부분 저녁이나 밤에 전화를 걸었던 어머니의 분노를 받아준 건 내 자동 응답기뿐이었다. 난 전화 녹음을 몇 시간 뒤에나 들었다. 어머니의 말들은 매우 정치적인 차원을 담고 있었다. 구체적으로 이는 우리가 그 말들을 개인적인 불평으로 이해하지 않고 제도나 체제에 대한 비난으로, 제도와 체제가 그녀 같은 사람들의 삶에 미치는 효과에 대한 규탄으로 여기며 그 일반적인 함의를 복원한다면 부인할 수 없는 사실이다. 그런데 공론장에 다다르지 못한 채 사적 영역에 한정되는 정치적 언명은 무엇인가? 결론은 간단하다. 어머니는 울었다. 그렇지만 말에, 어쨌든 공적인 말에 가닿을 수 없었다. 어머니의 불평은 방을 빠져나오지 못했다.

확실한 점은, 모든 요양원에서 매일 수천 명의 고령자가 자신의 비탄과 불행을 표현하기 위해 자식이나 지인 들에게 전화하는 똑같은 행동을 한다는 것이다. 하지만 고령자들이 특히나 신체적 능력을 잃고 때로는 정신적 능력을 일부 상실했을 때, 이들은 어떻게 결집하고 스스로를 동원된 집단으로 간주하며, 조합이나 정당 같은 심급에 자신을 위임해서라도 '우리'를 자처할 수 있을까? 남들에게 들리도록 소리를 낼 수 있는 고령자들의 '우리'는 존재하지 않는다. 실제의 가능한 '우리'가 없기 때문이고, 따라서 현실에서나 심지어 상상의 영역에서도 가능한 공적 발언prise de parole publique이 없기 때문이다.

물론 퇴직자 운동이 출현한 지도 이미 아주 오래전 일이다. 그에 따라 노동자를 대표하고 현역 업무를 중단한 후에도 이들을 계속 보호하는 조합 내부에 특수 분과가 만들어진다든지, [퇴직자들에게] 고유한 요구 강령을 정교화한 단체들이 떠오르는 명백한 사건이 벌어진다. 두 경우에 우리는 전통적인 행동 양식에 의존한다. 회합, 청원, 시위, 공권력에 대한 압력 행사, 컬로퀴엄, 신문, 잡지, 저작 등의 발간.[4]

그런데 노쇠하고 의존적인 고령자들은? 자율성을 상실하고 요양원에 고립되어 있는 이들, 결집된 집합체의 일원이 되거나, 조직에 가입하거나, 그냥 단순히 공적으로 언명되는 비판적 담론의 발화자가 되는 것조차 거의 불가능한 이들은? 다른 사람들이 다시 그들의 대변인이 된다. 간호조무사, 언론인 들이 에파드 내부 고령자들의 상황을 기술해 책으로 출간했다. 이들은 우리에게 정보를 주고, 몰랐던 것을 깨우쳐주며, 경고를 날린다… 이 점에 대해 우리는 감사해야 한다. 하지만 그 책들을 쓴 사람이 당사자는 아니다. 이와 관련해서 바꿀 수 있는 건 아무것도 없다. 따라서 우리는 취약하고 의존적인 개인들이 살아가는 현실을 '외부성extériorité' 속에서만 알 뿐, 결코 '내부성intériorité' 속에서는 알 수 없다.

그리하여 '늙은이들'은 언제나 정체성, 이미지, 재현이 외부로부터 오는 일종의 대상-범주catégorie-objet가 될 운명에 처해 있다. 보부아르의 말처럼, 그들에게 지위는 항상 "부여된다."[5] 사회 세계에 의해 지리적 외딴곳, 문화적·시민적 타자성 속으로 추방당한 개인들의 총체로서. 아니면 우리가 ['늙은이들'로] 그렇게 구성하고 이해관계를 옹호하고자 하는 집단으로서. 따라서 그들로서는 불가피하게 수동적인 일이지만, 우리는 우리가 할 수 있는 최선으로서 '그들eux'이라는 정치적 지위를 부여한다. 우리는 감정이입을 하며 그들에 관해, 그들을 위해 말하면서 그들의 편에 선다. 우리가 말하는 이 '그들'은 '우리'의 단계에, 즉 일인칭 복수형(게다가 일인칭 단수형 또한 아니라는 점을 강조해야 한다)으로 말해지는 정치 담론의 집합적 주체의 단계에 도달할 수 없지만 말이다. 말하자면, 그들에게 '우리'는 외부로부터 도래한다. 또한 다른 사람들에 의해 구성된다. 그들의 집단은 외부의 담론이 그들을 집단으로 구성하기 때문에 존재한다.

더욱이 보부아르는 고령자들이 처한 사회적, 시민적, 정치적 강등이 경제적 무용성에 기인한다고 선언함으로써, 자신이 그 목소리를 들리게 하려는 집단을 제한하고 해체하는 경향이 있는 듯 보인다. 「서론」에서 그녀는

"경제력이 전혀 없는 노인들은 그들의 권리를 부각시킬 수단이 전혀 없다"라고 쓴다. 여기까지는 그녀에게 동의할 수 있다. 또 보부아르가 "사회는 개인이 생산성을 가지는 한에 있어서만 그에 대해 염려한다"[6]라거나, "노쇠가 시작되는 나이는 언제나 그 사람이 속해 있는 계급에 따라 다르다"[7]라고 강조할 때까지도 이해할 수 있다. 그러나 보부아르가 덧붙인 이 말에는 확실히 동의하기 어렵다. "착취자들의 관심사는 생산에 종사하지 않는 사람들과 종사하는 사람들 사이의 연대 관계를 끊어 생산에 참여하지 않는 자들이 그 누구에 의해서도 변호받지 못하도록 하는 것이다."[8] 이 문장은 명백히 많은 문제를 제기하는데, 여기서 보부아르가 너무 협소한 경제주의의 틀 안에 자리 잡기 때문이다.

이런 언급들은 그녀가 목소리를 실어 나르고자 하는 집단, 실천적 총체로서 '늙은이들' 집단을 정의하는 순간에조차 그 집단을 해체하고 있지 않은가? 보부아르는 이 특수한 범주를 착취자와 노동자, 계급투쟁 등의 이미 구축된 지형 속에 다시 기입한다. 그녀의 성찰에 마르크스주의가 미치는 영향은 범주의 존재를 그 자체로 규정되고 이해되는 대로 사유하려는 그녀의 의지를 압도하는 것처럼 보인다. 사르트르의 『상황*Situations*』 마지막 권에 실린 사르트르와의 대화에서 보부아르는 사르트르가 여성운동의 존재를 계급투쟁의 일반적인 틀 안에서만 인정하는 방식에 대해 비판한다. 그녀는 고유한 문제와 특수한 요구 들을 둘러싸고 조직되는 이 운동의 자율성을 확인하고 재확인한다.[9] 그러면서도 노년에 관한 에세이의 결론에서는 진보시켜야 할 것이 "노년의 정치학"이 아니라, "체제 전체가 이 문제에 걸려 있기 때문"에 "요구는 바로 삶을 변화시켜야 한다는 근본적인 것이 될 수밖에 없다"라고 공언한다.[10] 한데 이렇게 보부아르는 [사르트르가 여성운동에 대해 그랬던 것처럼] 총체적인 투쟁 속에 [노년의 정치학을] 희석시키는 일을 똑같이 되풀이하고 있는 것 아닐까? "삶을 변화시켜야 한다." 물론이다. 누가 그런 주장에 동의하지 않을 수 있겠는가? 하지만 이 불확실하고도 전반적인 [체제] 전복을 기다리는 동안, 요양원에서 사는 '늙은이들'의 구체적인 상황에 대해서는 누가 관심을 쏟아줄까? 보부아르가 그들 삶의 조건에 대해 그토록 아름답고 그토록 감동적인 페이지들을 할애한 이 '늙은이들' 말이다.

가능한 구획 원리들의 복수성이라는 관념—사회 세계에 대한 실체론적substantialiste 개념화를 하지 않는 한, 어떤 것이 다른 것보다 더 진정하거나, '실재' 안에 더 깊이 뿌리박고 있거나, 중요하지는 않다—을 통해 우리는 다음과 같은 근본적인 정치적 질문을 제기하기에 이른다. 사르트르가 '실천적 총체,' 즉 결집된 사회집단으로 지칭한 것의 형성 조건은 무엇인가? 이 말의 의미는 다음과 같다. 이 집단들은 어떻게 구성되는가? 무엇이 이러한 구성의 양태들인가? 그것들은 다원적이고 복합적인 여러 가능한 구획들에 언제나 열려 있는 바탕 위에서 어떤 역사, 어떤 이론적·실천적 과정의 결과로 어떻게 형성되는가? 사후에 정치적 범주화의 잠재적인—때로는 명백한—원리처럼 나타나는 것은 사회 세계와 정치투쟁의 지각 양식들 가운데 하나로 어떻게 자리매김했는가? 나는 『비판적 사유 원리*Principes d'une pensée critique*』에서 사르트르적 의미의 결집된 집합체로서 집단은—시간순의 관점이 아닌, 논리적이고 정치적인 관점에서—집렬성에 선행하고, 일단 집단이 집단으로 구성되면 집렬성을 집렬성으로 나타나게 한다고 쓴 바 있다. 정치적 범주화는 이 범주를 사회 세계의 지각 양태로 생산하고, 그럼으로써 실재 속에서 그 범주를 존재하게 만든다는 것이다. 정치는 실재적인 것의 수행적 생산 활동activité de production performative du réel이다. 이는 부르디외가 1980년대의 다양한 텍스트 속에서 아주 적절하게도 '이론 효과'라고 명명했던 것이다(그 특징을 부각해 빠르게 일별하자면 다음과 같다. 우리가 사회 계급을 보는 것은 마르크스가 사회 계급, 노동계급이 존재한다고 말했기 때문이라는 것이다. 이때 계급은 노동의 객관적 실재 속에 있는 구체적인 상태로서의 계급이라는 의미뿐만 아니라, 제도화된 범주이자 정치적으로 결집된 집단으로서의 의미를 띤다. 내가 『랭스로 되돌아가다』에서 보여주었듯 노동계급이 담론과 현실 속에서 존재했던 것은 노동계급의 정당을 자처하면서 노동계급의 이름으로, 노동계급을 위해 말한 공산당이 있었기 때문이다[11]).

각각의 운동은 그것이 기반을 두고 현실 속에 주된 사회적 분할로서 각인하고자 하는 세계의 구획 원리를 부과하는 경향이 있다. 프롤레타리아와 부르주아지, 여성과 남성, 동성애자와 이성애자, 흑인과 백인, 노인과 청년 등. 예컨대 우리는 마르크스주의자들, 혹은 예전에 마르크스주의자였고 사회 세계에 대한 개념화의 여러 면에서 여전히 마르크스주의자인 사람들은 항상 경제적 투쟁, 계급투쟁에 속하지 않는 투쟁들을 이차적이거나 부수적이라고 공포하는 경향이 있음을 안다. 그런데 훨씬 더 광범위하게, 주요한 투쟁lutte principale이라는 관념은 언제나 정치적 사유를 사로잡아왔다. 우리는 그토록 주의 깊게 특수한 억압 형태들을 부각시켰던 보부아르가 고령자들을 위한 투쟁에 관여할 때는 그것들을 기어코 경제적 심급이라는 주요한 심급으로 다시 끌어오는 경향이 있음을 보았다. 그러나 더 일반적으로 이미 구성된, 혹은 구성되고자 애쓰는 각 집단은 그것이 자기 존재를 정초하는 사회 세계의 구획—계급, 인종, 젠더…—을 가장 핵심적인 분할이며 따라서 우선적인 투쟁으로 간주하는 경향이 있다. '교차성intersectionnalité' 개념은 어떤 면에서 이 모순들을 해결하지는 못할지라도, 최소한 고려할 수 있게 해준다. 하지만 내가 보기에, 사회 세계의 지각과 구획 원리, 범주화, 정치 운동이 띠는 특수성과 다원성은 넘어설 수 없을 뿐만 아니라, 특히 필수 불가결하다.

따라서 내가 극단적인 사례—요양원의 내 어머니—를 들어 앞에서 언급한 '대변인'의 문제로 되돌아가야 한다. 난 그것을 이렇게 일반화하고자 한다. 어떤 질문이 정치적인 것으로 구성될 때면 언제나 대변인이 있다. 대변인이 있어야, 더 심층적으로는 바로 대변인의 말을 통해야 어떤 문제가 정치적인 것으로 구성되기 때문이다. 이는 특히 피지배 집단들, 경제적·문화적으로 박탈당한 집단들, 또는 신체적·인지적으로 쇠락한 고령자들의 경우에 더더욱 그렇다. 또한 이는 그 위상이야 무엇이든 간에(조합, 정당, 협회, 작가, 지식인…), 대변인이 들리게 만드는 목소리는 불가피하게 대변인에 의해 해석되고 재조직되며 심지어 아주 간단하게는 주조되고 조직된다는 의미이기도 하다. 성찰적, 이론적-실천적 담론은 문제가 되는 상황의 정치적, 역사적, 구조적 분석을 생산한다. 바로 이 분석이 우리가 체험expérience vécue의 층위로만 한정할 수 없는 것에 형태와 의미를 부여한다.

우리는 여기서 사회적 동원과 정치 행동의 한계를 건드리게 된다. 움직일 수 없는 이들의 행동, 말할 수 없는 이들의 발언을 어떻게 사유할 수 있을 것인가? 이는 보부아르가 '늙은이들'이라고 칭한 사람들의 경우다. 그런데 이 극단적 사례는 우리가 더 일반적인 방식으로 정치 이론과 실제 정치의 범주들을 질문할 수 있게 해준다. 정도의 차이는 있다 해도, 그것은 의심의 여지 없이 실업자, 불안정 노동자, 혹은 임시직이나 시간제 노동, 보장이 불확실한 일자리만을 얻을 수 있는 사람들(고용의 불확실성은 반항의 감정을 마비시키고 저항의 역량을 모두 앗아가는 소리 없는 위협이다)에게도 마찬가지다.

그런데 고령자들의 말이 들리고 받아들여지려면 우리가 그들에 관해 말하고 그들의 목소리를 공론장에 실어 나르는 것으로 충분할까? 그것만으로 그 말이 영향력을 가질 수 있을까? 이 도도한 현실을 살펴보면, 아무것도 명확하지 않다. 프랑스에서 끊임없이 문고판으로 재출간되고 있는 『제2의 성』은 오늘날까지도 '에세이' 부문 베스트셀러 목록에 지속적으로 이름을 올리는 유명한 저작이고, 전 세계 곳곳에서 읽히고 인용되고 교육되고 주해되고 논의되는 국제적 차원의 고전이다. 반면 『노년』은 거의 읽히지도, 알려지지도 않은 저작으로 남아 있다. 나는 이를 여러 차례 확인할 수 있었다. 공적인 모임이나 친구들과의 담화에서 현재 진행 중인 작업이 『노년』과의 대화로 읽힐 수 있을 거라고 말할 때마다, 난 그 누구도 이 책을 읽지 않았을 뿐만 아니라, 보부아르의 저작에 아주 친숙한 독자들마저 이 책의 존재 자체를 모른다는 점을 알아차렸다. 이는 보부아르만큼이나 저명한 저자가 어떤 문제를 지적으로 주제화한들, 그것을 지속적으로 아주 광범위한 수준의 정치적 문제로 삼기에는 역부족이라는 뜻이다. 이를 위해서는 주제화가 사회적 이해 관심, 사전에—잠재적일망정, 은밀하거나 점점이 불명확하게, 주제화를 기다리며—구성된 사회운동과 만날 필요가 있다. 세계와 그 구획에 대한 새로운 지각 양식의 구성에서 이론적인 저작의 수행적 효능은 집단 자체로서 이미 부분적으로 구성된 실재, 또는 그런 집단의 구성 가능성에 달려 있다. 그런데 만일 집단이 존재할 수 없다면? 만일 '늙은이들'의 운동이 존재할 수 없다면 그들에게 할애된 책은 여성에 관한 저작이 발견했던 반향을 만날 수 없을 것이다. 그 책이 사유와 행동을 위해 그것을 전유할 후속 세대들에게 도구나 참조점을 제공하지 못할 것이기 때문이다. 오늘날 페미니즘에 참여하거나 젠더 이론의 틀 안에서 성찰하는 사람이라면 누구든 1949년의 시몬 드 보부아르를 읽어야만 한다. 물론 그녀는 다양한 비판의 대상이 되었다. 하지만 책이 출간된 지 60년도 더 지나서까지 비판을 받고 있다면, 그것은 이 책이 여전히 현존한다는 의미일 것이다. 한데 1970년의 시몬 드 보부아르, 노년에 관한 이 에세이, '늙은이들'에게 바쳐진 이 두꺼운 책은 과연 누가 읽을 필요를 느낄 것인가? 우리가 젊을 때, 그것은 너무나 먼 문제들처럼 보인다. 나이가 들면, 우리는 이 침울한 주제에 관해 별로 읽고 싶은 마음이 없어진다. 그리고 아주 늙게 되면, 우리는 더 이상 거의 읽지 않는다. 무언가 읽겠다면 다른 것을 택한다. '노인들,' 의존적인 고령자들의 운동이 없기에, 또 구상할 수 있는 '우리'가 없기에 이 불가능한 '우리'를 '그들'로 대체하고 공론장에 '그들'의 발화를 전하려는 책은 사회적, 문화적, 정치적 활동과 공명하는 책이 즉각 생산할 것으로 기대되는 만큼의 더할 나위 없는 효과를 얻을 것이라 기대될 수 없다.

결국 근본에 있는 정치적 문제는 이것이다. 누가 말하는가? 누가 발언할 수 있는가? 이 기본이 되는 정치적 행위가 가장 극심하게 지배받고 박탈당하고 취약한 사람 가운데 그렇게 많은 이에게 여전히 접근 불가능하다면 그들에 관해서, 그들을 위해서 말하고 그들을 보이게 하는 것이 작가에게, 예술가에게, 지식인에게 돌아오는 과제가 아닐까? 보부아르의 표현을 빌려오자면, "그들의 목소리를 들리게 하는 것," 또는 어쩌면 그들에게 "목소리를 주는" 것. 그들이 가지고 있지 않은, 또는 그들에게 이제는 없는, 아니면 의존적인 고령자들의 경우처럼, 그들이 더 이상 가질 수 없는 그 목소리를 말이다.

1부

2

1. René Descartes, "Discours de la méthode," *Œuvres et lettres*, Paris: Gallimard, ‹Bibliothèque de la Pléiade›, 1970, pp. 142~43[르네 데카르트, 『방법서설/정신지도규칙』, 이현복 옮김, 문예출판사, 2019, pp. 171~72].
2. Shichirô Fukazawa, *Études à propos des chansons de Narayama*, Paris: Gallimard, ‹Folio›, 1980. 번역자 베르나르 프랑크Bernard Frank는 번역본 초판 서문과 제2판 후기에서 이 텍스트가 실재에 대한 기술과 아무 상관 없는, 순수한 문학적 창작이라는 사실을 강조한다.
3. 이마무라 쇼헤이, 「나라야마 부시코」, 1983. 첫번째 영화화는 1958년 기노시타 게이스케 감독에 의해 이루어졌다.
4. 내 삶의 다른 순간들에 강렬한 인상을 남긴 이 두 권의 대작을 다시 읽은 경험은, 몇 달 뒤 이 책의 출발점이 될 것이었다.

3

1. Maryse Condé, *La Vie sans fards* (2012), Paris: Pocket, 2017, p. 200[마리즈 콩데, 『민낯의 삶』, 정혜용 옮김, 문학동네, pp. 256~57].
2. 동일한 사회적 환경의 사례는 아니지만, 난 예컨대 앙드레 고르의 책 『D에게 보낸 편지』를 생각한다. 이 책은 다음과 같은 문장으로 시작한다. "당신은 곧 여든두 살이 됩니다. 키는 예전보다 6센티미터 줄었고, 몸무게는 겨우 45킬로그램입니다. 그래도 당신은 여전히 탐스럽고 우아하고 아름답습니다. 함께 살아온 지 쉰여덟 해가 되었지만, 그 어느 때보다도 더, 나는 당신을 사랑합니다."(앙드레 고르, 『D에게 보낸 편지: 어느 사랑의 역사』, 임희근 옮김, 학고재, 2007, p. 6)
3. Yasushi Inoué, *Histoire de ma mère*, Paris: Stock, 2004, pp. 54, 59.

4. 페미사이드féminicides 개념에 관해서는 다음을 참조하라. Christelle Taraud(ed.), *Féminicides: Une histoire mondiale*, Paris: La Découverte, 2022. [옮긴이] '여성 살해'라는 뜻의 페미사이드는 여성female과 살해homicide를 합친 말이다. 1976년 벨기에 브뤼셀에서 열린 제1차 여성대상범죄 국제재판에서 여성학자 다이애나 러셀Diana E. H. Russell은 페미사이드에 대해 '여성이 여성이라는 이유로 남성에게 살해당하는 것'으로 이 용어를 공식화한 바 있다. 세계보건기구WHO는 완력과 사회·경제적 지위가 남성보다 상대적으로 못한 여성들이 여성이라는 이유로 연애·동거·혼인 상대에게 살해당하는 사건을 가리켜 '페미사이드'라고 정의하고 있다.
5. Édouard Louis, *Combats et métamorphoses d'une femme*, Paris: Seuil, 2021.
6. '각방을 쓴다'라는 표현은 종종 커플 간 불화와 반목을 가리키는 데 쓰인다. 그런데 매 순간 불화가 지배하며 반목하는 커플의 본보기였던 우리 부모님도 같은 방에서 자지 않을 도리가 없었을 것이다. 일단 그들이 (아이들과 함께) 살았던 아파트에 방이 한두 개, 많아야 세 개밖에 없어서 남는 방이 없었기 때문이고, 무엇보다 각방을 쓰는 것이 그들에게는 상상할 수 없는 일이었기 때문이다. 이는 커플을 '한 지붕, 한 침대'의 원칙에 따라 정의하는 규범을 상기시킨다. 난 우리 부모님이 오랜 기간 성관계를 가져왔다는 사실도 잘 안다. 그들은 내 뒤로 아이를 둘 더 가졌다. 우리가 한때 살던, 도시 외곽에 새로 건설된 HLM은 좁은 데다 싸구려 자재로 지어져서 한 방에서 나는 소리가 다른 방에서 다 들릴 정도였다. 나는 복도 반대편에서 부모님이 내는 소리를 들을 수 있었고, 어머니가 덧붙인 말들로 판단하건대, 그것이 그들에게 대단한 쾌락을 가져다주지는 않은 것 같다고 이해한다.

4

1. 훨씬 뒤인 1979년 그는 「결산Le bilan」이라는 노래에서 프랑스 공산당 서기장인 조르주 마르셰Georges Marchais를 비난할 것이었다. 마르셰는 소비에트 사회주의 정권의 '결산'이 "전반적으로 긍정적"

이라고 선언한 바 있다.

2. Jean Ferrat, "Ma France," album *Ma France*, Barclay, 1969. 음반이 출시되자 이 노래는 프랑스 텔레비전에서 방송 금지되었다.
3. Jean Ferrat, "Tu verras, tu seras bien," album *Ferrat 80*, Temey, 1980.
4. Yehoshua Kenaz, *Vers les chats*, Paris: Gallimard, 1994, pp. 128~29.
5. Barney G. Glaser & Anselm L. Strauss, "The Ritual Drama of Mutual Pretense," *The Awareness of Dying* (1965), New Brunswick, NJ: Aldine Transaction, 2005, pp. 64~78.
6. 이 문제에 관한 논의를 위해서는 다음 논문을 보라. Isabelle Mallon, "Entrer en maison de retraite: rupture ou tournant biographique?," *Gérontologie et société* 30(121), 2007, pp. 251~64.
7. Samuel Beckett, *Molloy*, Paris: Minuit, 1951, p. 7[사뮈엘 베케트, 『몰로이』, 김경의 옮김, 문학과지성사, 2008, p. 9].
8. J. M. Coetzee, *L'Abattoir de verre*, Paris: Seuil, 2018, pp. 121, 125~26, 128.

2부

1

1. Bohumil Hrabal, *Les Millions d'Arlequin*, Paris: Robert Laffont, 1995, p. 54.
2. Norbert Elias, *La Solitude des mourants*, Paris: Christian Bourgois, 1987, pp. 100~101[노르베르트 엘리아스, 『죽어가는 자의 고독』, 김수정 옮김, 문학동네, 1996, pp. 94~95].
3. Bohumil Hrabal, 같은 책, p. 15.
4. 물론 어머니를 비롯한 에파드 거주자들은 전 지역에서 왔지만, 뢰이 마른Marne 지방에서 가장 가난한 코뮌 가운데 하나라는 점을 지적하는 것은 쓸모없지 않다(우리의 예상대로, 주민 수 6천 명의 이 시골 마을은 압도적으로 극우파에 투표한다. 2017년 대통령 선거의 결선 투표 당시 이 지역에서 마린 르펜은 56퍼센트, 에마뉘엘 마크롱은 44퍼센트의 지지율을 기록했고, 2022년에는 르펜 62퍼센트, 마크롱 38퍼센

트를 기록했다).

5. Bohumil Hrabal, 같은 책, p. 61.
6. Didier Eribon, *Réflexions sur la question gay*, Paris: Fayard, 1999; Didier Eribon, *Une morale du minoritaire: Variations sur un thème de Jean Genet*, Paris: Fayard, 2001.
7. Bohumil Hrabal, 같은 책, p. 124.
8. 같은 곳.

2

1. 신참이 어떤 시설의 규칙에 적응하는 데 겪는 어려움, 그리고 이것이 비단 그의 습성뿐 아니라 전인격의 전환과 자율감의 상실에 있어서 무엇을 함축하는지에 관해서는 다음의 책을 참조하라. Erving Goffman, *Asiles: Études sur la condition sociale des malades mentaux*, Paris: Minuit, 1968[어빙 고프먼, 『수용소: 정신병 환자와 그 외 재소자들의 사회적 상황에 대한 에세이』, 심보선 옮김, 문학과지성사, 2018].
2. 예를 들면, 구샤오강顧曉剛의 2019년 영화 「푸춘산의 삶春江水暖」을 보라. 이 영화에는 어머니를 요양원에 모시길 원하는 자식들이 나오는데, 한 아들의 부인이 어머니를 모시면서 직접 돌보기로 마음먹는다. 또 여러 책 가운데 앞에서 인용한 이노우에 야스시의 책이나 아니 에르노의 『한 여자*Une femme*』, 엘렌 식수의 『호메로스는 죽었다*Homère est morte*』 등을 참조하라.
3. 자율성을 상실한 고령자들을 돌보는 요양 보호사의 매우 고된 노동조건에 관해서는 다음 책의 초반부를 보라. Anne-Sophie Pelletier, *EHPAD: une honte française*, Paris: Plon, 2019. 저자는 국가가 이 의존적 개인들의 상황에 관심을 기울이지 않는 파렴치한 방식을 논하면서, '위험에 처한 개인에 대한 방임'이라고 말하기까지 한다. 국가는 돌봄의 책임을 민간단체에 위임하는데, 이들에게 그 책임은 '수익성 좋은 시장'이자 이윤의 원천에 지나지 않는다(p. 94). 켄 로치의 영화 「미안해요, 리키Sorry We Missed You」(2019)에서 두 주요 인물 가운데 한 명(데비 허니우드Debbie Honeywood가 연기한 여성)은 이 고달프고 보수는 매우 낮은 업무를 수행한다. 질 페레Gilles

Perret와 프랑수아 뤼팽François Ruffin의 영화 「여성들이여 일어서라!Debout les femmes!」(2021)도 볼 것.

4. '자기 영토'의 개념에 관해서는 다음 책을 보라. Erving Goffman, *La Mise en scène de la vie quotidienne*, t. 2: *Les Relations en public*, Paris: Minuit, 1973, pp. 43~72.

3

1. Bohumil Hrabal, *Les Millions d'Arlequin*, p. 217.

4

1. Annie Ernaux, *Une femme* (1987), Paris: Gallimard, ‹Folio›, 2007, p. 93[아니 에르노, 『한 여자』, 정혜용 옮김, 열린책들, 2012, p. 96].
2. Christa Wolf, *Le Corps même*, Paris: Fayard, 2003, p. 130[크리스타 볼프, 『몸앓이』, 정미경 옮김, 창비, 2013, p. 111].
3. 같은 책, pp. 73~74[『몸앓이』, pp. 63~64].
4. 같은 책, pp. 75~76[『몸앓이』, p. 65].
5. 제루야 샬레브의 소설 『내 삶에 남은 것』에서 늙고 병들어 자리에 누운 어머니가 자신의 어두운 생각과 싸우는 페이지를 읽으면서, 난 어머니가 겪어야 했을 것을 더 잘 이해할 수 있었다. "방이 커진 것인가, 아니면 그녀가 오그라든 것인가. […] 그녀가 아침부터 저녁까지 침대에 못 박혀 있은 이래 벽들이 이만큼이나 멀어져간 것일까?"(Zeruya Shalev, *Ce qui reste de nos vies*, Paris: Gallimard, ‹Folio›, 2016, pp. 1, 451)
6. 이는 안-소피 펠르티에Anne-Sophie Pelletier가 쓴 용어다. [재택 간병을 하는] 요양 보호사였던 그녀는 (사설) 에파드에 일하러 갔다. 그녀가 쓴 책의 2부는 자신의 직업 경험을 세세하면서도 구체적으로 이야기한다. 그것은 1부만큼이나 읽기에 고통스러우면서도 불가결한 내용이다. 우리는 요양원의 현실을 눈앞에 마주한다… 그렇게 된 이상, 그것에 항의하고 그 변화를 요구하지 않을 수 없게 된다(Anne-Sophie Pelletier, *EHPAD*). 다음 책도 보라. Hella Kherief, *Le Scandale des Ehpad. Une aide-soignante dénonce le traitement indigne des*

personnes âgées, Paris: Hugo-New Life, 2019.

7. Défenseur des droits, "Rapport — Les droits fondamentaux des personnes âgées accueillies en EHPAD," 5 mai 2021. https://www.defenseurdesdroits.fr/rapport-les-droits-fondamentaux-des-personnes-agees-accueillies-en-ehpad-260.

8. Défenseur des droits, "Rapport — Suivi des recommandations du rapport sur les droits fondamentaux des personnes âgées accueillies en EHPAD," 16 janvier 2023. https://www.defenseurdesdroits.fr/rapport-suivi-des-recommandations-du-rapport-sur-les-droits-fondamentaux-des-personnes-agees-261.

9. Victor Castanet, *Les Fossoyeurs: Révélations sur un système qui maltraite nos aînés*, Paris: Fayard, 2022. 이 책은 파리 지역의 민영 에파드 내 상황을 기술한다. 거기서는 입소자들에게 음식물조차 할당량을 제한해 배급한다. 그들의 입소 생활을 위해 가족이 엄청난 거금을 치르는데 말이다.

10. Erving Goffman, *Asiles*, p. 41[『수용소』, p. 11(번역은 일부 수정)].

11. 줄리 오츠카의 소설 『수영 레인』에서 '벨라비스타Belavista'라는 제목의 장은 광고에서 요양원이 제시되는 방식과 실제로 그곳에서 일어나는 일 사이의 끔찍한 대조를 소재로 삼는다. Julie Otsuka, *La Ligne de nage*, Paris: Gallimard, 2022, pp. 93~125. 책에서는 이런 구획, 통제, 제약… 그리고 마침내 이런 탈인간화가 희비극적인 양식으로 부각된다. 한기가 느껴질 정도다. 어렴풋한 디스토피아는 우리가 직시하겠다고 마음먹는 순간 바로 현실이기도 하다.

5

1. Georges Duby, *Guillaume le Maréchal ou le meilleur chevalier du monde*, Paris: Gallimard, ‹Folio›, 1986, pp. 7~34[조르주 뒤비, 『위대한 기사 윌리엄 마셜』, 정숙현 옮김, 한길사, 2005, p. 31~75].

2. 상황 이해의 어려움, 실제 변화와 자식들의 반응 사이에 늘 있는 괴리는 미하엘 하네케의 영화 「아무르」(2012)에 잘 나타난다. 거기서 이자벨 위페르가 훌륭하게 연기한 노인 부부(에마뉘엘 리바, 장-루이

트랭티냥 분)의 딸은 무슨 일이 일어나는지 이해하는 데 시간이 걸린다. 뇌졸중에 걸린 자기 엄마의 건강 상태가 막무가내로 나빠지고 있는데 말이다.

3. Thomas Desmidt, "Le syndrome de glissement," *La Revue du praticien* 69(1), 2019, pp. 80~82. 이 논문은 '슬라이딩 증후군' 개념이 장 카리에Jean Carrié의 1956년 학위논문 「호스피스에서 노인들의 사망 양태Les Modes de décès des vieillards à l'hospice」를 통해 정식화되었다고 지적하면서, 그에 가해진 여러 비판을 검토한다. 특히 정신의학자들의 비판이 두드러지는데, 그 개념이 우울증, 망상 같은 다른 요인들을 가릴 수 있기 때문이다. 난 의사는 아니지만, 어머니의 경우에는 이 개념이 그녀에게 일어난 일을 상당히 적절하게 설명하는 것처럼 보인다. 그것이 절망, 망상, 우울증 같은 요인들의 총체를 포괄하는 한에서는 말이다.
4. Yehoshua Kenaz, *Vers les chats*, p. 193.
5. Bertolt Brecht, "La vieille dame indigne," *La Vieille Dame indigne et autres histoires*, Paris: Le Livre de Poche, 1998, pp. 143~49[베르톨트 브레히트, 『채신없는 할머니』, 김미란 옮김, 부북스, 2021, pp. 7~16].
6. Jean Racine, *Phèdre*, acte I, scène 3.
7. Norbert Elias, *La Solitude des mourants*, p. 118[『죽어가는 자의 고독』, p. 112].

6

1. 혹은 아주 단순하게 이런 질문이 가능하다. 막스 브로트는 왜 카프카가 요청한 대로 그의 원고들을 불태워야만 했을까? 이 질문을 하는 이유는 [망자의] 요구에 대한 존중이 시간의 흐름에 따라 변화할 수 있다는 것을 알기 때문이다. 푸코의 경우, 그의 사후 몇 년간 지켜지던 '사후 출판 금지'의 엄격한 준칙에서 벗어나, 발굴된 모든 것 강의에서 강의 노트, 푸코가 직접 발표하지 않고 내버려둔 과거의 미발표 텍스트에 이르기까지 의 사후 출간으로 이어졌다(두번째 해법에 찬성하는 편이지만, 그것은 왜 20년, 30년 혹은 40년 늦어졌는가?).
2. Georges Duby, *Guillaume le Maréchal ou le meilleur chevalier du monde*, p.

9[조르주 뒤비, 『위대한 기사 윌리엄 마셜』, p. 35].

3. Philippe Ariès, *L'Homme devant la mort*, Paris: Seuil, 1977[필리프 아리에스, 『죽음 앞의 인간』, 고선일 옮김, 새물결, 2004]; Philippe Ariès, *Essais sur l'histoire de la mort en Occident*, Paris: Seuil, 1975[필리프 아리에스, 『죽음의 역사』, 이종민 옮김, 동문선, 2016].
4. Michel Foucault, "Un système fini face à une demande infinie," *Dits et écrits*, t. 4, Paris: Gallimard, 1994, pp. 382~83.

3부

1

1. Albert Cohen, *Le Livre de ma mère* (1954), Paris: Gallimard, ‹Folio›, 1974, p. 167.
2. Imre Kertész, *L'Ultime Auberge*, Arles: Actes Sud, ‹Babel›, 2019, p. 127.
3. 가족과 떨어져 구성되는 삶의 양식으로서 우정에 관해서는 다음의 책을 참조하라. Geoffroy de Lagasnerie, *3: Une aspiration au dehors*, Paris: Flammarion, 2023.
4. Marcel Mauss, "L'expression obligatoire des sentiments," *Les Techniques du corps*, suivi de *L'Expression obligatoire des sentiments*, Paris: Petite bibliothèque Payot, 2021, pp. 87~99. 인용은 p. 88[마르셀 모스, 「감정 표현의 의무」, 『몸 테크닉』, 박정호 옮김, 파이돈, 2024, pp. 13~32].
5. Pierre Bourdieu, "La famille: une catégorie réalisée," *Actes de la recherche en sciences sociales* 100, 1993, pp. 32~36[피에르 부르디외, 「가족 정신」, 『실천이성』, 김웅권 옮김, 동문선, 2005, pp. 149~62 참조].

2

1. Simone de Beauvoir, *La Vieillesse*, Paris: Gallimard, 1970, p. 104[시몬 드 보부아르, 『노년: 나이듦의 의미와 그 위대함』, 홍상희·박혜영 옮김, 책세상, 2002, pp. 113~14].
2. Philip Roth, *Patrimoine: Une histoire vraie* (1991), Paris: Gallimard, ‹Fo-

lio›, 1994, p. 38[필립 로스, 『아버지의 유산』, 정영목 옮김, 문학동네, 2017, pp. 38~39].

3. Annie Ernaux, *Une femme*, p. 106[『한 여자』, p. 110].
4. Louis Aragon, *Le Roman inachevé* (1956), Paris: Gallimard, ‹Poésies›, 1972, p. 177.
5. 부모가 자식의 사회적 상승 여정을 지각하고 경험하는 방식에 관해서는 다음의 책을 보라. Adrien Naselli, *Et tes parents, ils font quoi?: Enquête sur les transfuges de classe et leurs parents*, Paris: JC Lattès, 2021.
6. Hélène Cixous, *Homère est morte*, Paris: Galilée, 2014. 다음 책들도 참조하라. Hélène Cixous, *Osnabrück*, Paris: Éditions des femmes, 1999; Hélène Cixous & Cécile Wajsbrot, *Une autobiographie allemande*, Paris: Christian Bourgois, 2016.

3

1. Michel Tamine, *Le Parler de Champagne*, Paris: Éditions Christine Bonneton, 2018.
2. Danilo Kis, "L'encyclopédie des morts (Toute une vie)," *Encyclopédie des morts: Nouvelles*, Paris: Gallimard, 1985, pp. 46, 50, 54, 67[다닐로 키슈, 『죽은 자들의 백과전서』, 조준래 옮김, 문학과지성사, 2014, pp. 51, 56, 63, 80].
3. '언어 시장'과 '정당한 언어'의 개념에 관해서는 다음의 책을 보라. Pierre Bourdieu, "L'économie des échanges linguistiques," *Langage et pouvoir symbolique*, Paris: Seuil, ‹Points›, 2014[피에르 부르디외, 「언어 교환의 경제」, 『언어와 상징권력』, 김현경 옮김, 나남출판, 2020].
4. 이 밖에도 우리는 몰리에르의 희곡 더욱이 아주 여성 혐오적인 에서 '학식을 뽐내는 여인들' 극의 제목이기도 하다 이 하녀 마르틴Martine에 대해 터뜨리는 분노를 언급할 수 있을 것이다. 마르틴은 문법, 언어 법칙, 좋은 화법의 규칙 들을 위배하는 '용서받을 수 없는 범죄'를 저질렀다는 이유로 해고당한다(2막 6~7장). 하녀와 그녀의 화법을 옹호하는 남성 인물이 그러한 관용의 동기로 그녀가 요리만 잘한다면 프랑스어의 오류는 아무래도 상관없다고 말한다

는 점을 강조해두는 편이 좋겠다. 그러니까 계급 관계는 두 경우 모두 동일한 셈이다[몰리에르, 『학식을 뽐내는 여인들』, 이경의 옮김, 지만지드라마, 2019 참조].

5. Lynsey Hanley, *Respectable: The Experience of Class*, London: Allen Lane, 2016, p. 129. 영국에서 억양accents에 관해 이루어진 연구 보고서에 따르면, 예컨대 잉글랜드 북부 출신 학생들의 44퍼센트가 대학 입학 전후로 동일하게 자신의 노동계급 억양이 직업 경력과 장래의 성공에 불이익을 주지 않을까 우려한다. 민중 계급 출신 관리자 직군은 30퍼센트 가까이 직업 환경에서 억양 때문에 놀림받은 적이 있다고 단언한다. 이는 '열등화'된 억양으로 말하는 사람들은 억양을 공유하는 지리적·사회적 공간을 벗어나게 되면 억양들의 위계화가 평생에 걸친 문제로 따라다닌다는 점을 의미한다. 보고서 저자들은 억양의 계층화가 생산하는 차별의 객관적 현상과 더불어 그것에서 파생하는 걱정과 불안의 감정을 동시에 강조한다. "억양이 지닌 권위의 위계화는 영국에서 수 세기 동안 정착해왔다. 이른바 '표준 발음Received Pronunciation'(때로는 '퀸스 잉글리시' 또는 'BBC 영어'라는 이름으로 알려진)은 미디어, 정치, 공공 행정, 법원, 재계의 모든 권위 있는 직위에서 지배적인 억양을 표상한다. 이 억양을 지녔다고 추산되는 10퍼센트 미만의 인구 집단이 우월한 사회경제적 계층 안에 거의 배타적으로 자리 잡고 있는 것이다."(Erez Levon, Devyani Sharma & Christian Ilbury, *Speaking Up: Accents and Social Mobility*, Sutton Trust, November 2022)
6. Albert Cohen, *Le Livre de ma mère*, pp. 33, 97.
7. 같은 책, p. 83.
8. 같은 책, pp. 169~70.

4

1. 역시 원초적인 이 인종주의는 분명 민중 계급의 전유물은 아니다.
2. Henry Louis Gates Jr., *Colored People: A Memoir*, New York: Vintage Books, 1995, p. 22.
3. 같은 책, p. 150.

4. Henry Louis Gates Jr., *Colored People: A Memoir,* pp. 202, 206~207.

6

1. 다니엘 아르비드, 「단순한 열정」, 2020. 아니 에르노의 동명의 소설을 각색한 이 영화에서 에르노 역은 레티시아 도슈가 연기했다.
2. 인터넷에서 검색하다가 할리퀸Harlequin 출판사 웹사이트에 들어가게 되었다(어떻게 더 일찍 그것을 생각해내지 못했는지!). 이렇게 난 어머니가 읽던 것과 똑같은 책들을 똑같은 표지로(표지 속 두 인물은 언제나 젊고 아름다우며, 늘 그렇듯 백인이다) 컴퓨터 화면에서 다시 발견했다. 고백하자면, 그 책들을 한두 권 읽어보려던 내 의향이 온라인 주문을 하는 단계에까지 이르지는 못했다.
3. Karl Marx & Friedrich Engels, *Le Syndicalisme*, t. 1: *Théorie, organisation, activité*; t. 2: *Contenu et signification des revendications*, Paris: Maspero, 1972.
4. Pierre Bourdieu, *Sur la télévision,* suivi de *L'Emprise du journalisme,* Paris: Liber/Raisons d'agir, 1996, p. 16[피에르 부르디외, 『텔레비전에 대하여』, 현택수 옮김, 동문선, 2024].
5. 다음의 책을 보라. Marcel Caille, *L'Assassin était chez Citroën*, Paris: Éditions sociales, 1978.

일상생활의 장면들

1. 난 이 장면에 대해 다음의 글에서 이야기한 바 있다. "Qui est 'je': Genèse, enjeux et réception de l'autoanalyse," *Principes d'une pensée critique*, Paris: Fayard, 2016, pp. 83~85.
2. Patrick Chamoiseau, *La Matière de l'absence*, Paris: Seuil, 2016, p. 120.

4부

1

1. Norbert Elias, *Sur le processus de civilisation*, t. 1: *La Civilisation des*

mœurs, Paris: Calmann-Lévy, 1973(t. 2: *La Dynamique de l'Occident*, Paris: Calmann-Lévy, 1975)[노르베르트 엘리아스, 『문명화과정 1』, 박미애 옮김, 한길사, 1996; 『문명화과정 2』, 박미애 옮김, 한길사, 1999. 참고로 이 책의 독일어 원본은 1939년에 나왔다].

2. Didier Eribon, *Michel Foucault*, Paris: Flammarion, 1989[디디에 에리봉, 『미셸 푸코 1926~1984』, 박정자 옮김, 그린비, 2012].
3. Norbert Elias, *La Solitude des mourants*, pp. 88, 94[『죽어가는 자의 고독』, pp. 86, 89].
4. 같은 책, pp. 98, 95[『죽어가는 자의 고독』, pp. 92, 89].
5. Simone de Beauvoir, "L'âge de discrétion," *La Femme rompue* (1967), Paris: Gallimard, ‹Folio›, 1972, p. 12. 보부아르가 이 소설집에서 빼버렸지만, 사후에 출간된 아주 아름다운 소설도 볼 것. *Malentendu à Moscou*, Paris: L'Herne, 2013[시몬 드 보부아르, 『위기의 여자』, 손장순 옮김, 문예출판사, 1998; 시몬 드 보부아르, 『모스크바에서의 오해』, 최정수 옮김, 부키, 2016].
6. Simone de Beauvoir, *Tout compte fait*, Paris: Gallimard, 1972, p. 148.
7. Simone de Beauvoir, *Le Deuxième sexe* (1949), t. 1, Paris: Gallimard, ‹Folio›, 1986, p. 31[시몬 드 보부아르, 『제2의 성』, 이정순 옮김, 을유문화사, 2021, p. 42].
8. Maurice Merleau-Ponty, *Phénoménologie de la perception*, Paris: Gallimard, 1945[모리스 메를로-퐁티, 『지각의 현상학』, 류의근 옮김, 문학과지성사, 2002].
9. Spinoza, "Traité de la réforme de l'entendement," *Œuvres complètes*, Paris: Gallimard, ‹Bibliothèque de la Pléiade›, 1955, p. 112[베네딕투스 데 스피노자, 『지성교정론』, 김은주 옮김, 길, 2020, p. 43].

2

1. Michel Foucault, "Préface à *Folie et déraison*(premier titre de *Histoire de la folie à l'âge classique*)," *Dits et écrits*, t. 1, Paris: Gallimard, 1994, p. 160. 또한 Simone de Beauvoir, *La Vieillesse*, p. 8[『노년』, pp. 8~9].
2. 물론 '현재사' '우리 문화의 인류학' '고고학' '계보학'은 푸코가 자기

저작의 여러 상이한 계기에 활용한 용어들이다.

3. René Descartes, "Méditations métaphysiques," *Œuvres et lettres*, p. 268.
4. Michel Foucault, *Histoire de la folie*, pp. 116, 446; Michel Foucault, *Maladie mentale et psychologie*, Paris: PUF, 1962, p. 80[미셸 푸코, 『광기의 역사』, 이규현 옮김, 나남출판, 2020, pp. 201, 662; 미셸 푸코, 『정신병과 심리학』, 박혜영 옮김, 문학동네, 2002, pp. 119~20].
5. Michel Foucault, *Histoire de la folie*, p. 268[『광기의 역사』, p. 413]. 푸코의 구조주의는 조르주 뒤메질George Dumézil에게서 영감을 받았다. 뒤메질의 구조주의는 사회와 문화의 상이한 층위들에서 동일한 조직 구조가 발견된다는 점을 보여주는 작업이다. 나는 이 텍스트들을 『게이 문제에 관한 성찰*Réflexions sur la question gay*』의 3부 「미셸 푸코의 헤테로토피아Les hétérotopies de Michel Foucault」에서, 특히 「동성애와 비이성Homosexualité et déraison」이라는 장에서 분석했다(Paris: Flammarion, 〈Champs-Essais〉, 2011, pp. 391~405).
6. Michel Foucault, 같은 책, p. 225[『광기의 역사』, p. 352].
7. 같은 책, p. 576[『광기의 역사』, p. 704].
8. Jean Améry, *Du vieillissement: Révolte et résignation*(1968), Paris: Petite Bibliothèque Payot, 2009[장 아메리, 『늙어감에 대하여: 저항과 체념 사이에서』, 김희상 옮김, 돌베개, 2014].

3

1. Simone de Beauvoir, *Tout compte fait*, p. 147.
2. Simone de Beauvoir, *Le Deuxième sexe*, t. 1, p. 19[『제2의 성』, p. 32].
3. Simone de Beauvoir, *La Vieillesse*, 뒤표지.
4. 다수의 저작이 이 운동들에 관심을 기울인 바 있다. 그 가운데 다음 사례들만 언급해두자. Jean-Philippe Viriot Durandal, *Le Pouvoir gris: Sociologie des groupes de pression de retraités*, Paris: PUF, 2003; 스위스에 관해서는 Alexandre Lambelet, *Des Âgés en AG: Sociologie des organisations de défense des retraités*, Lausanne: Éditions Antipodes, 2014.
5. Simone de Beauvoir, 같은 책, p. 107[『노년』, p. 214].
6. 같은 책, p. 660[『노년』, p. 761].

7. 같은 책, p. 658[『노년』, p. 758].

8. 같은 책, p. 10[『노년』, p. 11]. 우리는 동일한 경제주의를 푸코에게서 발견한다. 그는 '비이성'의 배제를, 부르주아지 도덕과 연계된 새로운 '감수성'이 정착하던 시기에 일어난 '무위도식자들'의 감금으로써 설명하는 것이다.

9. "Simone de Beauvoir interroge Jean-Paul Sartre," in Jean-Paul Sartre, *Situations, X, Politique et autobiographie*, Paris: Gallimard, 1976, pp. 116~32.

10. Simone de Beauvoir, *La Vieillesse*, p. 661[『노년』, p. 762].

11. Pierre Bourdieu, *Choses dites*, Paris: Minuit, 1987, pp. 29, 157; "Formes d'action politique et modes d'existence des groupes," *Propos sur le champ politique*, Lyon: Presses Universitaires de Lyon, 2000, pp. 80~88. [옮긴이] 디디에 에리봉, 『랭스로 되돌아가다』, 이상길 옮김, 문학과지성사, 2021, 3부도 참조하라.

옮긴이 해제

'타자'를 위해 '자기'에 관해 쓰기

"사회에서 밀려난, 이제 지치고 헐벗은
노인에게 남은 것은 눈물밖에 없다."
—시몬 드 보부아르[1]

"지난 수십 년간 우리 문화 안에서 언어의
연대기적 표면이 드넓게 펼쳐졌다.
우리 삶에서 황혼의 매 순간 드리워지던
이 침묵의 그림자들이 이제 말하기 시작했고,
마침내 그들의 웅얼대는 소리가 우리에게
다가와 귀를 기울일 수밖에 없게 한다."
—미셸 푸코[2]

『랭스로 되돌아가다*Retour à Reims*』(이하 『랭스』로 표기)는 작가 디디에 에리봉의 이름을 대중적으로 널리 알리는 계기가 된 책이다.[3] 노동자 가정 출신의 게이 청년이었던 에리봉은 스무 살을 전후해 자신의 가족적·계급적 뿌리라 할 수 있는 프랑스 북부의 공업 도시 랭스를 떠나 파리로 갔고, 그곳에서 지식인으로서의 새로운 삶을 어렵게, 그러나 성공적으로 꾸려갈 수 있었다. 애초에 언론인으로 경력을 시작한 그는 지성사와 퀴어 이론 분야의 연구 성과를 쌓아가며 철학자이자 사회학자로서 국제적인 명성을 얻는다. 노동계급 특유의 강한 동성애 혐오를 드러내는 아버지와 심한 불화를 겪었던 에리봉은 성인이 된 후 가족과는 거의 절연한 삶을 살았다. 하지만 2006년 1월 아버지의 부고를 받고 어머니를 만나러 랭스로 되돌아간 그는 그동안 자신이 잊고 지낸 노동계급 정체성이 게이라는 성 정체성과 얼마나 복잡하게 교차하며 자신의 존재를 규정해왔는지 깨닫고, 자기 자신의 과거와 가족의 사회적 궤적을 냉정하면서도 섬세하게 회고적으로 분석한 책을 쓴다.

이렇게 2009년 프랑스에서 『랭스』가 출간된 후 에리봉은 다른 가족, 특히 혼자 지내는 어머니와 교류를 다시 이어가게 된다. 여러 나라에서 큰 비평적·상업적 성공을 거둔 『랭스』는 독일의 세계적 연출가 토마스 오스터마이어에 의해 연극 작품으로 만들어지고, 이를 기회로 에리봉의 어머니는 공연에 쓰일 영상 자료를 촬영한다. 자신이 '영화배우'가 되었다는 사실에 기뻐하던 그녀였지만, 갑작스러운 건강 악화로 인해 요양원에 입소한 어머니는 급기야 두 달이 채 지나지 않아 예상치 못한 죽음을 맞는다. 2017년 오스터마이어의 초대로 연극 「랭스」의 초연을 관람하기 위해 베를린에 갈 날을 손꼽아 기다리던 가운데 일어난 일이었다.

2023년에 출간된 『어느 서민 여성의 삶, 노년, 죽음』(이하 『삶, 노년, 죽음』으로 표기)은 에리봉이 어머니의 사망을 발단으로 직면하게 된 '노년'과 '취약한 주체'의 문제를 성찰하는 책이다. 『랭스』의 집필을 준비하며 어머니와의 관계를 회복한 그에게는 '무엇이 될지 모르지만 어쨌든 그녀에 관한 글을 쓰겠다'라는 막연한 계획이 있었다. 그는 어머니에게 일어난 일들, 또 그와 어머니 사이에 오간 이야기들을 틈틈이 메모하는 식으로 기초 작업을 수행했다. 그 노트들이 어머니의 비극적인 죽음에 관한 책의 밑그림이 될 것이라는 점은 꿈에도 모른 채 말이다.

요양원에서 어머니가 돌아가신 뒤, 에리봉은 프랑스 사회에서 노인들이 맞닥뜨리는 처참한 삶의 조건—차별적 시선과 대우에서부터 열악한 돌봄과 공공 의료의 현실, 정치적 대표성의 부재에 이르기까지—을 새삼 발견하기에 이른다. 거기엔 당연히 계급적·사회적 차이가 중요한 변수로 개입하지만, 노인의 삶에는 인간의 생물학적 필연성과 초역사적 보편성의 그림자 역시 짙게 드리워져 있다. 인간이 어떤 본성이나 본질을 가진다는 의미가 아니다. 인간은 언제나 특정한 역사적·사회적 조건 아래서 자신을 창조한다. 이는 당연히 '생물학적으로 주어진 것'을 바탕으로 하지만, 그러한 소여所與는 사회적 의미를 부여받으며 구체적인 맥락과 상황 그리고 타자와의 관계 속에서 변화, 발전한다. 인간에 내재하는 일련의 자연적 제약과 잠재력은 시대와 사회에 따라 다른 방식으로 다루어진다. 말하자면, 생물학적 인간은 언제나 역사의 작업에 열려 있다.

그럼에도 아렌트가 지적했듯, 인간이 "조건적인 존재"

라는 사실은 설령 그 조건이 "상당할 정도로 스스로-만든 것일지라도" 우리가 진술할 수 있는 아마도 유일한 "본성"이며, "삶 자체, 탄생과 사멸성"은 누구에게나 피할 수 없이 주어진 "인간 실존의 여러 조건"의 일부를 이룬다.[4] 노화 역시 그러한 조건에 속할 것이다. 우리는 노인으로 태어나지 않지만, 종내 모두 노인이 될 수밖에 없는 운명에 처해 있기 때문이다. 실상 노화는 '탄생과 사멸성'을 잇는 생명의 역동이자, '삶 자체'를 부단한 과정으로 일컫는 말일 따름이다. 자기 어머니에 관한 개인적인 회고담으로 출발하는 에리봉의 이 책이 '프랑스 민중 계급 여성의 전형적인 일생'에 관한 사회학적 논의를 거쳐 다시 '노년'과 '노인'이라는 사회적 범주, 나아가 늙음과 장애를 숙명적으로 겪을 수밖에 없는 인간 주체의 취약성과 연대에 관한 이론적 성찰로까지 범위를 확장해가는 이유가 바로 여기에 있다.

글쓰기 전략으로서 '사회적 전기'

지식인으로서 에리봉의 저작 경력은 크게 두 가지 국면으로 구분해볼 수 있다. 1990년대 중반 이전의 '지성사적 국면'과 이후의 '이론적 국면'이 바로 그것이다. 『미셸 푸코, 1926~1984*Michel Foucault*』(1989), 『뒤메질을 불태워야 하는가?: 신화, 과학, 정치*Faut-il brûler Dumézil?: Mythologie, science et poli-*

tique』(1992), 『미셸 푸코와 그 동시대인들*Michel Foucault et ses contemporains*』(1994)이 전기의 대표작이라면, 『게이 문제에 관한 성찰*Réflexions sur la question gay*』(1999), 『소수자의 도덕: 장 주네의 테마에 관한 변주*Une morale du minoritaire : Variations sur un thème de Jean Genet*』(2001), 『판결로서의 사회: 계급, 정체성, 궤적*La Société comme verdict: Classes, identités, trajectoires*』(2013), 『비판적 사유 원리*Principes d'une pensée critique*』(2016), 『정신분석학 논고*Écrits sur la psychanalyse*』(2019) 등은 후기의 주요 작품이다.[5]

시기상 이론적 국면에 속하는 『랭스』와 『삶, 노년, 죽음』은 에리봉의 관련 저작들 가운데서도 각별한 위상을 점한다. 그의 여타 이론서들과 달리 지극히 자전적인 스타일로 쓰였기 때문이다. 그런 특수성 탓인지, 에리봉 자신도 두 책을 '자기 분석의 사이클'에 해당하는 책으로 따로 떼어내 이야기하곤 한다(애초 『삶, 노년, 죽음』의 가제는 '랭스로 되돌아가다 2'였다).[6] 소설도, '오토픽션auto-fiction'도 아닌 두 책은 그렇다고 자서전이나 회고록으로 치부하기엔 좀더 복잡한 형식적 특성을 지닌다. 개인사에 대한 사회학적 분석과 이론적·철학적 성찰이 단단하고 긴밀하게 결합해 있기 때문이다. 에리봉이 두 책을 무엇보다 '이론서'라고 강조하면서 '자기 분석auto-analyse' '사회학적 내성(자기 성찰)introspection sociologique' '자기-사회 분석auto-socio-analyse' 등 다양한 이름으로 불렀던 이유도 그런 특이성과 관련된다. 어쩌면 두 책의 기여는 그 안에서 직접적으로 다루어지는 (소수자) 주체 이론 못지않게 그 글쓰기 형태와 전략에 있다고도 할 만하다. 이런 관점에서 2025년 역사학자 조프루아 위아르와의 대담집에서 에리봉이 내놓은 '사회적 전기sociobiographie' 개념은 주목을 요한다.[7]

사회적 전기는 에리봉이 『랭스』와 『삶, 노년, 죽음』을 통해 시도한 새로운 글쓰기 스타일을 이론적으로 정리하며 제시한 개념이다. 그것은 역사적·정치적·사회학적 접근에 기반한 일군의 개념과 분석을 바탕으로 어떤 개인(그리고 그를 둘러싼 집단)의 궤적을 이해하고 '이야기récit'로 재구성하는 방법을 가리킨다. 주로 자신과 그 주변 세계를 대상으로 이루어지는 이러한 글쓰기는 자기가 이미 가지고 있는 내밀하고 풍부한 정보를 활용할 수 있다는 장점이 있는 반면, 자신과 타자에 대한 '즉각적 이해'라는 환상에 빠질 수 있다는 단점 또한 지닌다.[8] 사회적 전기에 대한 에리봉의 개념화가 무엇보다 부르디외의 논의에 빚지고 있기에, 두 사람의 시각차에 관한 에리봉 자신의 언급은 사회적 전기의 특징을 명확히 인식하기 위해서도 상세히 서술할 필요가 있다.

부르디외가 타계하기 직전에 남긴 『자기 분석을 위한 스케치*Esquisse pour une auto-analyse*』(이하 『자기 분석』으로 표기)는 에리봉이 『랭스』를 구상하고 집필하는 데 영감과 참조의 원천이 된 책이다.[9] 이 책에서 부르디외는 '자기-사회 분석'을 표방한다. '사회 분석'은 부르디외가 사회학의 임상적 활용을 가리키기 위해 정신분석과의 대비 속에서 만든 용어다. 그것은 사회학적 연구 성과를 이용해 우리를 짓누르는 사회적 결정 요인을 규명하고 가능한 한 그로부터 벗어나기 위해 이루어진다. 부르디외는 우리 스스로 '자유로운 주체'라는 환상을 깨고 다양한 사회적 힘에 의해 실존과 실천을 제약받는 행위자라는 사실을 객관적으로 인식함으로써 조금이나마 자유로운 주체가 될 가능성이 생겨난다고 본다. 이 과정에서 사회 분석이 적극적으로 이바지할 수 있다는 것이다. 말하자면 사회 분석은 정신분석과 비슷한 방식으로, 주체에게 (때로는 억압적으로) 침전되어 고통의 원천으로 작용하는 사회적 무의식을 규명하고 그로부터 주체를 해방하는 데 도움을 준다.[10] 부르디외의 관점에서 이 '사회학적 상기 작업'은 사회학자 자신에게도 매우 중요한 과제로 여겨진다. 자신의 사유가 빚진 사회적 조건(위치)과 학문적 무의식을 분석해 그 부정적 효과와 한계를 통제하고, 나아가 좀더 객관적이고 과학적인 지식을 구성할 수 있기 때문이다.

『자기 분석』에서 부르디외는 1950~60년대 프랑스 지식 장의 구조를 개괄한 후 자신의 성향 체계가 어떤 성장 배경과 교육 환경 속에서 형성되었는지 논의한다. 그는 '자기'를 사회학적 분석의 대상이자 주체로 삼으면서 자신의 지적 선호와 거부, 학문적 선택과 전략이 지식 장의 상태와 개인적 성향 체계에 의해 어떻게 결정되었는지 탐구한다.[11] 이는 사회학적 지식이 과학의 수준에 이르려면 그 지식 자체의 존재 조건(특히 생산자와 생산 장)이 부과하는 제약과 편향, 오류에 대해 성찰적이어야 한다는,

부르디외 자신이 주창한 사회학적 원칙에 부응했다. 이처럼 부르디외는 자신의 지적 기획을 역사화함으로써 그것이 어떻게 탄생하고 발전했는지, 프랑스 지식 사회와 그 전통에 어떤 단절과 성과를 가져왔는지 제시한다.

그런데 에리봉이 보기에, 부르디외는 '과학적 분과 학문'으로서 사회학이 가하는 제약에 굴복해 『자기 분석』에서 더 급진적으로 나아갈 수 있는 길을 포기한다. 즉 성찰성에 기반한 과학적 사회학을 구성하기 위해 '사회학자로서의 자기'에만 집중한 것이다. 에리봉에 따르면, 이는 다소 역설적인 효과를 초래한다. 부르디외는 사회학적 자기 분석이 '자서전'과 다르기를 의도했지만, 그의 "자기중심적 자기 분석"은 '사회학자 부르디외와 그의 저작'을 이해하는 데 필요한 '관여적 특성들'에만 초점을 맞춤으로써 상상 이상으로 자서전적인 접근의 틀 안에 머물렀다는 것이다. 이러한 제약으로 인해 부르디외는 주변 세계에 관해서는 거의 아무것도 말하지 않는다. 그는 스스로를 다르게 발명하기 위해 거리를 둬야 했던 부모와 가족, 친구와 주변 사람들에 관해 제대로 말하지 않으며, 자신이 그들과 성장 환경에 대해 느낀 수치심에 관해서도 별반 이야기하지 않는다. 에리봉이 부르디외 책을 『랭스』의 모델이자 반反모델이라고 지적하는 것도 이 때문이다.[12]

그렇다면 글쓰기 전략으로서 에리봉의 사회적 전기는 어떤 특징을 갖는가? 에리봉은 우선 그것이 아주 개인적인 '자기moi'로부터 출발한다는 점을 강조한다. 글쓰기의 주체이자 대상인 "'나je'는 자신을 구성한 지층들을 탐색하면서 한층 비개인적이고 집합적인 것, 역사적 시간의 심층, 사회 세계와 지리적 공간의 배치 안에 단단히 닻을 내리고 있는 것 속에서 개인적 특이성의 열쇠를 찾으러 간다."[13] 사회적 전기는 개별적인 것에서 일반적인 것, 개인적인 것에서 집합적인 것으로 향해 가며, 끊임없이 개인에서 역사와 사회구조로, 다시 그 반대 방향으로 왕복운동을 벌인다. 이 과정에서 분석 범위는 에리봉 자신을 넘어 부모, 조부모, 사회집단과 계급 전체로까지 넓어진다. 그리하여 그의 분석에는 다양한 실제 인물의 초상과 생애사가 등장한다.

중요한 점은, 이때 그들의 개인적 독특성이 사회학적 규칙성과 집단성 안에 기입된다는 것이다. 에리봉은 그들의 독특성을 제대로 포착하려면 불가피하게 이 규칙성과 집단성으로부터 출발해야 한다고 지적하며, 개인적 독특성에 도달하려는 기획과 이를 계급적 소속 및 복수의 사회적·역사적 틀 속에 재통합하는 작업은 서로 모순되지 않는다고 주장한다. 따라서 에리봉에 의하면, 사회적 전기는 부르디외식 자기-사회 분석을 벗어난다. 후자는 분석의 출발점일 뿐 종착점이 아니며, 전자는 후자의 엄밀성을 높이기 위한 필요조건이다. 사회적 전기는 단순히 자기 분석에 그치지 않으며, 부르디외가 말한 것보다 훨씬 넓은, 또 다소 다른 의미의 사회 분석이 된다는 것이다.[14]

에리봉의 사회적 전기는 이야기(혹은 서사)의 역할을

부각하는 한편, 이론 구축의 목적을 강조한다는 점에서도 부르디외의 자기 분석과 명확한 차이를 지닌다. 에리봉은 자기 작업의 서사적인 짜임새를 의식하며, '이야기하기'와 '분석하기'의 두 층위가 서로를 조직하는 수단으로서 긴밀하게 얽힌 채 이론적 구성을 지향한다고 지적한다. 구체적으로 『랭스』와 『삶, 노년, 죽음』에서 에리봉은 개인적인 경험을 이야기하면서 그 안에 닻을 내린 사회 세계에 대한 분석을 제시하고, 여러 상이하고도 특수한 지배 양식—계급, 젠더, 연령, 섹슈얼리티—과 그것들 간의 착종, 그리고 그에 기반한 사회적 주체 이론을 정련하고자 한다.

주의할 점은, 서사성을 강조한다고 해서 사회적 전기가 허구적인 요소를 허용한다는 의미는 아니라는 것이다. 에리봉에 따르면, 글쓰기를 통해 실재를 형식화하는 작업으로서 모든 서사는 어느 정도 '픽션화fictionnalisation'에 의존하는데, 이는 이야기라는 형식이 근본적으로 어떤 관점과 그에 따른 일군의 선택을 수반하기 때문이다. 한데 사회적 전기의 서사를 조직하는 틀은 이론적 층위의 개념과 분석이다. 즉 서사성은 경험적 요소들의 이론적이고 개념적인 조직화에 따라 생겨난다. 이처럼 사회적 전기는 그 안에 기록된 모든 경험적 요소에 사회학적, 철학적 의미를 부여해주는 이론적 틀의 세공을 함축한다. 그것은 이야기의 층위와 이론의 층위, 기술의 층위와 분석의 층위를 서로 떼어놓을 수 없을 정도로 촘촘하게 엮어내고자 한다.[15]

에리봉에게 사회적 전기는 '진실 말하기véridiction의 원칙'이라는 차원에서 소설은 물론 오토픽션과도 다르고, '이론적 조직화'라는 차원에서는 자서전과 다르다. 자서전과 다른 점이 또 하나 있다. 진실을 말하는 스스로의 관점과 위치에 대해 질문을 제기한다는 점이다. 달리 말해, 자서전은 사회적 전기처럼 '진실'만을 말하겠다는 의지 아래 실제 경험과 삶의 이야기를 풀어내지만, 개념적·이론적 구성이나 지향을 갖지 않고 궁극적으로 무엇이 '진실'을 규정하는지 묻지 않는다. 반면 사회적 전기는 '참인 것le vrai' '실재적인 것le réel'을 정의하는 것이 무엇인지를 의문시한다. 이와 관련해 에리봉은 모리스 알박스Maurice Halbwachs가 말하는 '기억의 사회적 틀cadres sociaux de la mémoire' 개념을 중요하게 원용한다. 이 개념에 따르면, 개인적 기억은 언제나 집합적 기억과 연결되어 있는데, 그것은 다시 이런저런 사회적 계층과 집단—프랑스인, 남성, 하층민, 지방민, 동성애자, 교수 등—에 소속됨으로써 규정된다. 그리하여 과거는 다양한 기억의 사회적 틀에 의해 주조된다는 것이다. 에리봉은 기억의 사회적 틀이 "지각의 정치적 틀"이기도 하다고 지적하면서, 사회적 전기 속에 담기는 '진실'과 '실재'가 객관적인 동시에 수행적performatif이라고 주장한다. 즉 에리봉에게 전기의 주체는 출신 계급, 생활수준, 가족, 학력, 섹슈얼리티 등 객관적인 사실들을 제시하지만 이때 그것들을 제한적인 범주들을 통해서 특정한 방식으로 바라보게 하기 때문에, "수행적 범주화catégorisation performative"의 관점과 화자의 위치에 대한 성찰이 필수적이다.[16]

이러한 논리를 이어나가자면, 사회적 전기는 이론적 시각에 따라 다르게 쓰일 수 있다. 구체적으로 우리는 복수의 사회집단에 속하므로 복수의 기억을 가지며, 잠재적으로는 우리 자신에 대한 복수의 정의, 곧 복수의 정체성을 가질 수 있다. 유의할 점은, 종종 하나의 특정한 정체성이 다른 정체성에 비해 더 중요하거나 결정적인 것으로 나타난다는 사실이다. 이는 그저 개인적인 의지나 선택에 의한 것이 아니라, 시기와 맥락에 따라 정치적·문화적 영향 아래 변화하는 것이다. 예컨대 마르크스주의가 득세하고 노동운동이 활발할 때 우리는 그런 관점과 위치에서 우리 개인의 기억과 진실을 (재)정의하며, 계급 정체성을 중심적인 것으로 구성한다. 이 경우에 사회적 전기는 계급적 관점을 주축으로 쓰일 수 있으며, 자기 분석은 그가 속한 계급 구성원들에게 공통적인 것, 집합적인 것을 향하고, 우리는 계급적 주체 이론을 갖게 될 것이다. 페미니즘과 퀴어 이론이 부상하고 소수자 운동이 힘을 얻을 때, 우리는 마찬가지 방식으로 사회적 전기에 바탕을 둔 성적 주체 이론에 다다를 수 있다. 개인적·집합적 기억이, 이를 규정하는 사회적 틀이, 다시 이와 맞물린 정치적 시간성이 복수인 만큼이나 우리의 정체성도, 그것을 구성하는 사회적 전기도 복수일 수밖에 없고, 계속해서 다시 쓰일 수 있다. 달리 말하면, 우리의 정체성을 결정하거나 통합하는 최종 심급이 존재하지 않는 만큼이나 사회적 전기의 단일한 총체적 판본 또한 존재하지 않을 것이다.

"우리의 눈물은 정치적이다"

사회적 전기라는 에리봉의 기획은 철저히 사회학적-정치적 관점을 견지하며 쓰인다는 특징을 지닌다. 이는 사회적 전기가 부르디외식 자기-사회 분석에 대해 취하는 글쓰기 형식 면에서의 차별화 전략에도 불구하고, 실질적으로는 부르디외 사회학의 자장에서 크게 벗어나지 않는 주요인이기도 하다.[17] 의미심장하게도 에리봉은 자신에게 가장 커다란 지적 영향을 끼친 저자로 (자신이 그에 관해 여러 권의 책을 쓴 푸코가 아닌, 한 권의 책도 쓰지 않은!) 부르디외를 꼽는다. 그런 만큼 그가 부르디외 사회학을 사회적 전기의 중심축으로 삼는다는 사실이 아주 의외랄 수는 없다. 에리봉이 보기에 심리학이나 정신분석학이 특정한 현상을 개인화·보편화한다면, 역사학('과거에 대한 사회학')과 사회학('현재에 대한 역사학')은 탈개인화·탈보편화한다. 특히 부르디외의 비판사회학은 개인의 즉각적·자생적 자기 인식보다 한층 정확하고 객관적인 진실을 구축하는 데 도움을 준다. 그것은 사회 세계 내 개인의 자리를 직시하게 해주고, 그럼으로써 자기 이해를 교정하며 자유에 대한 환상을 떨쳐버리도록 해준다.[18]

이런 입장은 부르디외에게 가해진 '사회학주의'라는 비판을 에리봉 역시 고스란히 돌려받도록 만들지 않을까? 하지만 에리봉은 사회학적 시선이 언제나 충분하지 못해서 문제이지, 과해서 문제는 아니라고 반박한다. 사회적 전기를 쓰기 위한 각종 자료—개인이나 가족의 일기, 구술사, 문서 등—는 물론, 민중 계급의 아카이브도 변변치 않아 사회학적 분석이 대개 쉽지 않기 때문이다. 게다가 사람들이 자기 경험에 대해 갖는 자생적 의식은 그들도 모르는 사이에 행사되는 지배를 간과하거나 부인하기 마련이다. 따라서 사회 세계의 차별과 폭력, 불평등을 이해하기 위해서는 그들의 개인적 이력과 사회적 여정에 대해 외부자적 입장에서 '내려다보는 시선'을 갖는 것이 필수적이다. 이는 연구자가 평범한 사람들보다 우월하다는 뜻이 아니라, 자유나 선택으로 체험된 것을 지배하는 법칙을 우리가 사회학적 시선을 통해 규명할 수 있다는 의미에서다.[19]

이런 입장에서 부르디외를 모범적 선례로 뒤따라가며 에리봉은 내면의 진실에 집중하는 자기 분석과는 정반대의 접근법을 취한다. 그는 부르디외 사회학의 개념과 발견—계급 재생산, 학교 체계의 배제와 정당화 기능, 문화적 위계 구조의 폭력, 젠더 지배와 불평등—에 의지해 자신의 개인적·집합적 삶의 궤적—역사와 지리, 생활양식—을 미시적으로 탐구하고, 사회적 지배 메커니즘의 내면화 과정—낙인과 열등화, 수치의 정동—을 구체적으로 재구성한다. 이러한 사회학적 글쓰기 속에서 '자기'는 한 개인의 사회적 위치와 그가 거쳐온 궤적의 구현물로 나타난다. 달리 말해서 '자기'는 어떤 "기하학적 지점들"로 변형되는데, 그 지점들은 역사, 사회 계급, 도시 지리, 교육체계, 정치, 젠더, 섹슈얼리티가 교차하는 곳이다. 그 결과 출현하는 '자기'는 단순한 '경험적 개인'이 아닌, 상이한 사회적·정치적·문화적 구조가 각인된 '장소들'이기도 하다.[20] 그렇다고 그것이 순전히 구조의 소산이자 흔적으로만 다루어지지는 않는다. '자기'는 새로운 상황에서 새로운 자원을 접하며 다르게 생성되어가는 역동적인 존재로도 여겨지기 때문이다. 이는 특히 『랭스』에서 에리봉이 계급 탈주자transfuge de classe로서 자신의 정체성을 성찰할 때 잘 드러난다.

계급 탈주자는 사회적인 상승 이동을 이룬 사람, 즉 어린 시절 하층계급 출신으로 부르주아지에 진입한 사람을 일컫는 용어다. 프랑스에서 20세기 초 이래 간간이 쓰이던 이 표현이 학술적인 개념어로 자리 잡은 계기는 부르디외의 『자기 분석』으로 알려져 있다.[21] 흥미로운 점은 에리봉이 (부르디외를 따라) 사회적 전기 쓰기에서 계급 탈주자가 가질 수 있는 장점을 부각한다는 사실이다. 부르디외는 계급 탈주자의 궤적과 문화가 사회학적 자기 분석에서 여러 이점을 지닌다고 지적한 바 있다. 즉 계급 탈주자는 그렇지 않은 이들과는 달리, 상이한 사회 세계를 경험하고, (계급 상승에 필요한 교육 과정 덕분에) 새롭게 쌓은 지식과 교양을 바탕으로 자신이 떠나온 세계를 더 잘 이해할 수 있게 된다. 또 그가 (이제는 멀리 있는) 출신 세계에 대해 갖는 친숙성과 (현재 자리 잡은) 주변 세계에 대해 지니는 거리감은 두 세계에 대한 한층 객관적인 이해를 가능하게 해준다. 이런 맥락에서 부르디외는 계급 탈주자만이 가질 수 있는 특유의 혜안에 주목했다.[22] 계급 탈주자로서 자신의 여정을 분석한 바 있는 에리봉은 부르디외 논의의 연장선 위에서 계급 탈주자가 어떤 면에서 자기-사회 분석에 이점을 지닐 수 있는지 부연한다.

에리봉에 따르면, 계급 탈주자가 된다는 것은 미리 정해진 경로를 따라 시작점에서 중간 지점, 종착점까지 선형적으로 이동하는 일이 아니다. 탈주는 언제나 '불확실한 되기'이며, 어디로 또 어디까지 갈지 모르는 상태에서 벌어지는 과정일 따름이다. 탈주자는 자신이 과연 성공할 수 있을지, 어떻게 하면 될지 잘 알지 못한다. 그는 특정한 사회적·직업적·정신적 지점에서 멈출 수도, 아니면 계속 나아갈 수도 있다. 계급 탈주—혹은 사회적 상향 이동—는 이렇게 "생성된 현실"이며, 탈주자는 그 현실을 추후의 자기 분석과 성찰을 통해서만 파악할 수 있다. 탈주자가 자신의 성취와 실패, 예기치 않은 경로와 선택을 깨닫고 스스로를 탈주자로 정체화하게 되는 것은 언제나 나중에 자신의 사회적 궤적을 되돌아보면서인 것이다. 이와 같은 이유로 에리봉은 계급 탈주자가 사회적 이동성에 대한 기술 범주가 아닌 "회고적인 분석 범주"라고 강조한다.[23]

자기 자신에 대한 사회학적 분석이라는 의미에서 사회적 전기가 사회 세계에 대한 더 포괄적인 분석과 분리 불가능하다면, 계급 탈주자는 그러한 작업에서 매우 유리한 위치에 놓인다. 그가 탈주 과정에서 여러 계급을 가로질렀기 때문이며, 정신적인 귀환의 여정에서 역방향의 횡단을 되풀이하기 때문이다. 그는 사회 계급 간 관계와 역학, 전체적인 위계 구조를 통찰하기에 적절한 위치성을 지닌다. 그가 계급 탈주의 도정에서 경험하는 문화적 미세 공격micro-agressions, 변화에 대한 요구와 끊임없는 자기 재교육 또한 사회 세계의 지배 메커니즘을 인식하는 데 도움을 준다. 계급 탈주자는 다른 소수자들과 유사하게, 자신에게 열등감과 수치심을 생산하는 규범(예컨대 언어, 취향, 행동 방식 등)에 대해 거부감과 적응 욕구의 양가 감정을 겪는다. 더욱이 그는 자신의 의도와 무관하게, 자신이 부정하고 지양한 것—이를테면 민중 계급의 가치관이나 생활양식—을 자기 안에 보존함으로써 내적 긴장과 모순에서 자유롭지 못하다. 이는 계급 탈주자에게 이른바 '사회적 판결'에 대한 한층 예민한 감수성과 문제의식을 자극할 수 있을 것이다.[24]

사회적 판결은 사회 세계의 위계 구조가 일상적으로 수행하는 지배와 열등화 양식을 일컫기 위해 에리봉이 제안한 개념이다. 그것은 "우리에 관해 말하고, 우리 안에서 말하는, 즉 우리가 그로써 말해지는 사회질서"를 가리킨다.[25] 우리는 모두 특정한 시대, 특정한 사회에서 태어나며 그 순간 예정된 자리를 부여받아 점유·거주한다. 미국인, 여성, 흑인, 노동계급, 장애인 같은 식으로 말이다. 이 같은 자리의 지정과 그에 따른 사회적 범주화는 우리를 평생 전적으로는 아닐지라도 심층적으로 규정한다. 그것이 우리 안에 특수한 정동과 성향 체계로 침전되고 각인되기 때문이다. 한데 이러한 사회적 판결은 무엇보다 자의성으로 특징지어진다. 우리는 자신이 왜 하필 이 자리에 있는지, 왜 '이런 사람'이 아니라 '저런 사람'이 되었는지, 무슨 이유로 자신에게 사회적 폭력이 가해지는지 모른다. 사실 거기엔 아무런 필연성도 존재하지 않는다. 여성 혐오, 인종주의, 반유대주의, 장애인 차별, 동성애 혐오 등은 모두 그 이유를 알 수 없는, 불가해한, 합리성을 결여한 권력작용이다. 그리하여 사회적 판결은 많은 사람에게 숙명인 동시에 저주처럼 받아들여진다. 그것은 공포와 수치심을 끊임없이 유발함으로써 개인을 기존의 지배 질서에 복속시킨다. 그러한 정동은 낙인과 열등화를 수용하고 인준하며 그에 복종하는 한 방식이다.[26]

에리봉은 이처럼 사회질서와 규범의 유지 과정에서 정동과 감정이 수행하는 역할을 강조한다. 그런데 정동과 감정은 개인적 내면성의 요소이기보다 '사회적인 것'의 심리적·정서적 효과에 가깝다. 불투명한 역사의 심연으로부터 유래한 객관적 구조들이 우리의 지각과 경험을 거치며 모종의 주관적 정서 구조를 조건 짓는다. 그러므로 예컨대, 트라우마의 반복과 지속성은 자기중심적인 집착이나 상처에 대한 애착의 함수가 아니다. 진짜 문제는 신체적·언어적 위협의 재발, 사회적 폭력의 끈질긴 현존, 사회질서의 영속성이다. 마찬가지로 소수자가 수치심을 극복할 수 없다면, 이는 사회가 소수자에 대한 판결을 어디에서나 담론, 이미지, 실천을 통해 끊임없이 소환하고 재생산하고 유통시키기 때문인 것이다. 그렇다고 정동과 감정이 객관적 구조들에 밀착해 사회적 판결에 대한 개인의 복종만을 조장하지는 않는다. 그것들은 특정한 국면과 상황에서 사회적 판결을 '부당한 것'으로 규정하고 그에 맞서는 대항 담론contre-discours, 대항 품행contre-conduite의 동력이 될 수 있다. '자기'에 관해 씀으로써 스스로를 개인적·집합적 차원에서 재정의하는 사회적 전기 역시 그러한 동력에 기반한 전략적 실천의 일종이자, 다시 저항적 주체화를 자극하는 정서적 계기일 것이다.[27]

이와 관련해 작가 에두아르 루이의 회고는 의미심장하다. 그는 『랭스』의 문고판에 실은 인터뷰 형식의 서문에서 자신이 중학교 시절 다른 소년들의 침을 맞고서 흘린 눈물이 '정치적'이라는 사실을 이해하기 위해 『랭스』와 같은 책이 필요했다고 말한다. 그 책은 소년들이 내뱉은 침 세례가 단순히 개인적인 악의에 의한 것이 아니라 남성성을 중시하는 계급 상황, 동성애 혐오와 모욕의 역사 전체에 따른 것이며, 따라서 그의 눈물이 역사적·사회문화적 구조들이 얽힘으로써 빚어진 산물이라는 사실을 가르쳐주었다는 것이다. 또한 이러한 인식은 그 자신의 눈물만이 아닌, "우리의 눈물이 정치적"이라는 깨달음에까지 미친다. 루이는 "우리의 눈물만큼이나 사소하고 지엽적인 것조차 어떤 의미를 지닌다는 걸, 그것이 세상의 진실에 대해 무언가를 암시하고 말해준다는 걸 깨닫는 순간 우리는 눈물에 관해 이야기할 수 있게 된다"라고 말한다.[28]

루이의 이야기는 사회적 전기가 지향하는, 글쓰기—그리고 '대변인porte-parole'으로서의 저자—를 매개로 하는 비판과 계몽, 그리고 '우리'의 구성 과정을 잘 드러낸다. 사회적 전기는 개인적인 것을 사회적인 것의 분석과 연결하고, 문학적 글쓰기와 사회과학의 지식 생산을 결합하면서 주체를 사회구조의 효과로 서사화한다. 그것은 '자기'를 구성하는 사회적·역사적 틀들에 관한 이론적 성찰이며, 간단히 말해 "자기의 현재에 대한 역사적 계보학"이다.[29] 그 보이지 않는 출발점과 종착점에 있는 것은 역시 보이지 않는 '눈물,' 그 자체로 정치적인 수밖에 없는 눈물이다. 이 정서적이고 신체적인 혼합물은 사회적 배제, 열등화 혹은 비체화의 상황이 주체에게 빚어내는 분노, 고통, 수치, 불만, 불안, 결핍을 표상한다. 이 점에서 『삶, 노년, 죽음』의 초안을 마련한 2018년 텍스트의 제목은 직설적인 만큼이나 시사적이다. "누가 내 어머니를 죽였나."[30] 어머니의 예기치 못한 죽음에 맞닥뜨린 에리봉은 그로 인해 자신이 흘린 눈물이 얼마나 정치적인 것인지 말하기 위해, 나아가 어머니를 위시한 노인들의 모든 주름, 모든 고통, 모든 신음에 담긴 '정치적인 것'을 밝혀내기 위해 애쓴다. 그 5년간의 노력의 산물이 『삶, 노년, 죽음』인 셈이다.

'내 어머니의 (어쩌면) 모든 것' 혹은 '자기-(타자)-이론'

『랭스』를 일컬어 "개인적인 이야기가 역사적·사회학적 분석과 철학적 성찰에 봉사하는 아주 이론적인 책"이라는 에리봉의 자평은 『삶, 노년, 죽음』에도 그대로 대입 가능한 말처럼 보인다.[31] 그러니 두 책을 캐나다 작가 로런 포니에Lauren Fournier가 말하는 '자기 이론auto-theory'의 한 갈래로 이해해도 큰 무리는 없을 것이다. "직접적이고 자기-인식적인 방식으로 이론 및 철학과 자서전을 통합하려는 문학, 글쓰기, 비평의 작업"이 자기 이론이라면, 개인적 경험을 이론적 시선과 결합하고 자전적 서사를 이론적·정치적 분석의 글쓰기 양식으로 삼는 사회적 전기의 기획은 하나의 전형을 제공한다.[32] 게다가 『랭스』와 『삶, 노년, 죽음』은 "개인적인 것과 개념적인 것, 이론적인 것과 자서전적인 것, 창조적인 것과 비판적인 것을 학제적이고 페미니스트적인 역사들과 조응하는 방식으로 통합하는 일련의 작업 양태들"로서 자기 이론의 속성을 정확히 구현한다.[33]

유의할 점은, 포니에와 에리봉이 말하는 이론이 전통적인 철학—인간과 세계의 근본 원리에 대한 탐구—이라든지 사회과학 이론—사회현상을 이해하고 경험적으로 분석하기 위한 개념들의 기능적 체계—의 개념에 딱히 부합하지 않는다는 것이다. 에리봉은 (적어도 '비판적인') 이론을 "기성 질서에 대한 이의 제기들에 기대면서 그것들을 구조와 체계의 분석에 통합하는 지각 프로그램"으로 정의한다. 그가 보기에, 이론의 실행은 '실재적인 것'에 대한 지각을 변형하고 그로써 '실재적인 것'을 변형하는 효과를 생산한다.[34] 다소 모호하고 느슨한 이 정의는 이론이 '새로운 지각과 인식을 가능하게 하는 개념들의 창조 작업'으로서 철학에 가깝다는 점을 드러낸다.[35]

에리봉은 분과 학문 간 장벽과 경험 연구의 필요성에 대해 강한 도그마를 드러내는 주류 사회과학이 개념적·이론적 야심은 방기하고 있으며, 때로는 문학작품이 훨씬 더 풍부한 이론적 통찰을 제공한다고 지적한다. 그는 특히 자기 분석으로부터 출발해 거기서 개인적 경험의 특수성을 넘어서는 일반적·집합적 차원의 질문과 개념을 끌어낸다는 의미에서 이론(또는 철학)이라는 용어를 사용하는 것으로 보인다. 포니에와 에리봉 모두 이론의 질료를 제공하는 '신체화된 경험'에 주목하는데, 이 점에서 에리봉이 크게 영향받은 사르트르, 보부아르와 같은 실존주의적 현상학 계열의 저자들을 포니에가 '자기 이론의 선구자'로 간주한다는 사실이 단순한 우연은 아닐 것이다.

『삶, 노년, 죽음』은 『랭스』에 뒤이은 에리봉의 또 하나의 자기 서사이자 사회적 전기이며 자기 이론의 기획이다. 이 책에서 에리봉은 일평생 서민이자 노동자로서 하층계급의 일원이었던 어머니, 자신이 그 삶과 죽음에 관해 (비교적) 잘 아는 이 여성의 이야기를 써나간다. 그 과정에서 다루어지는 것이 인간으로서 피해갈 수 없는 질병과 고통받는 몸, 노화와 자율성의 상실, 열악한 공공 보건과 요양원의 현실, 어떻게 죽을 것인가에 대한 고민 같은 문제들이다. 하나같이 무겁지만, 그렇다고 마냥 외면하기 어려운 이 문제들을 에리봉은 자기 어머니의 실제 사례와 그에 대한 자신의 체험 위에서 여러 이론서와 소설, 영화 텍스트 등을 참조해가며 진중하게 논의한다. 또한 그는 '사회적 주체성의 구조화가 어떻게 일어나는가'라는 질문에 이론적 관심을 기울이는데, 이는 『랭스』에서 초점을 맞춘 계급과 젠더, 섹슈얼리티의 층위에 다시 연령과 신체적 취약성의 층위를 교차시키는 결과로 나타난다. 그리하여 에리봉은 예컨대, 삶의 어떤 시기에 노동자 여성과 부르주아 여성은 동일한 경험 조건들—노쇠, 의존성의 증가, 시설 수용과 고립—안에 진입하고, 연령은 결정적인 요인으로 작동하며 계급 격차를 부수적인 것으로 만든다고 지적한다. 나아가 그는 노인 범주를 넘어 장애인과 취약한 주체 일반으로 시선을 확장하는 한편, 암묵적으로 '정상적·자율적 주체'를 전제하며 이어져 내려온 서구 철학과 이론 전통에 대한 반성을 촉구한다.

『삶, 노년, 죽음』의 중심인물이 에리봉 자신이 아니라 그의 어머니라는 사실은 이 책에 『랭스』와는 다른 결의 긴장감을 부여한다. 그는 어머니를 제삼자의 시점에서 기술할 수밖에 없는데, 이는 자신을 객관화하는 작업과는 사뭇 다른 차원의 문제가 아닐 수 없기 때문이다. 아무리 가깝고 친밀하게 느낀다 해도 어머니는 결국 자기 아닌 타자이며, 더욱이 에리봉은 30년 가까이 어머니를 비롯한 가족과 교류하지 않은 채 매우 상이한 지역적·계층적 환경 속에서 살아왔다. 이는 『삶, 노년, 죽음』의 글쓰기가 자기 이해와는 근본적으로 다른, 타자에 대한 이해와 그것이 수반하는 어려움을 감수하는 작업이었으리라는 점을 환기한다. 타자를 이해한다는 것은 일차적으로 그를 특정한 관계와 상황 속에 배치하는 일이다. 한데 그것에 필요한 정보와 지식을 '충분히'—원칙적으로 우리는 이 '충분한' 상태에 영원히 이를 수 없을 것이다—갖지 못한 상태에서 우리는 어떤 위험을 무릅쓰며 어떻게 극복할 수 있을까?

사실 위험의 정체는 비교적 명확하지만, 극복 방법은 별로 그렇지 못하다. 즉 가깝거나 친밀한 타자에 대해 우리는 마치 자신을 이해하고자 할 때와 비슷하게 투명하고 즉각적으로, 큰 노력 없이도 이해할 수 있을 것이라는 환상을 갖는다. 이를 벗어나고자 유념하면서 에리봉은 최선의 이해에 이르기 위해 나름대로 여러 방안을 시도하는 것으로 보인다. 그 가운데는 어머니의 연애나 요양원 생활을 논할 때 드러나는, 공감sympathie이나 감정이입empathie에 기초한 빌헬름 딜타이식의 이해가 있는가 하면, 다양한 문화적 참조 체계—이론서, 시, 소설, 노래, 영화—를 매개로 한 유비적 이해도 있다. 가장 두드러진 것은 어머니와 에리봉 자신의 경험에 대한 비교, 그리고 그 경험 조건들에 대한 객관화의 시도라 할 수 있다. 이러한 분석적 이해의 방법은 에리봉이 어머니의 방언 사용이나 텔레비전 시청, 책과 신문 읽기 경험을 논할 때 진면목을 발휘한다.

구체적으로 그는 자신과 어머니가 언어나 여러 미디어에 대해 얼마나 다른 관계를 맺었는지 미시적으로 기술하는데, 그 과정에서 두 사람 사이의 계급적 거리와 문화적 차이가 드러나고, 어머니의 몇몇 '민중적' 특징들—고유한 말투와 화법, 인종주의, 정치적 보수주의 등—이 떠오른다. 그런데 에리봉에게 (게이이자 계급 탈주자인) 자기와 (여성이자 지방민, 과거 노동자였으며 나중에는 노인이 된) 어머니의 비교는 서로의 소수자적 위치를 비춰주는 정신적 거울로 작용하고, 이는 다시 소수 집단을 낙인찍고 열등화하는 사회적 메커니즘을 객관화하는 작업으로 나아간다. 이 사회학적 시선 아래 어머니의 특징은 에리봉 자신의 것만큼이나 일정하게 '이해 가능한 것'으로 나타난다. 이처럼 『삶, 노년, 죽음』에 나타나는 끈질긴 이해의 시도와 그 가능성의 확장은, 자기에 관해 사회적 전기를 쓰는 일이 타자와의 관계 속에서 일궈낼 수 있는 중요한 성취가 어디에 있는지 잘 보여준다.

한편 에리봉이 『삶, 노년, 죽음』에서 대면하는 이론적 쟁점이 단지 '노인'의 개인적 주체성만이 아니라, 집합적·정치적 주체화라는 점에 주목할 필요가 있다. 이는 '집단은 어떻게 구성되는가'라는 질문으로 요약되는데, 그 바탕에는 그가 『랭스』에서 선명히 드러낸 바 있는 지금의 정치 현실에 대한 비판적 문제의식이 깔려 있다. 에리봉은 1980년대 이후 프랑스에서 노동계급이 집합적·정치적 주체화를 이룰 수 없도록 원자화되어온 결과, 현재 극우 포퓰리즘이 부상하는 토양이 마련되었다고 본다. 그 과정에는 당연히 전통적인 제조업 중심 노동계급 구조의 붕괴, 노동 형태의 다양화와 불안정성 증가, 노동운동의 약화, 극우 정당의 등장, 미디어의 보수화 등 여러 요인이 복합적으로 개입했을 테다.

그런데 에리봉이 특히 강조하는 것은 '계급'의 중요성을 망각하고 '계급 정치적 관점'을 방기하거나 적극적으로 폐기하는 담론을 생산함으로써 세계에 대한 사회 구성원들의 지각과 인식 틀을 '탈계급적' 범주 중심으로 재조직화한 정치인, 지식인의 책임이다. 모든 사회집단이 그렇듯, 노동계급 또한 이론적 담론과 정치적 표상을 통해서만 하나의 '집단'으로 존재할 수 있기 때문이다. 에리봉에 의하면, (사회당과 그에 가까운 지식인들까지 포함하는) 신보수주의적 엘리트 집단은 사회 계급이나 계급투쟁, 착취와 억압, 사회운동 같은 개념들에 기초한 사유를 공격하고 해체함으로써 '개인의 능력과 책임'을 근간으로 삼는 우파적 사고방식을 사회 구성원들에게 성공적으로 주입하기에 이르렀다.[36] 이 과정에서 정체성의 준거점을 상실한 노동계급의 상당수가 '(이민족 대) 민족' '(외국인 대) 자국민'

'(엘리트 대) 민중'을 기치로 내건 극우 정당의 지지자들로 변모하게 되었다. 현재 프랑스 내 극우 포퓰리즘의 득세는 이런 정치적 변화의 어느 정도 예견된 결과라는 것이 에리봉의 진단이다.

『삶, 노년, 죽음』에서 에리봉은 프랑스 사회의 신자유주의화와 정치적 우경화가 평생 노동자로, 또 오랫동안 노조원으로 살아온 어머니의 정신과 신체를 노년에 어떤 식으로 파괴했는지 기술한다. 집단 소속감과 정체성을 잃고 고립된 어머니는 지독한 인종주의자가 되었고, 극우 정당의 지지자로 변했다. 그녀는 예산 삭감에 시달리는 참담한 환경의 공공 요양원 시설에서 제대로 대우받지 못하다가(적어도 스스로 그렇게 믿다가) 갑작스레 생을 마감해야 했다. 이 극단적 상황은 에리봉에게 다시 한번 집단의 구성에 관한 이론적 질문을 일깨우는 기회로 작용한다. 다만 그 질문의 구체적 형태는 『랭스』와는 다소 다르게 나타난다. 노동계급의 해체와 재구성이 『랭스』의 주요 쟁점이었다면, 『삶, 노년, 죽음』에서는 '노인 집단'의 정치적 구성 (불)가능성이 핵심 문제가 되기 때문이다.

물론 특정한 속성을 갖는 사회적 행위자들의 집합으로서 '노인'은 '노동자'나 '여성' '흑인'처럼 모종의 객관적 현실 속에 주어져 있다. 하지만 그들은 담론과 실천, (종종 동원에 의한) 결집을 통해 스스로를 집단으로 구성할 때에만 정치적 의미의 '집단'으로 존재할 수 있다. 이 과정에서 그들의 '대변인'이 수행하는 역할은 프랑스 노동계급의 사례에서 드러나듯 각별히 중요하다.[37] 사실 노인의 경우에 그 중요성은 훨씬 더한데, 신체적·정신적 취약성과 사회적 존재 조건 탓에 스스로 정치적 목소리를 내기가 매우 어렵기 때문이다. 에리봉에게 노인은 누군가 그를 위해, 그를 대신해 목소리를 내야만 비로소 말할 수 있는 집단이다. 달리 말해 '노인'을 정치적 '집단'으로, 정치적 목소리를 지니는 '우리'로 (재)구성하고 조직하기 위해서는 작가, 예술가, 철학자, 정치인, 활동가, 언론인 같은 대변인이 필요하다. 대변인의 매개를 통해서만이 노인 개개인의 흩어진 말, 억눌린 불평, 숨죽인 울음이 사적 영역에서만 떠돌다 휘발되지 않고, 공론장에서 집단적 목소리로 울려 퍼지며 정치적 결집과 운동을 끌어낼 수 있다는 것이다.

『삶, 노년, 죽음』에서 에리봉은 그런 대변인, 매개자의 역할을 적극 자임한다. 말하자면 그는 타자를 위해 자기에 관해 쓰며, 자기가 아는 '어미니의 모든 것'을 이야기함으로써 일종의 '자기-(타자)-이론'을 구성하고자 애쓴다. 이는 노인을 노동계급이나 여성, 흑인과 같은 정치적 집단으로 정립하고자 하는 수행적 노력이기도 하다.[38] 나아가 에리봉은 『삶, 노년, 죽음』의 분석이 신체적 자율성과 인지능력의 손상, 사회적 고립과 단절 등의 존재 조건을 노인 주체와 일정하게 공유하는 장애인, 실업자 같은 주체들에게도 확장 가능할지 조심스럽게 자문한다. 집합적·정치적 주체화가 어려운 사람들은 어떻게 결집해 공적으로 발언할 수 있는가? 그들이 존재론적 취약성에 더해 원자화되고 비가시화된 사회적 상황에 처해 있는데 말이다. 누군가 그들을 정치적 집단으로 호명하고 동원하지 않는다면, 또 그럼으로써 집단으로 구성하지 않는다면, 그들은 가시성과 발언권을 쉽사리 얻지 못할 것이다. 이처럼 집단의 형성 과정에서 대변인의 역할은 결정적이다. 그런데 대변인은 집단을 대표할 권리를 누구에게 어떻게 위임받을까(혹은 어떻게 자임할 수 있을까)?[39] 지식인(또는 정치인)이 특정한 사회 구성원들을 분할하고 범주화하고 대변해 정치적 집단으로 구축하는 과정은 사실 상징권력을 행사하는 동시에 강화하는 효과를 수반한다. 그것은 집단 못지않게 대변인 자신의 권력과 이해관계에 봉사하는 활동이 된다. 이는 대표 행위의 자격과 철학적·정치적 의미라는, 부르디외의 표현을 빌리자면 "근본적이고 거의 형이상학적인 질문"을 여전히 풀리지 않는 숙제로 남긴다.[40]

그런데 "이론은 울 수 있는가?"

어머니에 대한 사회적 전기를 통해 노인의 개인적·집합적 주체화를 시도한 『삶, 노년, 죽음』에 에리봉은 '이론은 울 수 있는가?'라는 제목의 에필로그를 붙이고 싶어 했다.[41] 감각과 정동에 밀착해 있으면서도 그것에 완전히 휩쓸리지 않는 새로운 주체 이론의 가능성을 논의하기 위해서였다. 그는 결국 그렇게 하지 못했지만, 이 에피소드는 그의 글쓰기가 어떤 내적 긴장과 지향 속에서 전진해야 했는지 우리에게 알려준다. 즉 사회적 전기는 구체적인 현실에 대한 개인적 경험에 뿌리박은 이론을 구성하려는 시도이며, 이를 위해 집합적·사회학적 차원과 개인적·정동적 차원을 유기적으로 접합할 수 있어야 한다고 보는 것이다. "감정, 정서, 신체적 동요에 관한 이론을 구축할 때 어떻게 하면 증명과 분석의 엄밀성을 핑계로 그 대상들을 지워버리지 않으면서도, 동시에 그것들에 사로잡혀 개념적 층위와 분석적 절차를 잊는 일이 없도록 할 수 있는가?"[42] 바꿔 말하면, 이론은 어떻게 일반성과 특이성, 사회적인 것과 개인적인 것, 구조의 추상적 작동 논리와 행위자의 생생한 실존적 목소리를 함께 담아낼 수 있는가 하는 질문일 테다.

에리봉에게 이러한 과제는 '바르트와 부르디외를 통합하기'의 다른 말이기도 하다. 롤랑 바르트는 『밝은 방』에서 어머니의 유품인 소녀 시절 사진을 가지고서 사진 일반의 현상학적 핵심을 분석하는데, 이 과정에서 (『중간 예술』에 나타난 부르디외의) 사회학적 접근이 우리가 사진과 맺는 사적·감정적·정서적 차원을 고려하지 못한다고 공박한 바 있다. 에리봉은 부르디외가 자신과의 대화에서 바르트의 그 비판에 "제대로 한 방 먹었다"라는 반응을 보였다고 술회하면서, 자신은 두 접근법의 대립을 넘어 각각의 장점을 결합하고자 했다고 강조한다.[43] 그런 시도가 얼마나 성공적이었는지 평가하는 일은 이 글의 범위를 넘어선다. 다만 '울 수 있는 이론'을 향한 에리봉의 지적 탐색 이면에 무엇보다 '이론의 정치'에 대한 고민이 배어 있다는 점은 새삼 되새겨볼 필요가 있다.

에리봉에 의하면, 이론은 실재 안에 기입되고, 이론이 구성하는 세계에 대한 지각은 실재가 된다. 이론이 담론, 지식, 제도(정당, 노조, 단체 등), 운동과 투쟁 속에 객관화되기에 그렇다. 이처럼 객관화된 이론은 사회 세계에 대한 특수한 표상을 생산하며 수행적 힘을 발휘한다. 물론 그 효과는 이론이 실재의 구체성과 물질성에 근접할수록 강해진다. 이론이 변화하면 세계에 대한 사회 구성원들의 지각 또한 심층적으로 변화하고, 개인을 둘러싼 현실에 대한 다른 방식의 분할과 인식, 평가가 이루어진다.[44] 이는 무엇보다 이전까지 분리되고 무력한 상태에 있던 개인들, 즉 사르트르가 말한 집렬체collectif sériel를 집단으로 결집하고 연대시킬 수 있다는 견지에서 중요하다. 집렬체는 동일한 사회경제적 조건과 상황, 동일한 속성을 지니면서도 서로 고립된 채 공적인 침묵 속에 있는 사람들의 집합을 가리킨다. 그것은 이론과 정치 담론에 기초해 집단으로 변모한다. 바꿔 말하자면, 효과적으로 작동하는 이론은 집렬체가 공유하는 객관적 속성에 기반해 일군의 체험을 정치화함으로써 집렬체를 집단으로 동원하고 (재)구성한다.

물론 집렬체에서 집단으로의 이행이 순전히 이론의 힘에 기대어 무에서 유를 창조하듯 벌어지는 과정은 아니다. 대개는, 예컨대 모종의 불평, 반발, 운동, 투쟁이 이론에 선행한다. 그런 움직임들은 종종 기존하는 집단이 제대로 아우르지 못하는 내부의 주변적 행위자들에 의해 나타난다. 노동계급 내에서도 비정규직, 불안정 노동자들이 비판적 문제 제기와 요구 아래 새로운 운동 주체로 떠오르고, 이들을 다르게 집단화하는 이론이 만들어지는 식으로 말이다.[45] 한편 집단의 구성 작업은 당연히 지배 세력과 이데올로기에 의해서도 행해진다. 일상적인 모욕과 낙인, 공격과 배제와 추방을 통해 소수자 집단이 생겨나는데, 대안적 이론은 이러한 '대상-집단groupe-objet'을 '주체-집단groupe-sujet'으로 재구성하는 목표를 지닐 수도 있다. 이를테면, 퀴어 이론이 흔한 멸칭이자 대상-집단의 범주인 '호모'를 대체하고 재규정하면서 '퀴어'라는 주체-집단으로 재편하는 경우가 한 가지 예일 것이다.[46]

부르디외가 말한 '이론 효과'에 강조점을 두는 이 같은 집단 구성 논리는 에리봉에게 다음과 같은 몇 가지 정치적 원리를 주창하는 근거로 작용하는 듯 보인다.[47] 우선 계급 정치와 정체성 정치의 대립이 무의미하다는 것이다. 본질주의나 실체주의에 빠지지 않는 한 어떤 집단도 다른 것보다 더 중심적이거나 현실적이라고 자처할 수 없기 때문이다.[48] 계급 또한 젠더나 인종, 섹슈얼리티와 다를 바 없이 이론적 틀과 정치적 정체성 작업을 통해 '우리'로 구성되는 사회 집단으로서, 새로운 분할과 구획에 따른 내적 분화의 가능성에 열려 있다. 에리봉의 시각에서 중요한 것은, 사회 세계를 언제나 예전과는 다른 방식으로 구분할 수 있다는 관념 위에서 비판적 관점과 질문을 제기하는 새로운 집단과 운동의 공간을 여는 일이다.

또 하나의 원리는 정치가 서로 다른 집단과 운동에 내재하는 복수의 이질적 시간성에 기초하며, 이 상이한 '정치들'은 결코 단일화하거나 총체화할 수 없다는 것이다. 각 집단과 그에 기초한 사회운동은 고유한 세계 인식과 전통, 관심사, 접근 방식을 지닌다. 새로운 집단과 운동의 등장은 이전까지 지각되지 못했던 지배 양식, 지적·조직적 형태를 부여받지 못했던 저항 기술을 '정치적인 것'의 범주 안에 끌어들임으로써 정치의 장을 확장한다. 하지만 에리봉에 의하면, 이러한 집단과 운동의 다원성, 이질성은 어느 하나로 환원되거나 통일될 수 없다. 프랑스의 '68년 5월' 사례가 명확히 알려주듯 다양한 사회집단과 사회운동은 특정한 계기로 서로 동기화하고 결속할 수 있지만, 그렇다고 해서 총합적 단일체로서의 '인민'이 형성되지도, 전면적이고 총체적인 변화로서의 '혁명'이 촉발되지도 않는다는 것이다. 그러므로 에리봉이 보기에, 핵심 과제는 사회적 삶을 비판하고 존재 양식을 정치화하는 활동을 사회 구성원들에게 일반화하는 데 있다. 이러한 맥락에서 그는 일종의 "영구적인 68년 5월"이라는 관념에 찬성한다고 말한다. 우리가 법, 노동, 교육, 문화, 젠더, 섹슈얼리티 등 모든 분야에서 비판을 장려하고 지지함으로써 정치를 끊임없이 재창조해야 한다는 것이다.[49]

나아가 에리봉은 이 정치가 '민주적'이려면 타자에

게 '바람직한 것'을 강제하지 않는 '관대함의 원리principe de générosité'에 토대를 두어야 한다고 주장한다. 그에 따르면, 우리 중 누구도 다른 이들에게 무엇이 바람직한지 정해줄 수 없다. 우리는 다른 이들이 스스로 바람직하다고 여기는 것에 접근할 수 있도록 해주어야 한다. 다양한 사회 구성원이 언제든 자신이 열망하는 대로 살고 자신에게 맞는 생활양식을 자유롭게 선택하며, 이를 방해하는 장애물을 없앨 수 있도록 허용해야 한다는 것이다. 이런 윤리는 예컨대, 그가 동성결혼 합법화 논쟁에서 찬성 입장을 표할 때 그 논리적 근거로 나타난다. 에리봉에 의하면, "민주적 윤리는 관대함이고, 관대함은 민주주의의 윤리"다.[50]

에리봉이 중시하는 정치의 차원, 즉 새로운 '지각 프로그램'의 제시 및 그에 기초한 집단의 구성과 동원은 비단 민주적이고 진보적인 세력만의 활동은 아니다. 당연한 말일 테지만, 정치의 장은 무엇보다 상이한 세력 간 투쟁이 벌어지는 공간이기 때문이다. 사회당과 좌파 지식인들이 방기한 정치적 주체성('노동계급')의 공간에 극우 세력이 새로운 범주와 이론을 매개로 개입하는 사례에서 볼 수 있듯 말이다. 그러므로 에리봉의 말처럼, 지배의 여러 차원에 대한 이론적 성찰과 비판적 분석의 끊임없는 갱신이 필수적이다. 이를 위해 가장 심한 억압과 박탈에 시달리는 정체성, 이중 삼중으로 열등화되고 비체화된 정체성으로부터 출발해 기존의 투쟁들이 간과해온 부분을 질문하는 일은 하나의 효과적인 방법론이 될 수 있다. 이는 사회를 더 정의롭게 변화시키려는 의지와 결합해 정치에 새로운 시간성을 부여하고, 가능한 진보의 지평을 열어줄 것이다.[51]

그 과정에 글쓰기가 과연 의미 있게 기여할 수 있을까? 대부분의 진지한 작가와 연구자가 그런 것처럼, 에리봉 역시 글쓰기의 힘을 믿는 것 같다. 사실 그가 구상하는 사회적 전기는 그런 믿음 없이 성립하기 어려운 기획이기도 하다. 그 원점에는 사회적 판결에 대한 문제 제기가 자리한다. 즉 우리에게 부과된 사회적 판결을 의문시하고, 그에 불복해 '항소'하는 데서 모든 일이 시작하는 것이다. 물론 항소를 위한 별도의 심급은 존재하지 않는다. 다만 분명한 점은, 그럼에도 항소는 얼마든지 가능하며 우리 자신에 대한 분석적 글쓰기가 그 주된 형식이라는 것이다. 에리봉은 "현재에 대한 정치적 계보학, 즉 우리를 구성하는 판결들의 총체에 대한 탐구로서 우리 자신의 존재론은 이단적·전복적 충동에 형태와 의미를 부여하는 수단으로서 자기-계보학, 자기 분석을 반드시 거친다"라고 역설한다.[52]

자기 분석은 우리 안에 침전된 역사에 대한 탐구이자, 우리 내부에서 작동하는 사회질서의 예속화 효과에 대한 비판이다. 이 작업은 진지하게 이루어진다면 결국 우리 자신을 고통스럽게 만드는 사회적 지배 구조들에 대한 분석으로 나아갈 수밖에 없다. 그것은 우리 자신의 현실에 최대한 밀착해, '개인적인 것'의 가장 미시적인 수준에까지 작용하는 '사회적인 것'의 힘을 드러내고 우리의 미세하고 연약한 감정, 정서, 정동마저 담아내는 이론적 언어를 통해 다른 사람들의 공감과 이해를 불러일으키고자 한다. 자기 분석 혹은 사회적 전기가 이렇게 '울 수 있는 이론'에 가닿는다면, 자신과 타자를 질식시키는 권력과 규범의 조임쇠를 느슨하게 함으로써 "진정으로 더 잘 숨쉴 수 있도록" 도울 수도 있을 것이다.[53]

에리봉의 말이 아니더라도, 항소의 결과는 언제나 미지의 무엇일 수밖에 없다. 그것은 이미 선고된 사회적 판결과 달리 정해지지 않은 것, 주어진 조건 속에서 우리가 만들어나가는 것이다. 그러니 열린 미래가 단지 기존의 판결들에 대한 부정, 지배 구조에 대한 저항과 거부에 머물러야 할 이유도 없을 것이다.[54] 자기 분석 혹은 사회적 전기는 개인적 주체성과 집합적 범주를 급진적으로 재구성하는 작업을 통해 법제와 규범의 개선을 낳을 수도, 새로운 집단과 사회운동의 출현을 이끌 수도 있으며, 대안적인 존재 양식과 관계 형태의 발명을 촉진할 수도 있다. 이처럼 자기에 관한 글쓰기는 사회적 실존의 이런저런 양상에 대한 문제 제기를 경유해 정치적 발화와 긴밀하게 얽히고, 더 자유롭고 평등한 사회를 향한 집합적 투쟁에 동참한다. 그것은 자신을 위한 것인 만큼이나 타자를 위한 것이자, 우리 모두를 위한 것이다. 결국 관건은 그런 글쓰기의 힘을 믿고 그 가능성을 극대화하려는 우리의 끈질긴 몸짓이라 하지 않을 수 없다.

아렌트는 "인간이 반드시 죽는다 할지라도 죽기 위해 태어난 것이 아니라 시작하기 위해 태어났다는 사실"을 강조하며, "새로운 인간의 탄생과 새로운 시작, 즉 인간이 탄생함으로써 할 수 있는 행위"야말로 "기적과 같은" 인간의 능력이라고 주장한 바 있다.[55] 인간의 행위는, 가만히 있다면 그저 죽음을 향해 갈 뿐인 생물학적 삶의 자동적인 과정에 개입함으로써 사멸성의 법칙을 간섭하고 방해한다. 우리는 노화도, 죽음도 피해갈 수 없을 테지만 이처럼 개인적·집합적 행위를 통해 끊임없이 새로운 시작을 열어갈 수 있을 것이다. 에리봉이 어머니를 위해 그랬듯, '타자'를 위해 '자기'에 관해 쓰면서도 말이다.

1. 시몬 드 보부아르, 『노년』, 홍상희·박혜영 옮김, 책세상, 2002, p. 761.
2. Michel Foucault, "Douleur et souffrance, 7: L'enfant et le vieillard face à la douleur (1963)," *Entretiens radiophoniques 1961-1983*, Paris: Flammarion/Vrin/INA, 2024, pp. 319~20.
3. 디디에 에리봉, 『랭스로 되돌아가다』, 이상길 옮김, 문학과지성사, 2021.
4. 한나 아렌트, 『인간의 조건』, 이진우 옮김, 한길사, 2019, pp. 87~88.
5. 에리봉의 학문 세계에 관한 해설로는 『랭스로 되돌아가다』의 옮긴이 해제를 참고할 수 있다. 이상길, 「소수자의 글쓰기와 자기 발명의 윤리」, 디디에 에리봉, 『랭스로 되돌아가다』, pp. 299~342. 문학사회학자 요제프 유르트는 에리봉의 이력을 부르디외, 에르노, 루이 등 다른 저자들과의 관계 속에서 제시한다. Joseph Jurt, "Portrait de Didier Eribon en transfuge de classe," *Lendemains* 180, 2020, pp. 11~21.
6. 에리봉은 『랭스』와 이를 뒤이은 이론서 『판결로서의 사회』를 '귀환의 사이클'을 이루는 일종의 2부작으로 규정하기도 했다. Didier Eribon, *Principes d'une pensée critique*, Paris: Fayard, 2016, p. 17; Didier Eribon, *La Société comme verdict: Classes, identités, trajectoires*, Paris: Fayard, 2013도 참조.
7. Didier Eribon, *Sociobiographie: Entretien avec Geoffroy Huard*, Paris: Flammarion, 2025. 독일에서 『랭스』의 대중적 성공은 아니 에르노 문학을 재발견하도록 이끌었을 뿐만 아니라, 자기 서사의 급속한 발전과 비평의 증가에도 중요한 역할을 한 것으로 평가받는다. 2022년 에르노의 노벨문학상 수상은 이러한 경향을 전 세계적으로 한층 가속화했다. Joseph Jurt, "Note au sujet des mécanismes de la réception transnationale: L'exemple de Didier Eribon et d'Annie Ernaux," *Lendemains* 180, 2020, pp. 22~26; Eva Blome, Philipp

Lammers & Sarah Seidel(eds.), *Autosoziobiographie: Poetik und Politik*, Heidelberg: J. B. Metzler, 2022; Johanna Bundschuh-van Duikeren, Marie Jacquier & Peter Löffelbein(eds.), *Autosociobiography: A Literary Phenomenon and Its Global Entanglements*, Bielefeld: transcript Verlag, 2025 참조.

8. Didier Eribon, *Sociobiographie*, p. 87.
9. 종종 부르디외의 '가장 아름다운 텍스트'라고도 평가받는 이 짧은 책은 제목과 내용 모두 다소 부자연스럽고 부정확한 우리말로 옮겨져 있다. Pierre Bourdieu, *Esquisse pour une auto-analyse*, Paris: Raisons d'agir, 2004(피에르 부르디외, 『자기 분석에 대한 초고』, 유민희 옮김, 동문선, 2008). 부르디외는 2001년 콜레주드프랑스 퇴임 전 마지막 강의를 이른바 '자기-사회 분석'에 할애하고, 이를 그해 나온 강의록 『과학의 과학과 성찰성』에 실었는데, 이후 자기 분석의 내용을 보완해 단행본으로 발전시켰다. "Pierre Bourdieu, sujet du dernier cours de Pierre Bourdieu," *Le Monde*, 29 mars 2001; Pierre Bourdieu, *Science de la science et réflexivité*, Paris: Raisons d'agir, 2001, pp. 184~220. 부르디외의 강의와 텍스트는 이후 프랑스에서 '자기 분석' '자기에 관한 글쓰기'의 실험을 활성화하는 데 결정적인 영향을 미쳤다.
10. 피에르 부르디외·로제 샤르티에, 『사회학자와 역사학자』, 이상길·배세진 옮김, 킹콩북, 2019, pp. 50~51.
11. 부르디외의 자기 분석에 대해서는 여러 비판이 가해진 바 있다. '남성적 특권'에 대한 자의식이 부족하다거나, 무의식적 '이성애 중심주의'에 따른 동성애 혐오적인 시선을 드러낸다거나, 혹은 불리한 출신 배경에도 불구하고 자신이 학업적 성공과 계층 상승을 거둘 수 있었던 이유를 성찰하지 않는다거나, 자신이 학계에 진입해 펼친 갖가지 학문 외적 전략에 관한 분석을 누락하고 있다거나 하는 것들이 대표적이다. 아니 에르노·로즈마리 라그라브, 『아니 에르노의 말: 사회적 계급의 성찰과 자전적 글쓰기의 탐구』, 윤진 옮김, 마음산책, 2023, pp. 62~64; 디디에 에리봉, 『랭스로 되돌아가다』, pp. 180~86; 샹탈 자케, 『계급횡단자들 혹은 비-재생산』, 류희철 옮김, 그린비, 2024, pp. 32~33; 이상길, 『아틀라스의 발: 포스트식민 상

황에서 부르디외 읽기』, 문학과지성사, 2018, p. 80.

12. Didier Eribon, 같은 책, pp. 204~206; Didier Eribon, *La Société comme verdict*, 3장. 에리봉의 이러한 논평에는 이견의 여지가 있다. 부르디외의 자기-사회 분석은 사회학적 연구의 객관성을 증대시키기 위한 목적에 철저히 봉사하기 때문이다. 즉 그것은 다양한 경험 연구의 '인식주체'(혹은 객관화 주체)로서 부르디외를 다시 객관화함으로써 연구의 객관성을 고양하려는 의도 아래 이루어진다. 이와 달리, 에리봉의 사회적 전기는 그 자체로 사회학적 경험 연구를 대체한다는 차이점을 지닌다. 부르디외에게 『독신자들의 무도회 *Le Bal des célibataires*』라든지 『호모 아카데미쿠스*Homo academicus*』 같은, 고향 마을이나 대학 사회에 관한 경험 연구들이 자기-사회 분석의 성격을 띤다면, 반대로 에리봉에게 사회적 전기(혹은 자기 분석)는 자신과 주변 세계에 대한 역사적·사회학적 탐구의 일환으로 나타난다. Jacques Bouveresse, *Bourdieu, savant & politique*, Paris: Agone, 2003, pp. 18~21.
13. Didier Eribon, *La Société comme verdict*, p. 268.
14. Didier Eribon, *Sociobiographie*, pp. 209~10, 231~32.
15. 같은 책, pp. 212~13, 225. 사실 에리봉이 말하려는 바에 더 정확히 부합하는 용어는 '픽션학'보다는 '서사화,' 혹은 역사학자 폴 벤느Paul Veyne가 제시한 '줄거리 짜기la mise en intrigue'일 것으로 보인다. 1970년대 초에 벤느는 '경험적 사실' '줄거리' '이론(적 개념)'을 역사 쓰기의 세 가지 핵심 축으로 제시한 비 있다. 그가 강조하듯, '줄거리 짜기'라는 문학적 절차에 의존한다고 해서 역사 쓰기가 주관적이고 허구적인 서사성의 층위로 온전히 환원되는 것은 아니다. 폴 벤느, 『역사를 어떻게 쓰는가』, 이상길·김현경 옮김, 새물결, 2004 참조.
16. Didier Eribon, *Principes d'une pensée critique*, p. 18.
17. 에리봉 이외에도 작가 에르노, 에두아르 루이, 페미니스트 사회학자 로즈-마리 라그라브 등이 모두 그렇다. 부르디외의 타계 직후 『르몽드』에 추도문을 기고할 만큼 그의 사회학에 대한 공감과 친화력 속에서 글쓰기 작업을 해온 작가 아니 에르노는 2003년 자신

의 주요 저작들—『남자의 자리』『한 여자』『부끄러움』 등—이 '자기에 대한 사회적 전기auto-socio-biographie'로서의 성격을 지닌다고 표현한 바 있다. 아니 에르노, 「슬픔」, 『카사노바 호텔』, 정혜용 옮김, 문학동네, 2022, pp. 95~101; 아니 에르노, 『칼 같은 글쓰기』, 최애영 옮김, 문학동네, 2005, pp. 27~28. 상징폭력 경험의 분석가이자 전달자로서 부르디외와 에르노의 근접성에 관해서는 Joseph Jurt, "La transmission d'une expérience de dominés: Pierre Bourdieu, Annie Ernaux," in Antony Soron & Agnès Lhermitte(eds.), *Imaginaire et transmission: Mélanges offerts à Gérard Peylet*, Bordeaux: Presses Universitaires de Bordeaux, 2017, pp. 96~110 참조. 한편 부르디외와 에르노, 에리봉의 논의를 뒤이으며, 라그라브는 '자서전적 탐구enquête autobiographique'라는 방법론을 제안한다. 이는 내밀한 자기 서사를 여러 문서, 통계, 주변인들의 증언 같은 객관적 자료들로 보완하며 재구성하는 사회학적 접근을 뜻한다. 이러한 접근의 기저에는 "'전기적 환상'의 함정에 빠지지 않으면서 자신의 고유한 궤적에 대한 여러 판본 가운데 하나를 복원하기 위한 포맷과 형식을 어떻게 발견할 것인가" 하는 질문이 놓여 있다. Rose-Marie Lagrave, *Se ressaisir: Enquête autobiographique d'une transfuge de classe féministe*, Paris: La Découverte, 2021, p. 8.

18. Didier Eribon, *Sociobiographie*, p. 162. 참고로 정신분석학을 급진적으로 비판하고 거부하는 에리봉과 달리, 부르디외는 신중한 거리 두기의 자세를 취하며 정신분석학과 사회학의 비판적 협력을 모색한다는 점을 부연해두자. 예컨대 부르디외는 가정 공간을 '성애적인 것의 사회화'와 '사회적인 것의 성애화'의 복잡한 과정이 이루어지는 장소로 보면서, 그에 관한 분석은 사람들이 사회 공간과 사회적 게임에 이해 관심을 투여하는 과정의 기원에 대한 탐구에 이바지할 수 있다고 지적한다. Pierre Bourdieu, *Méditations pascaliennes*, Paris: Seuil, 1997, pp. 198~99. 정신분석학에 대한 에리봉의 입장은 Didier Eribon, *Écrits sur la psychanalyse*, Paris: Fayard, 2019; 이상길, 「소수자의 글쓰기와 자기 발명의 윤리」, pp. 319~23 참조.

19. Didier Eribon, *Sociobiographie*, pp. 232, 241. 이는 사회적 행위자들에

대한 '내려다보는 시선'을 거부하는 부르디외와 명백히 대조적이다. 부르디외는 연구자가 행위자들의 생활 세계에 밀착한 시선과 구조를 조망하는 시선 모두 취하기를 요청하며, 이러한 이중적 관점에 다시 연구자 자신의 사회적 위치와 이해 관심에 대한 성찰적 분석을 더함으로써 더 강한 객관성(과학성)에 다다를 수 있다고 믿었다. Pierre Bourdieu, 같은 책, 2장 참조.

20. Didier Eribon, 같은 책, p. 211.

21. 프랑스어 'transfuge'는 원래 '전향자' '탈주자' '투항자' '변절자' 등의 의미를 지닌다. 이처럼 강한 도덕적 평가의 뉘앙스가 담긴 단어이다 보니, '계급 탈주자'를 좀더 무색무취한 용어로 대체하려는 시도도 나온 바 있다. '계급 이주자migrant de classe'라든지 '계급 횡단자transclasse' 등이 대표적이다. 특히 철학자 샹탈 자케가 2014년에 제시한 계급 횡단자 개념은 학계에서 상당한 호응을 얻으며 전문 학술 용어로 자리 잡았다. 사회학자 라그라브가 보기에, 사회적 상승의 궤적만을 함축하는 계급 탈주자에 비해, 계급 횡단자는 상승과 하강의 이동을 모두 포함하는 중립적이고 개방적인 개념이라는 장점이 있다(아니 에르노·로즈마리 라그라브, 『아니 에르노의 말』, p. 106). 그럼에도 계급 탈주자라는 용어가 아예 사라지지는 않았으며, 에리봉이나 라그라브처럼 일부러 사용하는 저자들도 적지 않다. 계급 탈주자 서사의 유행을 비판적으로 분석한 문학 연구자 라엘리아 베롱과 카린 아비방은 그 용어가 계속 쓰이는 이유가 오히려 가치판단의 함축에 있다고 해석한다. 즉 계급 탈주자 개념이 한편으로는 '배신'과 '수치,' 다른 한편으로는 '실력'과 '성공'에 결부된 도덕적 의미를 강하게 내포하는 만큼, 개인의 궤적을 소설적 운명처럼 표상하면서 사람들의 감정적 투자를 끌어들이기 쉽다는 것이다(Laélia Véron & Karine Abiven, *Trahir et venger: Paradoxes des récits de transfuges de classe*, Paris: La Découverte, 2024, p. 68). 에르노 역시 계급 횡단자 개념은 교육으로 인해 자기 가족과 성장 환경에 고유한 취향과 태도로부터 서서히 멀어지게 된 사람에게는 잘 어울릴지 몰라도, 계급 탈주자라는 용어에 담겨 있는 '스스로 내린 결정' '의도의 고집스러운 추구'라는 뉘앙스와 '배신'의 느낌을 제대로 살리지

는 못한다고 지적한다(아니 에르노·로즈마리 라그라브, 『아니 에르노의 말』, pp. 101~104).

22. 그 자신이 계급 탈주자이기도 한 부르디외는 다음과 같이 회고한 바 있다. "나는 청소년기에, 그리고—[계급적] 상향 이동을 한 사람들의 경우 늘 그렇듯, 아주 다양한 사회적 환경을 가로지르게 만든—내 사회적 궤적을 통해서 일련의 온갖 정신적 사진을 촬영했고, 내 사회학적 작업은 그것들을 현상하려는 시도라고 믿는다." 피에르 부르디외·로익 바캉, 『성찰적 사회학으로의 초대』, 이상길 옮김, 그린비, 2015, p. 335.

23. Didier Eribon, *Sociobiographie*, pp. 20~21; Noémie Cadeau, "La trajectoire de transfuge de classe n'est pas linéaire: Entretien avec Didier Eribon," *LVSL*, 1 mars 2020. https://lvsl.fr/la-trajectoire-de-transfuge-de-classe-nest-pas-lineaire-entretien-avec-didier-eribon. 에리봉이 계급 횡단자 개념을 쓰지 않고 계급 탈주자라는 용어만을 사용하는 이유도 이런 시각과 무관하지 않을 것이다.

24. Didier Eribon, 같은 책, pp. 197~98, 272. 지적인 질문과 탐구, 비판적 사유와 글쓰기의 시원에는 흔히 사회적 열등화와 배제 상황에서 생겨나는 분노와 고통이라든지, 기존 제도와 지식 영역에 대한 불만과 반항의 심리가 있다. 이 점에서 계급 탈주자의 혜안 또한 자기 자리를 불편하다고 느낄 수밖에 없는 객관적 조건과 무관하지 않다. 다만 계급 탈주자의 시선과 글쓰기가 지니는 강점에 관한 이런 논의가 이론적 원칙에 가까우며, 수년 전부터 나타난 자기 서사 및 계급 탈주자 서사의 전 세계적인 유행에는 복잡한 문화정치적 요인들—정치적 포퓰리즘의 부상, 계급 구조의 변화, 새로운 미디어 기술과 맞물린 고백 문화의 확산, 반反엘리트적 상상 등—이 작용하고 있다는 사실에 유의할 필요가 있다. 근래의 몇몇 연구와 학술지 특집호들은 이 문제를 비판적으로 조명하고 있다. 대표적인 사례로는 Laélia Véron & Karine Abiven, *Trahir et venger*; Jens Wietschorke, "The transclasse and the common people: Autosociobiographies and the anti-elitist imaginary," in Moritz Ege & Johannes Springer(eds.), *The Cultural Politics of Anti-Elitism*, London: Routledge, 2023, pp.

79~95; *Lendemains* 180("Transfuge, transfert, traduction: la réception de Didier Eribon dans les pays germanophones"), 2020; *COnTEXTS* 36("Perspectives interdisciplinaires sur les récits de 'transfuge de classe': Histoire, langue, circulation internationale"), 2025 등 참조.

25. Didier Eribon, *Théories de la littérature: Système du genre et verdicts sexuels*, Paris: PUF, 2015, p. 107.

26. 에리봉이 분석한 바 있는 작가 비올레트 르뒤크Violette Leduc의 사례는 사회적 판결과 그 작동 과정을 구체적으로 보여준다. 부르주아 아버지와 하녀 어머니 사이의 '불륜' 관계로 태어난 르뒤크는 출생과 더불어 '사생아'(혼외자)라는 사회적 판결에 내몰렸고, 삶의 매 순간 그런 자신의 존재를 고통과 수치심 속에서 직면하지 않을 수 없었다. 그 판결의 관념과 범주는 결연과 친족 관계에 대한 법적·사회적·종교적·도덕적 구조들을 기반으로 작용하면서, 르뒤크의 심신과 일상을 끊임없이 옥죄는 힘으로 기능했다. Didier Eribon, *Principes d'une pensée critique*, pp. 126~27.

27. Didier Eribon, *Sociobiographie*, pp. 268~70; Didier Eribon, *Théories de la littérature*, pp. 57~61.

28. "Cinq questions à Edouard Louis," Didier Eribon, *Retour à Reims*, Paris: Flammarion, 2018, pp. i~x.

29. Christina Ernst, "Towards a Theory of Minor Subjectivation: Global Perspectives in the Work of Didier Eribon," in Johanna Bundschuh-van Duikeren, Marie Jacquier & Peter Löffelbein(eds.), *Autosociobiography*, p. 63.

30. 이 텍스트는 루이가 객원 편집자로 초청받은 잡지 『레쟁로컵티블』의 특집호에 실렸다. 에리봉의 원고 제목은 그해 초 나온 에두아르 루이의 신간 『누가 내 아버지를 죽였나』에 영감을 받은 것이었다. Didier Eribon, "Qui a tué ma mère," *Les Inrockuptibles*, 1 mai 2018. https://www.lesinrocks.com/actu/qui-tue-ma-mere-par-didier-eribon-142921-01-05-2018.

31. Didier Eribon, *Sociobiographie*, p. 263.

32. 로런 포니에, 『자기이론: 자기의 삶으로 작업하기』, 양효실·김수

영·김미라·문예지·최민지 옮김, 마티, 2025, p. 22. 이와 관련해 자기 이론이라는 렌즈로 에리봉과 루이의 저작에 나타난 자기 성찰을 들여다보는 올리비에 페리넬의 연구 또한 참조할 수 있다. Olivier Périnelle, "Récits transclasses au regard de l'autothéorie: Quand la théorie sert à révéler l'intime," *Studia Universitatis Babes-Bolyai, Philologia* 70(1), 2025, pp. 67~80. 한편 다음의 대담은 국내에서도 지난 10여 년 사이 크게 증가한 '자기 이론적' 창작 작업과 글쓰기가 돌봄의 중요성이 부상하는 사회정치적 맥락에서 어떤 고민과 쟁점들을 낳는지 보여준다. 서보경·양효실·오은교, 「자기 이론 시대의 인류학적 성찰」, 『문학동네』 123, 2025, pp. 80~101.

33. 로런 포니에, 『자기이론』, p. 23.

34. Didier Eribon, *Théories de la littérature*, pp. 5, 106.

35. 이는 이론을 (포스트)구조주의 이후 전통적인 철학의 지적·제도적 권위가 쇠퇴함에 따라 메타 철학의 형태로 나타난 담론적 변화라고 특징지은 비평가 프레드릭 제임슨의 용법을 연상시킨다. 자기 이론을 개념화하면서 포니에는 자신이 제임슨의 정의에 따라 이론이라는 용어를 쓴다고 말한 바 있다. 즉 철학이 분과 학문에 고유한 문제 풀이의 전통 속에서 단일하고 권위적인 진실들을 생산하는 형식이라면, 이론은 소재와 참조 체계상에서 인용, 전유, 상호텍스트성 같은 물질적 실천으로 변형된 (메타) 철학이라는 것이다. 이는 다양한 지식 영역의 '이론적' 텍스트들을 자유롭게 참고하고 조합하며 활용하는 이론 특유의 생산 방식을 환기한다. 로런 포니에, 같은 책, pp. 75~76; Frederic Jameson, "Periodizing the 60s," *Social Text* 9/10, 1984, pp. 189~94. 한편 비평가 조너선 컬러는 동시대 문학과 문화연구 분야에서 이론 개념이 갖는 특징을 다음과 같이 정리한다. 이론은 첫째, 주체, 언어, 의미, 자연, 문화, 정신 등을 탐문하는 분석적·가설적·학제적 시도로서 둘째, 일반적인 상식과 자명성을 비판하고 셋째, 여러 학문 영역에 효과를 발휘하며 넷째, 사유와 개념, 범주 자체에 대해서도 성찰적인 태도를 취한다. 컬러는 대표적인 이론으로 구조주의와 현상학, 포스트구조주의, 마르크스주의, 해체론, 정신분석학, 포스트식민주의, 페미니즘, 퀴어 이론, 생

태 비평 등을 꼽는다. 조너선 컬러, 『문학이론』, 조규형 옮김, 교유서가, 2016, 1장.

36. Didier Eribon, *D'une révolution conservative et de ses effets sur la gauche française*, Paris: Léo Scheer, 2007.

37. 1980년대 초에 이미 부르디외가 역설한 것처럼, "사르트르가 집렬적이라고 불렀던 존재의 상태에서 벗어나 집단적인 존재에 접근하려면, 대부분의 경우 대변인을 통하는 것밖에 길이 없는 것이다."(피에르 부르디외, 『언어와 상징권력』, 김현경 옮김, 나남, 2020, p. 255)

38. 1953년생으로 60대 후반에 이 책을 집필한 에리봉이 '노인'에 관해 말할 때, 정작 '노인'의 한 명으로서 자신의 경험을 분석하거나 성찰하지는 않는다는 점을 지적해두자. 일차적으로는 어머니를 논의의 중심에 두고자 하는 글쓰기 전략과 의지에서 비롯한 결과일 테지만, 그가 노인 정체성을 '자기화'하지 않은 채 어머니라는 타자를 통해서만 이해하려 한다는 사실이 갖는 의미를 자문하게 한다. 즉 에리봉은 '여성 노동자' 출신인 어머니에 대한 '교차적 사유' 속에서 노인 정체성을 문제화하고 있다는 것이다. 그런 관점의 논의에 '남성 지식인'인 자신의 노년 경험을 덧대기란 어쩌면 불가능했을 것이다.

39. 이른바 '당사자성'이 종종 대변인의 중요한 자격 요건으로 떠오르는 이유도 이런 맥락에서일 것이다. 하지만 당사자성에 대한 강조만으로는 왜 하필 '특정한 당사자(들)'가 집단의 '일반 의지'를 대표할 수 있는가 하는 질문에 충분히 답할 수 없다. 그것은 '위임은 어떻게 이루어졌는가' 하는 근본적인 질문을 당사자-대변인의 '내재적 속성과 경험'에 기반한 자격의 문제로 치환(또는 은폐)해버린다. 더욱이 당사자성은 대변인들 간 자격과 정당성을 둘러싼 상징 투쟁의 수단으로서 더 큰 효능을 가지는 경향이 있다. 그것은 특정한 집단 구성원의 '내재적 속성과 경험'이 과연 다른 이들에게는 이해나 소통 불가능한 것인지, 다른 관점과 위치에 있는 행위자들이 그것을 더 잘 조망하거나 대리할 개연성은 없는지 하는 문제들에 만족스러운 답변을 주지 않는다. 당사자성 여부의 가시성은 때로 위임 과정의 비가시적 신비를 강화하는 효과를 발생시킨다. 부르디외에 따르면, "위임이라는, 정치적이고 철학적인 의미에서의 이 원초적 설립 행

위는 다수 사람들의 집합, 또는 병렬된 개인들의 연속에 불과하였던 것을 법적 인격으로, 하나의 법인체로, 몸체로, 사회체 속에 구현되어 있으며 그것을 구성하는 생물학적 몸들을 넘어서는 신비로운 몸체로 만드는 주술 행위이다."(피에르 부르디외, 『언어와 상징권력』, pp. 256~57, 강조는 원저자)

40. 부르디외는 집단과 대변인 사이의 이 복잡 미묘한 관계를 '대리의 신비'로 수식하며 이렇게 묻는다. "집단은 어떻게 대변인, 즉 집단의 이름으로 집단을 위해 말하지만 동시에 그것을 대신해 말하는 자, 집단을 제시하고 재현/대표하면서 그것을 존재하게 하지만 어떤 의미에서는 집단의 자리를 차지하거나 대신하는 자가 표명한 의견을 통제(또는 관리)할 수 있을까? 근본적이고 거의 형이상학적인 질문은, 우리가 그들을 위해 말하지 않았더라면 [스스로] 말하지 않았을 사람들을 위해서 말한다는 게 무엇인지 아는 것이다."(Pierre Bourdieu, "Le mystère du ministère: Des volontés particulières à la 'volonté générale,'" *Actes de la Recherche en Sciences Sociales* 140, 2001, p. 11, 강조는 원저자) 에리봉은 『삶, 노년, 죽음』에서 보부아르의 『노년』에 관해 논평하면서 부르디외의 이 질문을 별다른 출처 표기 없이 자기식으로 이렇게 되풀이한다. "우리가 그들을 위해, 즉 그들 입장에서 그들에게 우호적으로 말하지 않는다면 말하지 않을 일군의 개인을 위해 말한다는 것은 무엇인가? 여기에서 아주 명백하게 나타나는 대변인 기능의 속성은 무엇인가?" 집단과 대변인의 관계에 내재하는 정치적, 윤리적 난점들은 그 집단의 구성원들이 대변인에 의한 재현과 대의를 실질적으로 승인하거나 비판 또는 거부할 능력이 충분하지 않은 '취약한 주체들'인 경우 한층 가중될 것이다.

41. Didier Eribon, *Sociobiographie*, p. 223. 이 문장 앞에서 포니에가 자기 이론의 대표적 미술 작품으로 든 퀴어 예술가 헤이즐 마이어Hazel Meyer의 「이론이여 울지 마오No Theory No Cry」를 떠올리지 않을 도리가 없다. 로런 포니에, 『자기이론』, 2장 참조.

42. Didier Eribon, 같은 책, p. 222.

43. 같은 책, pp. 223~24; 롤랑 바르트, 『밝은 방』, 김웅권 옮김, 동문선, 2006; 피에르 부르디외 외, 『중간 예술』, 주형일 옮김, 현실문화

연구, 2004. 사실 바르트는 부르디외를 단 한 번도 직접 거명하지 않은 채 '과학'과 '사회학'에 대한 공격을 통해 에둘러 비판한다. 사진의 이해 방식을 둘러싼 두 사람의 지적 대립에 관해서는 이상길, 「죽음과 소녀: 롤랑 바르트 『밝은 방』」, 이윤영·이상길, 『우리를 읽은 책들』, 이음, 2024, pp. 206~13 참조.

44. Didier Eribon, 같은 책, p. 256; 피에르 부르디외, 『언어와 상징권력』, pp. 296~304.

45. '집렬체'와 '집단'은 일종의 이념형, 혹은 양극단의 한계점에 가깝다. 에리봉이 보기에, 현실에서는 집렬성이 언제나 여전히 집단을 괴롭힌다면, 집단은 언제나 이미 집렬성을 따라다닌다. 그는 어떤 면에서 집단은 잠재적인 상태로 집렬성 안에 이미 존재해야 한다고 말한다. 집렬성이 그 자체로 나타나는 순간은 바로 집단이 출현할 때인 만큼, 어느 정도까지는 집단이 집렬성에 선행한다는 것이다.

46. 에리봉은 이처럼 기존의 사회적 범주와 그것이 수반하는 부정적 정동을 전유하거나 전도시키고 재정의하고 또 재배치함으로써 소수자 집단을 주체화하는 과정에 비단 '이론가들'뿐만 아니라 작가들 또한 의미 있게 관여한다는 점을 부각한다. '퀴어 이론'의 예를 들자면, 장 주네나 마르셀 주앙도Marcel Jouhandeau가 대표적일 것이다. Didier Eribon, *Une morale du minoritaire: Variations sur un thème de Jean Genet*, Paris: Fayard, 2001, pp. 105~16.

47. '이론 효과'에 관해서는 피에르 부르디외, 같은 책, pp. 317~21 참조.

48. Noémie Cadeau, "Il faut parler de classes sociales et non pas simplement d'inégalités — Entretien avec Didier Eribon," *LVSL*, 29 février 2020. https://lvsl.fr/il-faut-parler-de-classes-sociales-et-non-pas-simplement-dinegalites-entretien-avec-didier-eribon.

49. Noémie Cadeau, "«Macron est l'incarnation de la folie du néolibéralisme» — Entretien avec Didier Eribon," *LVSL*, 29 février 2020. https://lvsl.fr/macron-est-lincarnation-de-la-folie-du-neoliberalisme-entretien-avec-didier-eribon. (과두제적인 '그들'에 대립하는) 민주적이고 총체적인 '인민' 구성의 불가능성은 에리봉이 샹탈 무페의 좌파 포퓰리즘을 기각하는 논점 가운데 하나이기도 하다. Pascal Oliver

Omlin, "Didier Eribon vs. 'The People'—A Critique of Chantal Mouffe's Left Populism," *Philosophies* 9(5), 2024, https://doi.org/10.3390/philosophies9050143.

50. Didier Eribon, *Principes d'une pensée critique*, p. 190. 이는 정치의 지평에서 '새로운 것'의 우발적 생성을 적극적으로 포용하고 지지했던 푸코의 입장과도 일맥상통한다. 폴 벤느, 『푸코: 그의 사유, 그의 인격』, 이상길 옮김, 리시올, 2023, pp. 175~81 참조. 이런 입장이 지나치게 자유지상주의적인 낙관론의 혐의를 드러낸다는 점 또한 지적해두자.
51. Didier Eribon, *La Société comme verdict*, pp. 276~77; Didier Eribon, *Principes d'une pensée critique*, pp. 121~22.
52. Didier Eribon, *Théories de la littérature*, p. 105.
53. Didier Eribon, *Principes d'une pensée critique*, p. 126.
54. Didier Eribon, *La Société comme verdict*, p. 275.
55. 한나 아렌트, 『인간의 조건』, pp. 311~12.

옮긴이의 말

낙엽이 우수수 떨어질 때,
겨울의 기나긴 밤,
어머님하고 둘이 앉아
옛이야기 들어라.

나는 어쩌면 생겨 나와
이 이야기 듣는가?
묻지도 말아라, 내일 날에
내가 부모 되어서 알아보랴?

—김소월, 「부모」

이 책을 옮기면서 꼬박 한 세기 전에 나온 김소월의 유명한 시 「부모」를 종종 떠올렸다. 첫째 연의 정답지만 어딘가 쓸쓸한 분위기가 에리봉과 어머니의 관계에도 잘 어울리는 듯했고 과거, 현재, 미래를 매끄럽게 잇는 둘째 연의 자문자답이 이 책의 중심에 있는 자기 분석과 타자 이해의 문제를 일깨우는 듯싶어 자꾸 곱씹게 되었다. 나 역시 부모의 위치에서 노년을 향해 가는 한 사람으로서 내 부모님에 관해, 돌봄 문제에 관해, 그리고 사회집단으로서의 '노인'에 관해 좀더 자주, 또 다른 시선으로 되돌아보게 된 것은 번역 과정에서 얻은 뜻밖의 수확이었다. 의미 있는 작업을 제안해주신 김현주 선생님, 일상의 대화와 격려로 큰 힘이 되어주신 김현경, 이기형, 이윤영 선생님께 감사드린다. 편집자 홍근철 선생님은 원고의 여러 오류를 바로잡고 적절한 우리말로 갈무리하기 위해 열성을 다해 주셨다. 오랜 시간의 노고에 진심으로 감사드린다. 번역과 해제의 초고를 읽고 유익한 지적과 제안을 해준 임동현, 채웅준에게도 고마운 마음을 전한다.

'어느 서민 여성의 삶, 노년, 죽음'이라는 제목 번역에 관해 한마디 덧붙이지 않을 수 없다. 원제의 'femme du peuple'은 사실 여러 다른 언어의 번역판에서 '여성 노동자'나 '노동계급 여성'을 뜻하는 단어로 번역되었다. 다만 나는 '서민 여성'으로 옮겼는데, 저자가 구태여 '노동자'나 '노동계급'에 해당하는 프랑스어를 사용하지 않은 이유가 있을 것이라 짐작했고, 그런 의도를 가급적 그대로 살리고 싶었기 때문이다. 아니나 다를까, 올봄에 나온 대담집에서 에리봉은 이 책의 제목에 굳이 'femme du peuple'이라는 단어를 쓴 것에 대해 내가 추측했던 것과 정확히 같은 이유를 들어 설명하고 있었다. 즉 일찌감치 버려져 고아원에서 자랐고 10대 시절부터 하녀, 가정부로 일하다가 나중에 공장노동자가 되었으며, 은퇴한 뒤로는 지방의 외곽 도시에서 연금 생활자로 살았던 어머니의 일생 전체를 아울러 표현하기에는 '여성 노동자ouvrière'보다 'femme du peuple'이라는 단어가 더 적합해 보였다는 것이다. 그는 이때 'peuple'은 영어에서 'ordinary people' 또는 'common people'의 의미에 가깝다고 말한다.* 우리말로는 물론 '서민' 말고도 '인민' '민중' 같은 대안이 없지 않겠지만, 뒤의 두 단어는 정치적인 함의가 지나치게 두드러진다는 단점이 있어 '서민'으로 옮겼다. 평생 "우리 같은 서민이…"라는 표현을 입에 달고 사시는 어머니의 말버릇이 내게 은연중에 끼친 영향도 없지 않을 것이다. 사실 이 책은 무엇보다 그런 '서민' 중 한 명에 관한, 그런 '서민'들을 위한 이야기를 담고 있기도 하다(참고로 에리봉은 어머니의 이름을 책에서 단 한 번도 드러내지 않는다).

지난해 말 번역을 준비하던 중 에리봉의 베를린 아카데미상Prix de l'Academie de Berlin 수상 소식을 접했다. 주최측은 선정 이유로 크게 두 가지를 꼽았다. 그가 철학적·사회학적·정치적 분석을 독특한 방식으로 자전적 이야기와 연결하면서 사회구조와 현실을 명석하게 규명했다는 점, 또 많은 독일인에게 프랑스의 정치적 변화를 알려주었을 뿐만 아니라 동시대 독일이 처한 문제적 상황을 돌아보게 해주었다는 점이다.** 유럽 국가들과 사정이 많이 다르긴 해도, 우리 사회의 독자들에게 『랭스로 되돌아가다』가 좋은 반응을 얻은 이유 역시 비슷하지 않을까 싶다. 『어느 서민 여성의 삶, 노년, 죽음』이 그 못지않게 널리 읽히

* Didier Eribon, *Sociobiographie: Entretien avec Geoffroy Huard*, Paris: Flammarion, 2025, p. 227.

** Suhrkamp, "Didier Eribon erhält den Prix de l'Academie de Berlin 2024," 8 octobre 2024, https://www.suhrkamp.de/nachricht/didier-eribon-erhaelt-den-prix-de-l-academie-de-berlin-2024-b-4588.

고 진지한 토론과 성찰의 대상이 될 수 있다면, 옮긴이로서는 큰 보람일 것이다.

대담집에서 에리봉은 어머니에 관한 책으로 '자기 분석'의 사이클을 마무리하려 했지만, 세번째 책을 쓰기로 마음을 고쳐먹었다고 말한다. '파리에 도착하다Arriver à Paris'라는 가제를 단 이 책은 그가 파리에 정착한 이후 경험한 언론계, 지성계, 예술계 등을 묘사하며 그와 친하게 교류했던 푸코, 부르디외, 레비-스트로스 등의 초상을 그리게 될 것이다.* 또한 그것은 사회적 환경과 계층의 변화가 개인에게 지니는 의미에 관한 심층적인 탐구가 될 것이다. 『파리에 도착하다』가 계획대로 완성된다면 단지 '되돌아가기' 3부작의 완결일 뿐만 아니라, 에리봉의 '지성사적 국면'과 '이론적 국면'을 통합하는 저서가 될 수도 있겠다는 기대를 불러일으킨다. 어느덧 노년에 이른 그의 건필을 빈다.

* Didier Eribon, *Sociobiographie*, pp. 311~12.